上杉謙信

井上鋭夫

講談社学術文庫

目次

上杉謙信

戦国の越後……11
戦国武将の条件……11
越後の地勢……14
越後府中の様相……16
支配層の横顔……20
長尾氏の勃興……27
長尾氏のおこり……27
三つの長尾家……30
応永の乱おこる……33
大乱の再発と史的意義……37
将軍義教と長尾邦景……40
守護領国の発展……47
邦景父子失脚す……47

安定した守護の座……51
越府の客人たち……54
大地震う……62
下剋上……69
長尾能景の死……69
為景叛逆す……72
関東軍の侵入……77
悲愁管領塚……82
幽囚の守護大名……85
上杉謙信登場の前夜……91
戦の鬼長尾為景……91
一向宗禁制……95
晴れのち曇り……97
虎千代の誕生……102

上条の乱……106
春日山城に入る……113
晴景の政策転換……113
養子は禍のもと……117
景虎、栃尾城に入る……121
米山の仮眠と春日山入城……124
国内統一……129
上田長尾家の立場……129
景虎の政治工作……133
長尾政景降る……137
湖上の殺人？……141
信越国境の危機……145
景虎上洛す……150
越後の内輪もめ……157

内憂外患つづく……161
功成りて身退く……164
越後統一成る……169

関東進撃……173

御館の造営……173
敵は小田原にあり……178
ふたたび上洛す……182
馬を関東に入る……187
小田原城に迫る……193
関東管領の栄光……198

血涙川中島……205

川中島合戦始まる……205
飯山城危うし……210
鞭声粛々夜河を渡る……215

血染の感状……223
甲・越のどろ仕合い……231
戦局の転回……239
征馬西に進む……249
和して同ぜず……249
甲・相和を復す……255
風にそよぐ葦……258
西部戦線異状なし……263
霜は軍営に満つ……266
最後の動員令……274
棺をおおうて定まらず……280
解説……山田邦明……285

上杉謙信

戦国の越後

戦国武将の条件

天下麻のごとく乱れた戦国の世に、生涯女性を近づけず、清僧のような生活を送った義理固い武将、平素は大盃で酒を浴びるように痛飲し、ひとたび戦場に立てば、小豆長光《あずきながみつ》の大刀を振りかざして敵の本陣に切りこんだ猛将、これがわが上杉謙信公のイメージである。

私は本書のなかで、あえてこれを否定しようとは思わない。一生独身で酒を好み、攻城野戦に長じ、勇敢な名将であったことは事実と思われるからである。しかし彼の生きた戦国時代は、たんに乱れに乱れた時代ではない。大名が領国を統一し、外に向かって軍を進めた時代であった。つまり室町時代の下剋上の気運に乗って新しい支配層が出現し、これが農村や都市を掌握して、領国を経営し拡大していった時代である。この場合、大名にとって単純な勇敢さ、妻子のないこと、斗酒なお辞せずといった徳目（？）は、後世の日本人大衆の人気は得られたかも知れないが、やはりマイナスの面があるのではなかろうか。われわれの戦国大名をながめる観点は、彼が勇将であることではなくて、有能機敏な経営者であるということでなければならない。将に将たる器量とともに、民に君たる経綸の才能を持たねばならないのである。

思えば徳川時代の殿様とちがって、戦国大名の波瀾万丈の生涯は、さぞかし苦悩に満ちたものであったであろう。実力がものをいう時代では、一歩間違えば政権の座から追放され、生命を失うのである。勝負にはいつも一命がかかっていたし、死花を咲かせるといっても、死んで花実が咲くものではなかった。

とれば憂しとらねばものの数ならず
　捨つべきものは弓矢なりけり

こうした気持を懐かなかった戦国大名は、はたして幾人いたであろうか。

政権内部の人間関係、幕僚《ばくりょう》の逆心、昨日の友は今日の敵で、明日はまた握手せねばならないという外交のむずかしさ、それにもまして財力と兵力の源泉を確保するために愚かな民衆の心を掌握すること、どのひとつをとっても泰平の世の有閑階級の仕事でないことは明らかである。だが彼らは安逸《あんいつ》を求めず、与えられた課題に直進した。その意味では「仕事の鬼」

とも称することができよう。またそうであったからこそ、戦国大名となり、乱世に生きのこることができたのである。

彼らには神仏にすがり、将軍や守護という古い権威を重んずる弱さがあった。しかしそれも、不合理な自立性のない生き方と片づけることはできない。生きぬくために一切のものを利用して戦ったと解釈することもできよう。また人間であるかぎり、彼らにも親子・夫婦の愛情はあったが、その私情をさえ殺して養子に出したり、敵方と政略結婚をさせたりしている。大名として、非情な公的機関の首長であった彼らの行動を、簡単に修身の教材の個人的徳目の枠にはめこみ、情に棹さして流してしまってはならない。

私はここで、戦国時代を能力のかぎり生きた一人の北越健児として、上杉謙信を見たいと思う。彼は大名の座から逃げようと思えば逃げられる境遇にあった。事実一度は逃げ出した。しかし四囲の情勢から過重な大任を引き受け、進んで戦乱のなかに身を投じて行った。そこでは神仏のみが頼りであり、大酒が心の憂さを晴らしてくれるものであった。そしてついにその酒のために彼は脳溢血を誘発してたおれたのであるが、わずか三十余年の間になしとげた「仕事」は、日本の社会の発展に大きな意味をもつものであることを認めたいと思うのである。

越後の地勢

謙信の活躍した舞台は、能登・加賀・越中・越後・信濃・上野・下野・武蔵・相模などの広範囲に及んでいる。だがなんといっても、本国の越後が彼の活動を支えていたことは疑いのないところである。

越後国は北の念珠《ねず》ヶ関《せき》（鼠ヶ関）から南の親不知《おやしらず》にいたる日本海に沿った細長い大国である。国内は現在〔一九六六年当時。以下〔　〕は編集部による注記を示す〕は十五の郡と十九の市に分かれているが、中世では頸城《くびき》（西・中・東）・魚沼（北・中・南）・古志《こし》・山東《さんとう》（三島）・刈羽・蒲原《かんばら》（西・中・南・北・東）と岩船の七郡から成りたっていた。このうち早くから文化も進み、政治的にも中心的地位に立っていたのは頸城平野であって、越後の国府《こう》や国分寺もここにあった。現在新潟県の中心地帯で、日本の穀倉とされる蒲原平野は当時まだ湛水《たんすい》地が多く、中世末期から干拓が著しく推進されたものである。

ところで、この国は鎌倉時代には「関東御分国」と呼ばれ、幕府の分国である九ヵ国の一つであった。従って関東地方との関係は密接であり、越後守護職である上杉家も、関東管領山内《やまのうち》上杉家の分家であった。そして鎌倉から武蔵・上野を通り、三国《みくに》峠を越えてこの国の府中にいたる関東街道が大動脈で、これに奥州路・北国路・信州路や信濃川・揚河《あげかわ》（阿賀野川）などの河川交通、日本海沿岸の海上交通で近隣につながっていた。この関東街道の西方の頸城・魚沼両郡を上郡《かみごおり》といい、関東から攻めこみ国衙《こくが》を握った上杉氏が、いち早く地盤を確保し、北信濃地方と深い交渉をもったのはこの地帯である。

ついで三界節《さんがいぶし》で有名な米山峠の難所から東の方、信濃川の中・下流域は中郡《なかごおり》と呼ばれた。現在の刈羽・三島・古志・西蒲原・中蒲原・南蒲原など諸郡の地域である。とくに信濃川下流域の蒲原平野は「国の中袋」と呼ばれ、南北朝・室町期の戦乱の巷であり、その中心は三条島城であった。

阿賀野川は揚河と呼んだから、それより北の方は揚北《あがきた》といわれる。これが下郡《しもごおり》である。越後の北部というよりも奥羽地方に近く、現実にも庄内平野の大宝寺氏（武藤氏）、信達《しんだつ》地方・米沢盆地の伊達氏、会津盆地の蘆名氏などとの交渉が深かった。従って越府や鎌倉府からほど遠いために、中央権力から相対的に自立性の強い豪族が割拠していた。これらを総称して揚北衆と呼んでいたが、それだけに府内政権の手強い存在であり、その懐柔策がつねに大きな課題となり、中世の歴史上軽視できない役割を果していた。

このように、現在上越・中越・下越と呼ぶものに近い形で、中世の越後は上・中・下郡に分かれていた。それらが米山峠と阿賀野川という交通の障害によって分かれていたことは、単なる自然地理的区分でなくて、歴史事情による区別であった。この三つの地域と、日本海のかなたに浮かぶ佐渡島とが、一つに織りなされたのが越後戦国史にほかならないといえる。

越後府中の様相

越後の中心の政治都市は府内（府中）である。日本の中世都市とくに諸国の府中の輪郭はあまり明確にされていないので、この機会に少し立ち入って述べておこう。

越府の中心は府中八幡宮と守護の館である。府中八幡はほぼ現位置に比定されるが、その社殿は中世では東に向いていたものが、現在は南に向きを変えられている。守護館はその東隣の約百五十m平方の稲荷館《いなりだて》である。稲荷館と呼ばれたのは館の鎮守として祀られた稲荷があるためで、西隣の大楽館《たいらくだて》は守護の奉行人であった大楽氏（平子氏《たいらく》）の居館にほかならない。

稲荷館の東に「老の馬場《おいばば》」を隔てて「立の越《たてこし》」がある。これは館の腰つまり館の廻りを指す地名で、現在は直江津駅の操車場になっているが、その構築のときには長さ八十mばかりの高い土塁があって工事の障害になったという。居館の周囲は土居でとり囲まれ、その外縁に濠が掘られるのが通例であるから、これまた百m平方の館であったことは明らかである。のち「荒川館」として文献に現われるものがこれで、守護館よりひとまわり小さいところから、守護代長尾氏の居館と考えられよう。

この南に道路を隔てて至徳寺村がある。その中心をなすものは至徳年間（一三八四―八七）に建てられた至徳寺で、その開基僧可は上杉憲将《のりまさ》の子息と伝えられる。このこともまた荒川館が初期の上杉・長尾の居館である一つの傍証となるであろう。境内は約二百二十m平方で、謙信が関白の近衛前嗣《さきつぐ》を宿泊させたというにふさわしく、周囲に濠と土居のあった痕跡が認められる。現存の徳泉寺がそのなごりと考えられるが、過半は国鉄用地となって破壊されてしまった。

さて府中八幡から東へ本町通りが走っているが、その荒川〔関川〕と交わるところに府内大橋がかけられたものであろう。これよりさらに大道は一直線にのびていたらしく、点々と中世の塚が見られ、府門にいたって道路は奥州路と在道《ざいみち》（安塚を経て十日町にいたる）に分かれている。この府門こそは東に開かれた府中の入り口であり、この東南辺に信濃笠原から寺基を移した本誓寺が建てられていた。ただ荒川以東の大道は、のち堀秀治の構営した福島城の城内に包まれたため、道路はその南辺におしさげられて現在地を走ることになったわけである。

府中八幡から南に向かってもう一つの大道が通じている。これは御館《おたて》橋で御館川を越え、石橋を経て荒井にいたり、さらに関山口から信州にいたるもので、関東街道とならぶ越後の基本的道路であった。この大道から派生したものが中道《なかみち》であるが、府内には本町通りと平行して重要な中道が東西に走っているのを見のがすことはできない。これは大字国分寺をつきぬけて、居多《こた》から春日山にいたる加賀街道（近世に加賀藩主が参勤交代のときに通ったので、このように呼ばれた）と接続しているが、これは国分寺の廃墟に道路が敷設されたからであると考えられる。

この中道の南に、国分寺に接して金津立《かなづだて》（館）と「御館」がある。金津館は上杉謙信の奉行人金津新兵衛の居館であり、御館はその主君前関東管領上杉憲政《のりまさ》の居館である。また御館の東方の安国寺裏を西縁とする二百二十m平方の境域は、越府に建立された安国寺の遺跡であり、今日の安国寺本村は、その門前町に源を発するものである。しかしこの安国寺址は、国道十八号線の工事のため、いたましくも破壊され、国分寺・御館・金津立もまた、直江津市の都市計画によって住宅団地とするために埋めたてられている。史跡が典型的であるだけに、その破壊もまた典型的なものということができよう。

中道は「武隊《ぶたい》」（舞台）と「阿良詩《あらし》」（荒地）を右に見てさらに東に延びている。それが古川にゆきつくところに「弥五郎屋敷」の地名が見られる。弥五郎とは上条上《じようじよう》杉氏代々の通り名であるから、ここは守護上杉家にもっとも近い分家で、上杉房定や定実の実家である上条家（柏崎市上条の領主）の府内屋敷跡であることは疑いをいれない。のち上条家の名跡は畠山義春に与えられたが、義春もまたここに居住したものであろう。その南の「宮ノ腰」には日吉《ひえ》社があり、「諏訪ノ木」の諏訪社、「諏訪ノ森」の諏訪社とともに府内居住者の尊敬を集めたものであったであろう。町屋敷はその門前町であり、このほか「土武利橋《どんぶりばし》」以北の本町・御幸町・塩浜町、金津立西方の猩々町《しょうじょう》など府内の周辺に町屋がならんでいた。直江兼《かね》続《つぐ》が直江津を建設したとき、北辺が逆に中心となり、越府の遺跡は人びとの脳裡から忘れ去られて行ったのである。

ところで以上に見てきた遺跡は、館も社寺もみな道路に接続しているが、同時に荒川・御館川・天王川などによって水路で連絡していた。四周に濠をめぐらすのに造作もいらなかったわけである。砂丘を二mばかり掘ると、青色の粘土質の層（青ネバ）に行きあたることがあるが、これは往時の水路に泥土の沈澱してできたもので、この青ネバから舟をつないだ杭も発見されている。

府内の西北方には古砂丘が連なっている。この上に堆積した飛砂《とびすな》をやはり二mばかり掘り下げると、五輪塔・宝篋印塔《ほうきょういんとう》・卵塔《らんとう》などの中世墓石や骨壺・人骨が多く見出される。長享二年（一四八八）越府（越後府中）を訪れた禅僧万里集九《ばんりしゅうく》は、『梅花無尽蔵』のなかで、「堂塔伽藍が海のきわにかぶさっている」と述べているが、これはまさしく、直江津中学・直江津高等学校から北塚にいたる善光寺浜一帯に、寺院の立ちならぶ壮観を記録したものと解釈できよう。善光寺浜の地名そのものも、上杉謙信が長野からここに移した善光寺に関係あることはいうまでもない。

さらに加賀街道西方の高台にも寺院があったようで、大字愛宕国分《あたごこくぶ》小字山崎からは、無数の瓦や、明《みん》国製の青磁・染付の破片、直径八十㎝ばかりの巨大な柱穴、土壇などが発掘され、中世墓塔が散乱している。岳英の円通寺の趾であろうか。現存する居多神社・五智如来堂・国府別院（親鸞配流の草庵址という）・光源寺などは、その寺院址を基礎に、近世初頭（ないし中世末）に成立したものであろう。

以上が越後府中の絵ときである。勿論それはほんの輪郭で、荒川東方の「春日」・「善光寺」の問題もあるが、府中が旧寺院群を周辺に、守護・守護代以下の武家屋敷を中心にしながら、武家の生活に必要な商工業者をふくみ、武士や庶民の信仰を集める寺社が点在するといった都市構成をもつことを理解していただけたかと思う。上杉景勝時代に府内六千軒・春日三千軒といわれた数字には誇張はあろうが、府内は日本海岸きっての貿易港として、西の放生津《ほうじょうづ》・寺井湊・敦賀にまさるとも劣らない繁栄をきわめた大都市であったのである。

支配層の横顔

それではこの府内に中心を置いて、中世の越後を支配していた人たちはどのような性格・タイプのものであったか。

つまり上杉謙信を擁立し、またはそれと対立し、臣従した諸勢力のあらましを記しておくことにしたい。

まず守護大名の上杉氏である。

その系図によると、上杉氏は藤原鎌足七代の子孫勧修寺《かんじゆじ》高藤《たかふじ》の庶流である。もともと京都公家であったが、高藤から十世を経て修理大夫重房のとき、丹波国上杉荘を得てから上杉氏を名のった。

そして建長四年（一二五二）宗尊《むねたか》親王に従って鎌倉にくだり、関東の名門である足利氏と姻戚関係を結ぶなど、鎌倉の名家として繁栄した。

建武二年（一三三五）足利尊氏が鎌倉で自立して将軍となると、当面の対立者たる新田義貞の分国である上野国や越後国へは、上杉憲房《のりふさ》が指揮者として派遣された。尊氏の母清子の兄が憲房であるから、上杉家は足利将軍家にとって、もっとも信頼できる一門であったわけである。まず憲房が上野守護に任ぜられ、建武三年に戦死してからは、その子憲顕《のりあき》がこれを継ぎ、やがて（遅くとも暦応四年（一三四一）に）越後守護に任ぜられた。観応の乱で足利直義に味方し、尊氏に反抗して敗れたために、憲顕は守護職を失ったが、足利基氏が関東公方になるとふたたび起用され、貞治二年（一三六三）執事（関東管領）となり、越後守護に還補《げんぽ》された。貞治三年からは、憲顕は息子の憲春《のりはる》・能憲《よしのり》（宅間家へ養子）に執事をゆずったが、越後守護領は、犬懸《いぬがけ》上杉家の朝房《ともふさ》、その養子憲将《のりまさ》に伝えられた。憲将には子供がなかったので、その弟の憲栄《のりよし》が越後守護となったが、これまた二十八歳で伊豆に遁世してしまった。そこで憲方《のりかた》の子房方《ふさかた》が、守護代長尾高景に招かれて越後守護となった。持朝《もちとも》の子朝方《ともかた》がそのあとを継いだが、憲実《のりざね》は山内宗家を継いで関東管領となり、末子清方《きよかた》は上条《じようじよう》家をおこ

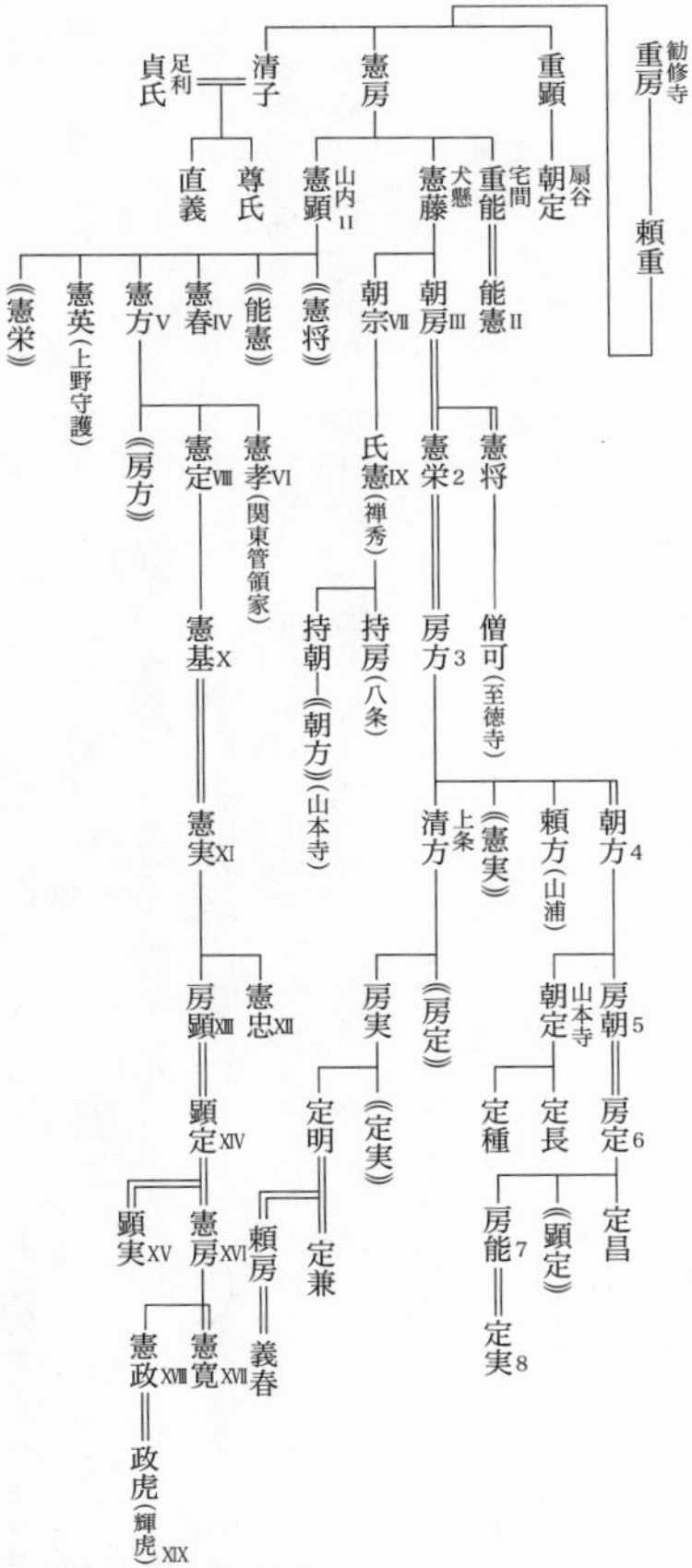

上杉系図　算用数字は越後守護職歴代数。ローマ数字は関東管領歴代数。｜は実子、‖は養子、＝は夫婦。《人名》は他家を継いだもの。

して山内家を助け、ここに越後上杉氏は山内上杉家のもっとも近い親戚となったわけである。

このほかにも、系図に見えない上杉氏の一門が文献に姿を現わしている。山本寺《さんぽんじ》殿（修理大夫持朝）・八条殿（中務少輔持房）・山浦殿（七郎頼方）・上条殿（兵庫頭清方）など室町期に「殿」の敬称をつけられたものや藤原姓のものがこれにあたる。

守護の直臣は「御内《みうち》」・「内者《ないじゃ》」と呼ばれる。当初はわずかなものであろうが、支配機構が整備されるにつれて、職務分担も明確になり、譜代の家臣を増加させてくる。その筆頭は「七郡の御代官」を称する長尾氏で、一族は府内にあって守護代（雑掌）を勤めるもののほかに、三条・蔵王堂《ざおうどう》・栖吉《すよし》・下田《しただ》・上田《うえだ》などに城郭を構える一族があった。

この長尾氏と、犬懸上杉家の家宰石川氏および飯沼・千坂《ちさか》の両氏が上杉四家老と称せられ、奏者を勤めていた。このほか平子《たいらく》・安田（毛利）・斎藤・関沢・山吉・大熊の諸氏が守護所の発給文書や段銭《たんせん》請取状に署名しているから、上杉家の奉行人と考えられ、山吉は長尾氏の老臣から、平子・安田・斎藤・大熊・関沢は国侍が上杉家に親近したところから、この地位についたものである。

このような「御内」にたいして「外様《とざま》」と呼ばれる鎌倉時代以来の土着の豪族があった。これらは広い越後のいたるところに割拠し、一応守護の権威を戴いてはいるが、南北朝以来反覆常なき有様であった。さきにのべた揚北衆はその代表的なものである。揚北衆とは本

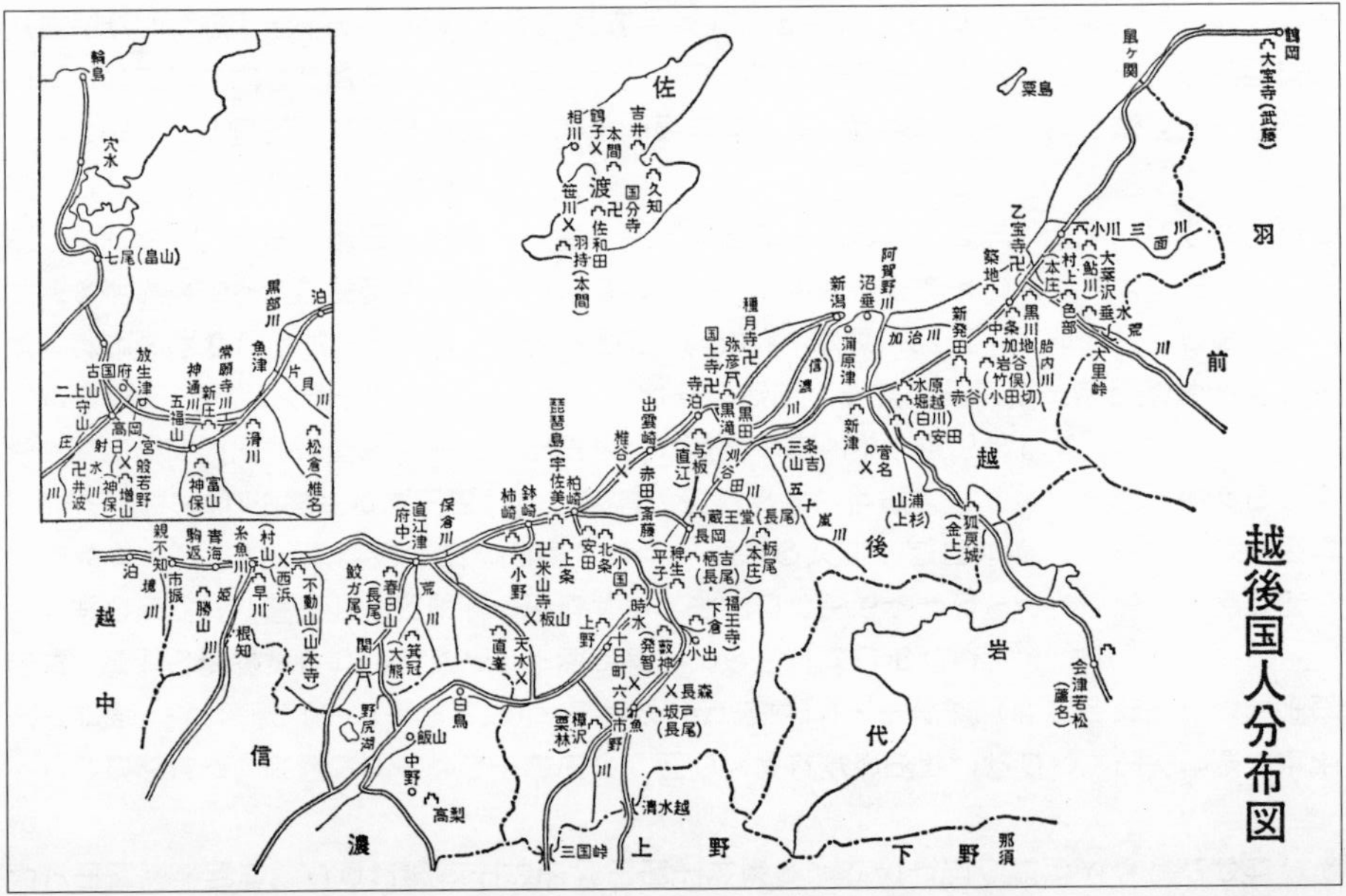
羽
前
鶴岡
大宝寺(武藤)
鼠ヶ関
粟島
小川
三面川
大葉沢
(鮎川)
村上
(本庄)
色部
垂水
荒川
大里峠
乙宝寺
築地
黒川
中条
加地
胎内川
岩谷
(竹俣)
(小田切)
新発田
赤谷
水原
堀越
(白川)
安田
加治川
阿賀野川
沼垂
新潟
蒲原津
新津
菅名
山浦
(上杉)
狐戻城
(金上)
会津若松
(蘆名)
越
後
岩
代
種月寺
弥彦
国上寺
寺泊
黒滝
(黒田)
信濃川
与板
(直江)
刈谷田川
三条
(山吉)
五十嵐川
出雲崎
椎谷
赤田
(斎藤)
蔵王堂
(長尾)
栃尾
(本庄)
長岡
栖吉
(長尾)
(福王寺)
下倉
小出
藪神
(発智)
長森
坂戸
(長尾)
琵琶島
(宇佐美)
柏崎
鉢崎
柿崎
安田
北条
上条
米山寺
小国
(平子)
桿生
時水
十日町
六日町
上野
樺沢
(栗林)
市野
魚
板山
天水
直峯
小野
保倉川
直江津
(府中)
春日山
(長尾)
荒川
箕冠
(大熊)
鮫ガ尾
関山
野尻湖
白鳥
飯山
中野
高梨
(村山)
西浜
不動山
(山本寺)
糸魚川
早川
根知
姫川
勝山
青海
駒返
親不知
市振
境川
泊
越
中
信
濃
上
野
下
野
那須
三国峠
清水越
佐
渡
吉井
久知
国分寺
本間
鶴子
相川
佐和田
笹川
羽持
(本間)
輪島
穴水
七尾(畠山)
黒部川
泊
魚津
片貝川
松倉
(椎名)
常願寺川
滑川
神通川
新庄
富山
(神保)
放生津
五福山
古国府
二上山
守山
高岡
日宮
射水
(神保)
增山
般若野
庄川
井波

越後国人分布図

庄・色部《いろべ》・鮎川《あいかわ》・黒川・中条・新発田《しばた》・水原《すいばら》・安田（大見）・竹俣《たけのまた》・加地《かじ》などで、いずれも地頭職を拠点にして、一族や近隣の小地頭を従えて小領主に成長したものであった。中郡では菅名《すがな》・平賀《ひらが》・新津《にいつ》・柿崎《かきざき》・本庄（栃尾）・直江・小国《おぐに》・北条《きたじょう》・黒田など、上郡の豪族が早くから上杉氏に臣属していたのにたいし、揚北衆ほどではないが、半自立的で強大な勢力を保有していた。守護の権威的支配（将軍の分身としての）は越後一国に及んだとしても、これらを一つの政権のもとに統合することは至難の業であり、上杉謙信に課せられた最大の宿題であったといえよう。

では彼はこの宿題にどのような解答を与えたか。時間的に順を追って考えを進めて見よう。

長尾氏の勃興

長尾氏のおこり

上杉謙信は長尾家から、関東管領上杉憲政《のりまさ》の養子となり、山内上杉家の宗家をついだものである。この長尾氏は桓武天皇の流れをくむ坂東八平氏の一つで、相模国の鎌倉に近い長尾庄を本拠とする豪族であった。坂東八平氏とは千葉・梶原・土肥・三浦・大庭・秩父・上総・長尾の諸氏をいい、源義家（八幡太郎）に従った坂東武士の主流であった。後三年の役で武勇の誉れを取った鎌倉権五郎景政《かげまさ》も長尾の一族である。

ところが平氏政権にたいして源頼朝が挙兵したとき、長尾氏や大庭氏は、さきの見とおしを誤って平家に味方してしまった。そこで鎌倉幕府ができたとき、当然叛逆者として処分されるはずであったが、同族三浦氏にすがってその被官（家臣）となり、陽のあたらない場所でわずかに家名をもちこたえたのである。しかし運の悪いときは仕方のないもので、三浦氏

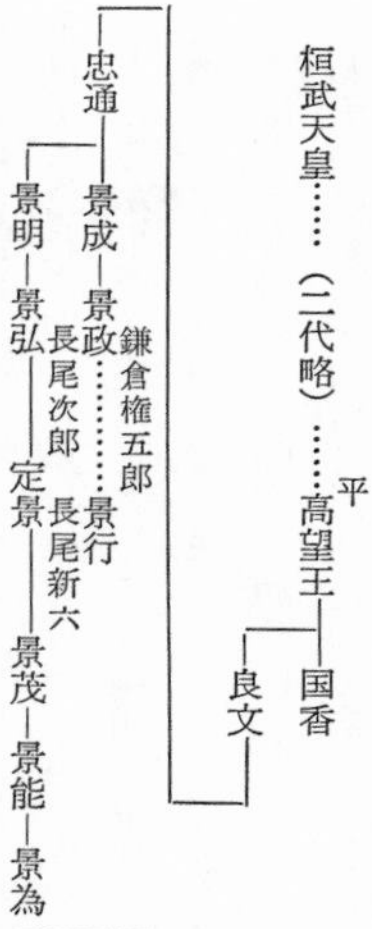

長尾系図

が北条氏と対立し、ついに宝治合戦で一族ほとんどが滅ぼされたとき、長尾景茂《かげもち》もその一味だというので、本領を没収され殺されてしまった。

長尾氏は、これから浪々の身となったが、景茂の孫景為《かげため》は当時新興の名族上杉家に拾われて、その被官になることができた。長尾家はここでようやく運命の女神の微笑を迎えることができたのである。

足利尊氏・直義の特命を受けた上杉憲房・憲顕《のりあき》が上野から越後に攻めこむと、長尾景忠《かげただ》はこれに従って武功をたて頭角をあらわした。これから長尾一族は上野・下野・越後・上総・伊豆などに繁栄し、山内上杉氏のあるところ、守護の代官として長尾氏が経営にあたることになった。

越後守護代の長尾氏はこの流れであるが、その家系を明らかにすることは困難である。もちろん長尾氏にかぎらず、諸国の守護代が南北朝期・室町期に大きな役割を果してはいるが、その一族の系譜はほとんど知られていないのが実情である。しかし長尾の家系を無視しては中世東国の謎を解くことはできないので、上杉家文書にある『越後長尾氏次第』（天文本）を基礎に、近世初期に作成された『長尾系図』その他によって補いながら、一応推定したものが『越後長尾氏系図』である。もともと系図は偽物を意味するほど史料的価値はないが、とくに長尾家の場合は謙信の家系と、景勝の実家である上田長尾家との正統性を力説し、両系の争いを最低限度にしておこうという努力がなされているので、この点はとくに警戒せねばならない。

まず関東から越後に入った長尾景忠は、池・風間などの南朝軍を討ち、のちに栖吉《すよし》長尾氏

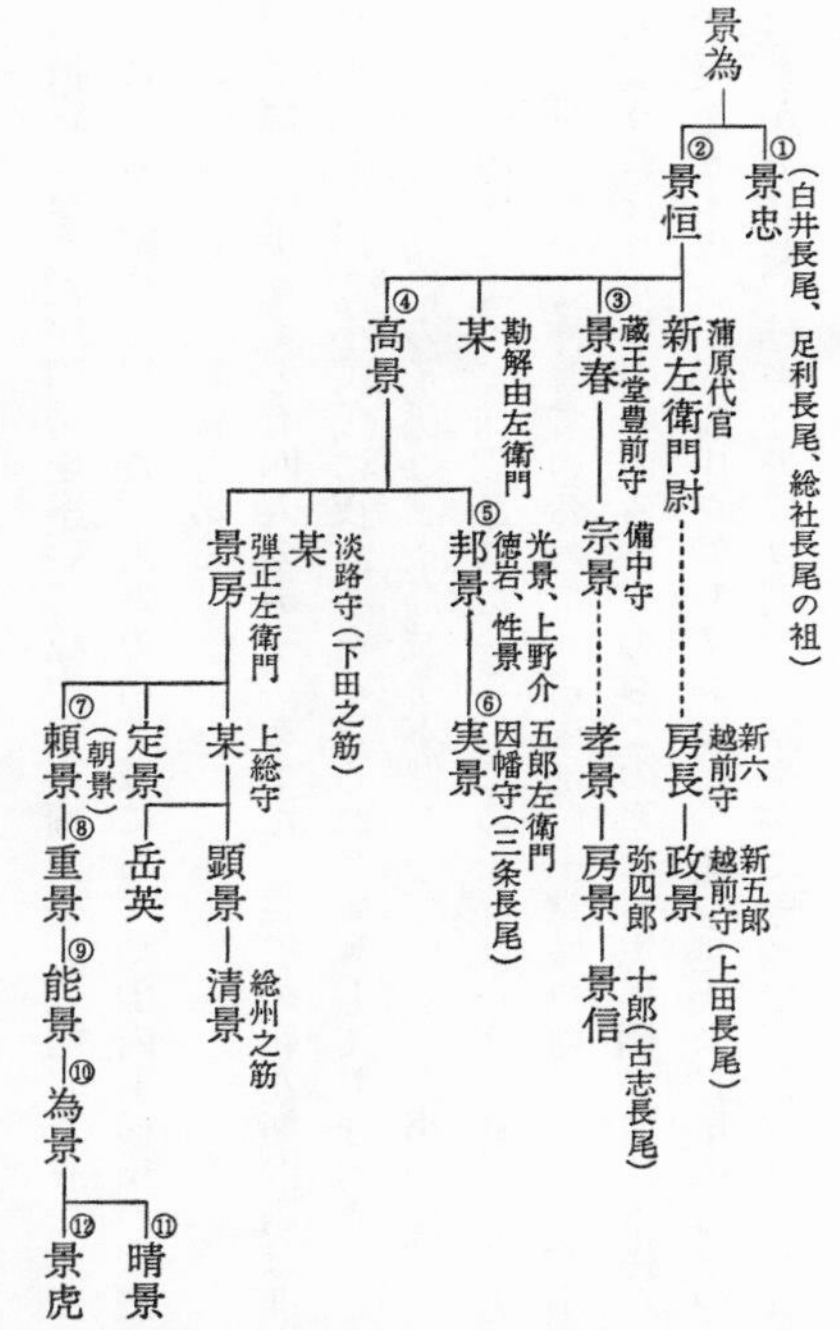

越後長尾氏系図　数字は越後守護代の歴代数

の被官となった庄田勢を率いて越中の宮崎要害を攻略したりしている。そして越後を弟の景《かげ》恒《つね》に委せて関東に帰った。上野の白井城にあって山内上杉氏の宗家の家宰となった白井長尾家は、この景忠の嫡統である。

景恒には少なくとも四人の男子があった。長男の新左衛門尉は蒲原郡の代官（郡代）として奮戦したが、小国氏に夜討ちをかけられて戦死してしまった。この郡代職は高景が継承したようで、高景の子孫は三条島城を本拠としている。三男の勘解由《かげゆ》左衛門は叛心を抱いたとして依田氏によって誅殺されたから、この子孫は一応除外できると思われる。次男の景春は蔵王堂豊前守と称しているので、古志郡蔵王堂城を拠点として、山東・古志・刈羽を押さえるようになったものであろう。のちこの家は古志郡栖吉城に本拠を移し、古志長尾または栖吉長尾とよばれ、襤脱《しとぬぎ》庄を領していた。つまり越後の長尾家は蒲原郡代と古志郡代の二つの名家が併立し、越後守護代は高景の家系がにぎって、頸城郡をも含めて支配したのである。

三つの長尾家

それでは二つの長尾家はなぜ併立したのか。魚沼郡代とくに上田長尾家はどう考えたらよいか。また弟の高景の家系になぜ守護代職が伝えられたのか。この答えを出すためには、上杉軍の越後攻略の史的意味を考えていただかねばならない。

上杉憲房が関東から入って越後を手中に収めることができたのは、軍事的に圧倒的優勢であったためではない。彼の直轄軍などはほんのとるに足りないものであったに違いない。しかし彼の下には越後の国侍が組織されていた。上杉憲顕や長尾景忠の役割は、鎌倉幕府から引きついだ豪族のオルガナイザーとしてのそれであった。それには足利尊氏や直義から越後守護に任命されるということも一つの必要条件ではあったが、これだけでは十分な条件ということができない。政治的権威の源泉である朝廷から、越後国主に任ぜられ、国衙の支配機構と国衙領を手に入れなければ、国侍たちに号令する法的根拠と経済的裏付けを得られなかったのである。尊氏が日本全国の国衙領を支配する大覚寺統の南朝にたいして、北朝を擁立した理由もまたここにあった。

ここに関東管領として永享の乱の立役者であった上杉憲実が書いて置いてくれたメモランダムがある。これによると、越後国衙領は上杉憲房のときは一円に知行していた。憲房はこれを憲藤と憲顕に半分ずつ配分し、憲顕に守護職をも与えた。憲顕は守護職を朝房↓憲栄↓房方と伝えたが、国衙領半分の方は、能憲↓憲方を経て憲実にいたる関東管領の家系に伝えられた。一方憲藤の半分の方は朝房（憲藤の子）を経て房方の手に入り、越後守護の家系に伝えられて房朝にいたった。つまり国衙領は本来守護職と一体たるべきものであるが、越後守護家の所領たる国衙領は、守護でない犬懸上杉家のものであったわけであり、守護房方の実子の憲実は、関東管領家を継いだために、守護領でない国衙領半分を知行するという奇妙う。

な現象を生じたのである。

ともかく上杉家の家庭の事情から、越後国衙領は管領家と守護家によって知行され、従って上杉憲顕以後においては、代官たる長尾家もまた二つ併立する事態となったものであろう。

憲実はまた房顕あてに、国衙領半分と上田庄を譲与している。従って上田庄は国衙領と別扱いであったわけで、これまた上杉憲春から、千屋《ちや》郡国衙職、国領内の所々知行分などとともに管領家に伝えられたものである。

このほか管領家は大面《おおも》庄地頭職・五十公《いじみの》郷《ごう》・妻有《つまり》庄・五十嵐《いからし》保・蒲原津《かんばらのつ》をもっていた。そこで千屋郡国衙職と上田庄は越後国内では特異な存在で、上野を本拠とする管領家は、上田庄内に代官として長尾氏を駐在させていたと考えられる。駐在地は坂戸で、六日町はこの坂戸城下の六日市を起源とするものである。

ここ坂戸城主として明確に長尾氏が登場するのは、為景が管領家の勢力を駆逐したころからで、長尾房長とその子政景しかわからない。房長は「新六」と呼ばれたから、長尾為景(六郎)の家系かも知れないし、栖吉の長尾房景(肥前守)の親族かも知れない。

しかし、為景の近親者である長尾長景が「新六殿」と呼んでいること、「越後名寄」が長尾政景について「長尾新左衛門苗裔《びょうえい》ニテ長尾之的伝也」と伝承を記していることなどを考えて、一応家系としては新左衛門尉の系譜をひくものとしておきたい。

ついで長尾高景のことであるが、彼は景恒の諸子のなかでは、もっとも材幹《さいかん》に恵まれていたようである。観応二年（一三五一）足利直義が兄の尊氏を駿河（静岡県）薩埵《さった》山に攻めたときは、高景は三百騎を率いて直義軍に参加し、上杉の本拠上野国を固めている。

越後守護憲栄が出家してしまうと、山内上杉家の憲方の次男龍命丸（房方）を府内に迎えて守護とし、自分は鉢《はち》ヶ峯《みね》城（のち春日山城）に住んだといわれる。その名声は朝鮮や大明国にもひびいて、相国寺の絶海和尚が明国留学中、明人が高景の肖像画をほしいと頼んだので、帰朝してからその寿像《じゆぞう》（生存中の肖像）を書写して明国に送ったという話もある。晩年佐渡征伐を行ない、五十八歳で戦死したという。佐渡征討を黒川氏に命じた高景書状が長岡市の反町十郎氏の所蔵文書〔現在は新潟県立歴史博物館所蔵〕のなかにあるが、この文書さえも若干疑問があるので、高景の事蹟はどこまでが真実であるか分からない。しかし、守護代職が彼の子孫に伝えられたことは、守護房方を擁立したところにあると考えることは差支えないし、また守護の権威をいただいて、守護代家の地位を確固たるものにしたのも、高景の実力によるものということができよう。

応永の乱おこる

高景のあとは邦景（上野介）が継ぎ、長尾一族の越後での地位はいよいよ強化された。しかし当時の政治情勢を見ると、室町将軍家と関東公方の対立はもはや決定的となり、関東管領上杉憲実の立場も微妙なものになってきた。憲実の実家であり、山内上杉家の分家である越後守護家がこの情勢に無関係であるはずはなかった。室町幕府でも前管領細川満元と管領畠山満家との対立があり、前者は前守護上杉房方を、後者は上杉朝方をひいきにしていた。そしてここから越後へ政治工作がおこなわれ、東国の主導権を制しようとする努力が払われるし、上杉・長尾の一門からこれに応じて勢力を伸ばそうとするものもでてきた。

このような複雑な政情のなかで、応永二十八年（一四二一）上杉房方が世を去り、翌年、朝方もなくなってしまった。朝方のあとをついで守護となったのは幼少の房朝である。翌三十年大酒飲みの義量《よしかず》が将軍となったが、ついに室町幕府は関東公方足利持氏を討伐することに決した。このとき房朝は京都の上杉邸にあり、義持（前将軍、義量の父）がここを訪問しているところからすれば、明らかに室町幕府側に立っていたわけである。だが上杉憲実や守護代長尾性景《しょうけい》（邦景）は従来どおり鎌倉府についていた。とくに長尾性景は応永二十九年直臣山吉《やまよし》行盛を蒲原郡代に任命し、行盛は難物の揚北衆を懐柔するため、たとえば中条家と仲の悪い黒川家を抱きこむなど、打つべき手は一応打っていた。

そこへ室町将軍家から長尾邦景討伐の御教書《みぎょうしょ》が発せられ、越後国内は守護方と守護代方つまり京都方と鎌倉方との両方にわかれて、数年の間合戦がつづくという大乱になったのである。

十一月、上田庄の守護方は、関東から攻めこんだ鎌倉軍のために鎮圧された。そしてこのとき、幕府は今川範政・桃井宣義に足利持氏を討伐させたが、十一月二十八日、持氏は罪を幕府に謝し、翌年二月五日、両者の講和が成立するという簡単な幕切れとなる。しかし、その背景には守護・守護代家の一門や外様の豪族たちの、血で血を洗う惨劇がくりひろげられていたことを忘れてはならない。

鎌倉方の長尾邦景・定景（信濃守）・実景（五郎左衛門、因幡守）にたいして、守護方を標榜してイニシャチブを邦景から奪取しようとしたものは、上杉兵部頼藤と長尾筑前守朝景である。上杉頼藤は、守護家が民部大輔の官途をもつから、兵部大輔を名乗る家柄である以上、守護家とほぼ対等の家系で、この乱での活躍舞台は中郡・下郡であるから、ここに本拠をもつ上杉氏を求めねばならない。そうすれば上杉朝方の弟頼方が山浦殿と呼ばれており、山浦は白河庄にあるので、この人物をあてるのが適当なようである。長尾朝景は、高景と同様に筑前守と称しているので、高景の子孫であろう。私は頼景その人を朝景と考え、このときから「頼」の字を頼藤から与えられたと考えたい。そして頼景のあとは「信濃守」を称するので、頼景の父の弾正左衛門（景房、忠山）の子、つまり頼景の兄に、再乱のときの邦景方である信濃守定景をあてたいと思う。

ともかく上杉頼藤・長尾朝景軍は府中の軍勢（大将三宝寺匠作は上杉持朝のこと）や三条長尾の軍と戦うため、揚北の雄族とくに中条房資《ふさすけ》、ならびに奥羽の伊達持宗の援を求めた。

中条氏は三浦和田氏で鎌倉初期から奥山庄の地頭で、黒川・築地・関沢・羽黒などの諸氏はその同族である。伊達氏はもちろん独眼龍伊達政宗の祖先で、奥州信夫《しのぶ》・伊達両郡や羽前置《おき》賜《たま》郡を領し、鎌倉府に屈服することを頑強に拒否してきた伊達持宗であった。

中条房資はまず白河《しらかわ》・篠岡《ささおか》に一族・被官を籠らせ、大面と護摩堂山には軍勢を分けて前進拠点とした。揚北衆もそれぞれ房資に従って布陣したが、これは明らかに三条攻略の体制にほかならない。

しかるに三条城代山吉久盛は城から打って出て護摩堂山城へ押し寄せ、まず田上原の会戦に勝ち、敗走する敵を追って菅名の戦でも快勝した。こうして揚北勢は総崩れとなる。かねて中条房資と対立していた同族の黒川基実《もとざね》（黒川村下館）を張本人にして、加地・新発田・白河の諸氏は守護代側に寝返りを打ち、夜中に阿賀野川をわたってめいめいの本拠に帰り、中条軍らの退路を遮断し、あやうく房資は切腹するはめに追いこまれた。

そこへ上杉頼藤の軍勢が撤退してきて中条軍と合体し、敵方にまわった白河氏の堀越《ほりこし》要害に押し寄せてこれを陥れた。そしてここを守護勢の拠点にして、頼藤・朝景・房資や本庄・色部《いろべ》らの手勢を入れておき、めいめい在所に帰って要害にたてこもることとなった。

ところで裏切りの首謀者黒川基実は、揚北衆に対抗するため、山本寺（三宝寺）修理（匠作）の率いる府中勢三百余騎を城中に引き入れて防戦につとめたが、伊達持宗の援軍も到着し、上杉頼藤以下五千余騎で攻めたてられたので、ついに開城して降服し、加地・新発田両氏もこれにならい、揚北にふたたび平和が訪れることになった。足利持氏が屈服したので、長尾性景も揚北への追撃を行なわなかったのであろう。

だが伊達持宗の応援は高くついた。頼藤や朝景は約束に従って莫大な恩賞を与えねばならなかった。黒川氏の所領奥山庄北条《きたじょう》に隣接する荒河保も恩賞地となり、ここに伊達の一族滑《なめり》沢《さわ》なるものが駐屯していたが、これが黒川館に夜討ちをかけ、基実は乱軍のなかに切腹してしまった。その子弥福丸《いやふくまる》（氏実）は幸いに中条房資の手に助けられ、黒川領の百姓は中条家で預かることになる。黒川と中条は敵味方に分かれても、そこは一族であり、基実の妻は房資の妹で、弥福丸は血のかよった甥にあたるわけである。しかし上杉頼藤は敵の子は生かしておけないと、殺害を催促したので、義理と人情の板ばさみに陥った房資は、ひそかに大宝寺の武藤氏のところへ逃がしてやっている。このほか乙村《きのと》乙宝寺《おっぽうじ》の法宝物である仏舎利（釈迦の左眼の骨）が黒川館にあったのを、伊達のものが戦利品として本国に持ち帰ろうとしたので、房資は竹内空範律師と相談のうえ、二十余貫文で買取って乙宝寺へ寄進した。戦乱の世に咲いた文化財保護の悲しい美談ということができよう。

大乱の再発と史的意義

戦乱はこれで終わったのではない。長尾邦景は健在で、山吉久盛を通じて段銭《たんせん》を揚北にかけているし、鎌倉の足利持氏は将軍義量の死を奇貨居《きかお》くべしとし、前将軍義持の猶子《ゆうし》（養子）となって将軍職につこうと猛運動をしていた。上杉禅秀の乱以来持氏にたてついていた甲斐の武田信長も、上杉清方の討伐を受けて持氏に降参していた。長尾邦景の威勢がよくなってきたのも当然である。

しかし揚北を制圧した長尾朝景や上杉頼藤も、敵側の所領を没収して功労者に与え、安堵状を乱発していた。こんな状態がいつまでもつづくはずもないし、邦景も黒川弥福丸らの忠誠にむくい、彼を帰国させようとしていた。そこで応永三十三年（一四二六）秋、府中と揚北との平和はふたたび破れることになった。

今度こそはと揚北の軍勢は三条城におしよせ、所々の敵城を落し、ひしひしと三条にとりつめた。山吉大炊介《おおいのすけ》久盛はすでに切腹と覚悟をきめたが、やはり揚北衆のまとまりは弱かった。加地・新発田らは今度も府中に内通しており、救援軍として長尾信濃守定景・同五郎左衛門実景らが到着するや、たちまち中条らの前後を包囲し、房資はほうほうのていで中条へ逃げ帰った。彼の本拠は中条町本郷の江上館《えがみだて》と思われるが、築地広原には府中勢、関沢・金山の間は加地・新発田・豊田・白河ら揚北の反対派が充満し、北からは黒川・荒川の軍勢が迫ってきたので、守るに不便な江上館を捨てて、紫雲寺潟《しうんじがた》のほとりの河間《かわま》の城に籠城した。このたびは房資のもっとも近い親戚である羽黒秀性までが敵に通じ、伊達の援軍もなく、四面楚歌の声を聞く有様であった。

だがこのときはすでに十月であり、十一月になって北越の湖畔に冬将軍が訪れると、攻囲軍はついに退散してしまった。そこで翌年春、房資は雪解けとともに羽黒要害に攻めよせ、羽黒秀性を切腹させてしまった。

中条房資が記しておいた覚書が幸いにも残っていたので、応永大乱は揚北を中心に語られた形になった。しかし越後の中郡でも上郡でも、各地の豪族たちが、長尾邦景討伐の将軍の命令が発せられたのを契機として、私闘に等しい合戦をくり返したことは推測できる。だが長尾邦景その人は強い男であった。討伐の命を受けながらも反対派をおさえ、のち上意をとりもどして守護代を安堵され、黒川弥福丸も羽黒秀性の子供も、もとの在所に帰住させてしまった。結末は振り出しにもどったのである。数年の大乱で、敵味方ともに数え切れない死傷者を出しながら、この乱はなんと無意味なものであったろうか。いったい誰が勝ちどちらが負けたのであろうか。だが現象的に結果が出なかったということは、本質的に無意味であったということではない。成果はただ一つある。上杉家をいただく長尾邦景が、半独立状態にあった揚北にまで勢力をのばし、越後国人にたいする支配を強化してきたという、もっとも重要な事実がこれである。

いったい三浦和田一族は奥山庄に繁栄し、羽黒観音をまつる御宝殿《おほうでん》を中心に、惣領家として中条・黒川両家が多くの庶家や村落武士を率いていた。しかるにその同族が応永大乱でたがいに殺しあいをしていることは、一族結合がゆるんで、それぞれが自立し、地域的に隣接していることがかえって利害の相反を招き、遠交近攻の形で他家と連合したことを示している。連合には統合の中心が必要であり、また紛争を訴訟で解決しようとするときは、権威ある裁定者がなければならない。ここに関東公方や室町将軍家、近いところでその権威の分身である守護や守護代が求められることになる。長尾邦景＝山本寺＝上条清方ラインと、長尾朝景＝上杉頼藤＝房朝ラインの戦いは、上杉・長尾勢力が分裂して弱小化したのではなく、両派がどれだけの越後武士を自派のものとするかの争いであった。そのどちらが勝っても、上杉・長尾政権の配下が増加し、統制力が強まるはずである。実際に関沢顕元《あきもと》や関隼人佐《はやとのすけ》などが、応永の乱の過程で、守護の被官（家臣）となって惣領から離れ、守護から領知を安堵されている。それはまさに鎌倉期以来の惣領支配が解体して、武家社会の再編制が進められていることであり、守護大名の領国支配は、軍事指揮・裁判・段銭賦課徴収より進んで、北蒲原や岩船の辺境にまで「御内《みうち》」（直臣）を配置し、知行を安堵し充行うまでになったのである。

将軍義教と長尾邦景

ところで長尾邦景の守護代を安堵し、この実力者を自己の陣営にひきいれたのは足利義教《よしのり》であった。応永三十五年（一四二八）正月十八日、前将軍義持がなくなると、その弟義円《ぎえん》が幕府に迎えられ、還俗して将軍職についた。これが義教である。しきりに将軍になりたがっていた関東公方足利持氏はここで決定的に幕府と対立するにいたり、上杉憲実もついに匙《さじ》を投げて持氏に見切りをつけた。長尾邦景がこの新将軍についたのは当然であり、義教もまた甲斐の反鎌倉派の武田信長や信重を支持したと同様に、関東に浅からぬ影響力をもつ越後国《こく》人《じん》の掌握に努力したのである。

この応永三十五年（正長元年）に、足利持氏は長尾邦景や越後国人に味方になって忠節を致すようにとの御教書を送ったが、早速これを京都へ注進に及んだのは、ほかならぬ長尾邦景であった。義教はこれを無二の心とほめて、太刀一腰をほうびに与えている。また、邦景と結んだ上条《じょうじょう》清方は持氏に近かったが、これまた邦景の申請で、室町幕府から忠節をつくすようにとの御教書が翌永享元年（一四二九）に遣わされた。

義教の眼力に狂いはなかった。これから越後軍は、室町幕府の対鎌倉軍事行動に大きな役割を果すようになってくる。鎌倉府の命令で上杉憲房や憲顕が進撃した関東街道を、こんどは逆に、越後から鎌倉への長尾勢の進軍が始まったのである。

まず永享元年、持氏に攻められた陸奥の白河氏朝や下野の那須氏資が、室町幕府の援助を求めるや、幕府は越後・信濃・駿河の兵を救援に送っている。永享七年（一四三五）正月上洛中の長尾邦景は、将軍からその政治顧問である三宝院満済《さんぽういんまんさい》に会見するように命ぜられ、二十五日の子初刻（午後十一時）ごろに満済に会っていろいろと指示を受けている。おそらく議題は東国の情勢にたいする計策であろう。このとき義教は満済に次のような案内を出している。

お目にかかって申し上げるところですが、もうこちらへ帰ってしまいましたので、手紙をさし上げる次第です。ついては今夜長尾入道（邦景）をあなたのところにやります。くわしくお話し合いをなさって下さい。この男は、国もとにいるときは、あまり当方の役には立ちそうもないと思っていましたが、今度上洛してきてからは、無二の忠義者であったと思いました。あなたはどういうふうにお考えでしょうか。それでこの題目についてもお話し合い願いたく存じます。まずは貴殿のお考えのほどを承りたく、御返事をお待ちしています。恐々謹言。

教（足利義教）

（永享七年）正月二十三日

（満済准后）三宝院殿

邦景は二十二日の夜に満済を訪問するはずであったが、この日は「十悪日」なので、二十三日に延期し、義教書状も日付を書き改めたものである。ところがこの晩から邦景は物詣でにでかけたので、二十五日深夜の会見となったわけである。

ここで何が話されたか。政治の最高機密であるだけに満済はその日記にも書いていない。

ただ邦景がさきの義教の書状をしきりにほしがったので、満済がこれを与えたと記している。それを上杉家で現蔵せられるのはこのためである〈現在は米沢市上杉博物館所蔵〉。なお翌日義教は満済に会って、前夜邦景に指示したことをくわしく報告させた。だが邦景は満済の指示にあまり返事をしなかったらしい。満済は「つまり彼は無口な男だ」と感想の一端をもらしている。邦景の剛毅な田舎侍ぶりがうかがわれて面白い。彼としても強引に義教の「御書」を所望して、それを国にもって帰れば、中央政界での活躍の何よりの証拠になるわけであるから、この会談は満足すべきものであったであろう。

満済が邦景に「仰含」めたことは、彼の次に打った手ではっきりしてくる。このとき信濃佐久郡では大井・芦田の両氏が相争っていたが、信濃守護小笠原政康の調停で紛争は解決した。ところが二月二十九日、満済は小笠原に大井を援助して芦田を退治するように命じており、さらに赤松満政を通じて長尾邦景に越後勢合力のことを命じている。これは佐久郡を通って、碓氷峠へ、さらに上野国へ通路があるからであり、ここを制圧することが関東対策を有利にさせるからであった。

こうした周到な準備ののち、永享十年（一四三八）上杉憲実が鎌倉から上野平井城へ去ったのを契機として、上杉持房（八条殿）を将とする幕軍（官軍）は、持氏討伐に諸方から発向した。永享の乱がこれである。このとき越後勢を率いた長尾実景（邦景の子）は、上杉憲実に従って上野から武蔵府中に進み、合戦をしぶる憲実を励ます強硬な主戦論者であった。

早期解決を憲実に迫った義教の心証をよくしたのも当然であった。

翌年二月、持氏らが滅ぶと、上杉憲実は管領職を弟の清方（上条上杉氏）に譲って伊豆に隠居した。しかるに永享十二年（一四四〇）春三月、持氏の遺児春王・安王は、下総の結城氏朝を頼って兵を挙げ、いわゆる結城合戦となった。このため憲実は鎌倉に帰り、さらに結城に向かった持房・清方・持朝らを援けるため、下野小山城に着いた。

このときも長尾実景は色部重長等国人を率いて攻囲軍のなかにあり、結城城福厳寺口を猛攻して、しばしば義教から感状を授けられている。

翌年四月、関東一の堅城結城城が陥落したとき、春王・安王を捕えたのは越後勢であった。この戦に将軍から赤漆の輿に乗ることを許され、「京都之御代官」として勇躍出陣した実景は、軍議の席では長期の兵粮攻めを主張し、「越州ノ御勢ハ、愚身在陣程ハ、二年三年候トモ、一騎モ返スベカラズ候」と大見得をきっていただけに、この抜群の大手柄に鼻高々であったにちがいない。春王・安王を京都へ護送する大任は当然長尾実景に与えられ、実景ら越後勢は上洛の途についた。途中義教の指令により美濃垂井《たるい》の道場（金蓮寺）で五月十六日両人を殺害したのは有名な話である。

この戦の功労で実景は相模の河入郷《かわいり》の土地を与えられるなど、おおいに面目を施した。だが彼は義教にとりいりすぎたかも知れない。関東公方一派の恨みはみな長尾邦景・実景父子に集まったともいえよう。

しかも将軍義教は、戦勝祝賀気分にわいているさなかに、この年六月赤松満祐《みつすけ》の邸で殺されてしまった。これから嘉吉《かきつ》の乱となり、赤松満祐の敗死、山名持豊（宗全）の抬頭となるが、越後では、この政情の急変から、邦景株の下落したのも是非なきことであった。

守護領国の発展

邦景父子失脚す

文安六年（一四四九）越後守護上杉房朝が死んで、房定があとをついだ。ところが関東では、これと同じころ、もっと大きな事態の変化がおこっていた。足利持氏の末子永寿王（成氏《しげうじ》）を関東公方とすることを幕府が承認したのである。結城合戦のとき、永寿王はわずか六歳であったために、一命を助けられて美濃の守護土岐持益《もちます》に預けられていたが、関東の諸士の九年間にわたる熱心な陳情が奏功して、このたびの鎌倉帰還となったものである。

ところでこの請願を毎年上洛してくり返したものは、ほかならぬ上杉房定であった。足利持氏の勢力を徹底的にたたいた長尾邦景にとっては、迷惑でもあり、薄気味悪いことであった。ここから守護と守護代との立場がくいちがい、長尾景仲らが鎌倉の成氏邸を襲撃したときは、この一派に参加してしまった。しかし守護代の背景には将軍もなければ、関東公方も、管領もなかった。あるものはただ主君殺しの汚名であり、所詮守護の代官であるということだけであった。長尾景仲が降服しても、邦景・実景は頑張っていたが、全盛時代の味方がしだいに離れてゆくのをどうすることもできなかった。

　翌年の宝徳二年（一四五〇）十一月、房定は越後に帰って長尾邦景を切腹させてしまった。実景は信濃に落ちのびて、むかしの仲間と再起をはかったが、幕府はその討伐を房定に命じた。府中では実景にかわって頼景が守護代となり、蔵王堂の長尾備中守（宗景）もこの新政府に協力していた。つまり邦景・実景の没落は長尾勢力のなかのチャンピオンの交替であって、長尾一族の越後国政における地位は動揺しなかったのである。

　信濃の実景一派は根知谷口《ねちだにぐち》から越後へ侵入しようとしていた。つまり長野県北安曇郡小谷《おたり》村から、大糸線にそって防備の手薄な越後西浜を攻略、東に転じて府中を攻めようという作戦である。そこで享徳二年（一四五三）房定は越中・越後の軍勢を西頸城に集結して実景の侵入に備えた。

　ちょうどこの年、種月寺《しゆげつじ》の南英謙宗《なんえいけんしゆう》が美作《みまさか》に行こうとして、西浜を通りかかると、実景軍と官軍とが対陣していた。そこである人が謙宗に次のような禅問答をしかけた。

某「昔の坊さんは深い山に登り、錫杖を投げ身を飛ばせて、兵士の闘心をなくさせたそうです。和尚さんはどんな方便を用いて闘心を静めますか」

謙宗「野狐の精は人を惑わすことが少なくない」

某「つまりどういうことですか」

謙宗「楓葉荻花秋槭々《かえでのはおぎのはなあきせきせきたり》」

しかし通行できないので引き返して人々に質問した。

謙宗「僧侶は兵に阻まれ錫を回《めぐ》らして帰ったが、武士たちは軍隊を督して戦場に向かっている。錫を回らすのと軍陣に赴くのとどちらを教化の際にとるべきであるか」

ある僧が答えて言う、

「雲は嶺頭にあり、閑徹《とお》らず。水は巌下《がんか》に流れ、太忙生《たいぼう》ず」

謙宗禅師いわく、

「未だ閑と忙と相去ることの多少を審《つまび》らかにせず」

相手の応答がないので自分で代わっていう、

「万法本《もと》閑、只《ただ》人自ら忙し」

戦争傍観者は気楽なものである。種月寺は上杉房朝が謙宗を招いて、つい七年前の文安三年（一四四六）に建てたもので、この年の五月に風呂の造営を終わったばかりであるが、大檀那の浮沈についてそう深刻そうな顔もしていない。しかし政治家たちはそうはしておれなかった。六月というと、謙宗が引き返した直後であるが、根知谷で会戦があり、房定方の村山義隆が戦傷死したが、戦いは大勝利に終わったらしい。れいの揚北衆の中条房資が、南北朝時代以来百二年間もほうっておかれた鳥坂《とっさか》城を再興しているところを見れば、実景追放の波紋は「一国之動揺」となったことが知られるが、房定の新政府はついに危機を克服して基礎を固めたのであった。

しかし有為転変《ういてんぺん》の世の中である。翌享徳三年（一四五四）、せっかく鎌倉に迎えられた足利成氏は、亡父の仇として上杉憲忠を殺し、東国はふたたび二大勢力の抗争にあけくれることになった。上杉房顕・房定らは太田道灌《おおたどうかん》・長尾景仲らとともに、いまは古河公方《こがくぼう》となった成氏方と、果てしなき長期戦（享徳の乱）に入らざるを得ないことになった。

こうなるとさきに長尾景仲とともに足利成氏に対抗した長尾実景の復活が期待されるところであるが、事実はけっしてそんな簡単な筋道をたどらなかった。武蔵五十子《いかこ》で成氏と対戦していた関東管領上杉房顕は、寛正七年（一四六六）二月、三十二歳で陣中でなくなってしまった。そこで上杉房定が軍務をとり行ない、山内家の家宰《かさい》長尾景信と相談して、房定の次男顕定を関東管領として宗家を継がせた。こんな房定のところへ京都の将軍義政から次のような「御内書《ごないしょ》」がもたらされたのである。

関東のことで、長らく在陣しておられること、御苦労のほどお察しします。つぎに長尾実景一味の牢人どものことですが、かれこれ申し立てていますが、決して許さないつもりです。もし京都あたりをうろつくようでしたら、厳しく処罰しましょう。

六月三日

上杉民部大輔《(房定)》とのへ

政権の座を追われたものの惨めさを、しみじみと思わせる非情の文面ではあるまいか。そして実景の栄枯盛衰の一代記のあとに、越後では守護領国制の相対的安定期を迎え、房定のもとで戦国の乱世をよそに少康状態がもたらされたのであった。

安定した守護の座

上杉房定はいまや山内上杉一党の棟梁の地位を占めて古河公方一派と関東に相対した。室町幕府からは古河公方に対立するものとして足利政知《まさとも》が伊豆堀越に下向していたが、箱根を越えることができず、室町幕府そのものも応仁の乱で幕威が失われているので、房定の地位は相対的に高まり、東国の政局は彼を軸心として回転しているおもむきがあった。

文明八年（一四七六）山内上杉氏の家宰である長尾景信の子景春は、家宰の職を景信の弟の忠景にとられた不満から、古河公方成氏に寝返りをうち、武蔵国鉢形城から顕定の五十子の陣を攻撃した。扇谷《おうぎがやつ》上杉家の重臣太田道灌が江戸城を留守にして駿河にでかけているすきをねらったものである。この景春には、公方―管領―豪族という古い支配体制をつきくずして、自立しようとする数千の関東の在地武士がついており、この意味では上杉房定の時期は守護大名の最後の開花期と言えるかも知れない。

房定は景春の勢力の本質を見ぬくことができなかった。むしろ将軍義政や義尚《よしひさ》に接近し、その中央政界での「顔」によって古河公方を赦免することを幕府に要請した。古い権威によって自己の地位を維持しようとしたのである。

彼の意を受けた円通寺の僧岳英《がくえい》は、文明十二年（一四八〇）十月成氏の誓紙《せいし》の原本を携帯し、幕臣飯尾《いのお》とともに管領細川政元のもとに出発した。そして京都や関東で縦横の活躍を示し、聖護院《しょうごいん》門跡道興の斡旋もあり、文明十四年の大晦日、堀越公方政知の料所を保証することを条件に、「都鄙《とひ》合体」つまり京都の幕府と関東の古河公方との和睦が成功した。房定の支配階級内部での立場はいっそう強化されることになる。

奈良興福寺大乗院の門跡である尋尊《じんそん》の日記には、「この一両年の間上杉は代理人を京都に置いて種々画策したので無事に講和ができた」と記している。この輝ける代理人が円通寺岳英であることはいまさらいうまでもない。

円通寺は府中の西方の丘陵のすそにあった寺院で、山号は慈容山と言った。山崎の寺院址はこの山本の円通寺の遺跡と考えられる。「円通」とは観音のことであるから、もともと天台系の寺院に岳英という禅僧が住持となったものであろう。

岳英はこのころ寺のかたわらに高禅庵《こうぜんあん》をたて、その亡父で菅名《すがな》庄にいた上総介（徳叟）の像を安置し、京都の相国寺前住の横川景三《おうせんけいさん》に讃をしてもらっているから、長尾高景の曾孫、頼景の甥にあたる人物である。この講和の功労を買われて、彼は「禅師を賀するは、国家の昇平を賀する所以《ゆえん》なり」と激賞され、鎌倉建長寺住持に栄転することになった。文明十四年錦を着て郷里にひとまず帰ろうという岳英を、京都五山の諸高僧はみな詩を作って歓送している。

上杉房定はすでに京都高倉に邸宅を構え、義政や公家に近づいていたが、文明十七年（一四八五）春には、とくに義政の寿像を描かせ、府中の至徳寺の僧章岳《しょうがく》（房定の側近）に、相国寺の横川景三の讃を求めさせた。景三は房定を「賢大守」としてその政治的業績を高く評価し、喜んでこれを書き与えた。幕府でも翌十八年奏して房定を相模守に任じているが、これは鎌倉時代は執権・連署の受領名で北条得宗家に限られるものであったから、破格の待遇であったわけである。房定は勅許を受けると方々へ贈りものをして挨拶した。たとえば近衛政家のところへは二千疋（二十貫文）を進め、上杉家は藤原の末流であるから、嫡統の近衛家を崇敬しているためだと使者にいわせている。受けとった政家は六日後に太刀（吉家）をお返ししたが、一ヵ月ちかくたったころ、房定と親しくしている宗祇《そうぎ》に手紙を送り、房定の好意を謝するとともに、吉田神社の造営費を先だって頼むのを忘れたから、よろしくいってくれと伝えている。うっかり挨拶にもゆけない世の中である。ときの上卿中御門《なかみかど》宣胤《のぶたね》は馬代千疋と太刀をもらい、これが赤松や大内が従四位下に叙せられたときの相場となったようである。

将軍家への進物はもっと大きい。房定は十二月十一日従四位下の口宣案《くぜんあん》が出たことで景則の太刀・馬一疋鹿毛・二万匹（二百貫文）を送り、受領に任ぜられたことで同月二十九日国行の太刀・馬一疋栗毛・三万匹と、榼《たる》（酒樽）十荷・鵲《かささぎ》十・菱喰《ひしくい》（白鳥）十・海鼠《なまこ》十・生《しょう》鮭《けい》（あらまき）十・塩引（塩鮭）十・波羅々子《はららこ》（すじこ）三桶・棗《なつめ》一箱・胡桃《くるみ》一箱・鳥目《ちょうもく》（銭）五千匹・蠟燭《ろうそく》百挺《ちょう》を進めている。太刀・馬の通常の品物のほかはいずれも越後の特産品と現金であった。まことに景三のいうように、「大なるかな越後賢府君、車轔々《りんりん》馬蕭々《しょうしょう》」である。

彼はこれから国内のことにも意を用い、文明十五・十六・十七・十九の四年に検地を実施した。これは古志郡の検地帳しかのこっていないが、守護代の長尾弾正左衛門能景分や、栖吉の長尾豊前守孝景分・飯沼弾正左衛門定頼分が含まれ増分のかなり見られるところから、中郡への領主権の浸透と上杉直臣の所領の再掌握をうかがうことができよう。累年の関東出兵によって譜代・外様への統制を強化できた彼は、内政面でそれを実現したのである。そして越後北辺の豪族本庄房長を討ち、能登守護畠山義統《よしむね》と婚姻関係を結んで、越中を手に入れようとしているという噂さえ立った。

越府の客人たち

房定は生来文化人であった。詩歌とくに連歌が好きで、風雅を愛した。かつて彼は将軍義政に求められて武蔵野薄《すすき》や珍石一個を献じているが、これは歌枕の薄と、造園用の奇石にほかならない。そこで晩年常泰《じょうたい》と号したこの風流太守のもとへ、歌人・詩客・連歌師が戦乱を避けて訪れてきた。房定も京の文化のうつり香をなつかしがったにちがいない。

文明十八年（一四八六）の夏六月十三日、府中の海岸に立って、波のかなたの佐渡島をながめる上品な僧侶があった。常光院堯恵《じょうこういんぎょうえ》法印の〝北国紀行〟の姿である。彼は寛正六年（一四六五）初秋にも善光寺参詣のため親不知・歌・糸魚川を経て米山にのぼり、さらに花笠の里（花ヶ崎）から関山を通って長野へ旅行していた。このとき帰りには府中の海岸に泊り、くまなくさし昇る月に故郷を思って、

契りおけおなじ越路の末の露
　月もやどれる草のまくらに

と詠じている。

このたびも善光寺参詣のためであるが、京都で親しかった正才法師を訪ねる目的もあったので、ゆっくり府中に泊っていた。渚に近く神さびた社があるので参詣したところ、神職の「はながさき」（花前）という老翁から、昔の三韓進発のときより北海擁護の神で居多明神と

いうことを聞き、

天の原雲のよそまで八島もる《（守）》
神や涼しきおき《（沖）》つしほ《（塩）》風

と手向《たむ》けの歌をよんでいる。

上杉房定の耳に堯恵のことが聞えてからは、彼は波の音の聞えるあまの苫屋《とまや》に宿る必要はなくなった。至徳寺の塔頭《たっちゅう》の最勝院を旅館にして、木かげの涼風をたっぷりたもとに入れ、七夕には、かつて北陸巡回のとき歌の浜で七夕祭にあったことを思い出していた。八月の十四・十五夜には善光寺でお通夜をし、また府中にもどって、幾日か旅情を慰めた。よほど越府が気に入ったらしい。

八月末にまた旅立ち、柏崎を通り、三国峠を越え、重陽の日（九月九日）上野国白井城の上杉定昌《さだまさ》のところに泊った。定昌は房定の長男で、また音に聞えた風流人である。そこから当時戦乱の巷《ちまた》であった関東を歩き、九月十三日夜には、また白井城の歌会に顔を出し、定昌から旅費をもらっている。翌年の冬には三国峠から越後湯沢にいたり、ここで温泉保養をしていた房定の旅宿を訪問している。

この堯恵が府中で七夕を祝ったころ、聖護院門跡道興准后《じゅごう》が越中から越後へ旅をつづけていた。聖護院門跡は天台園城寺長吏・熊野三山検校職《けんぎょうしき》を兼ねる山伏の本山で、名菓「八ッ橋」の本場、道興は近衛房嗣の子で『廻国雑記』の著者である。政治上の発言力もある大人物であるから、目的地である奥州松島までの間は、年行事と諸山伏に触状が出され、お供の人びと上下二百人ばかりという豪勢な旅行であった。

守護代長尾能景《よしかげ》を通じて、かねて越後国内の案内は頼んであったが、七月十五日に越後国府についたときは、守護房定自身が途中まで迎えに出た。宿泊はれいの至徳寺内長松寺の塔頭、貞操軒という庵を前から指定してあった。彼はこの府中で七日逗留、毎日趣向をかえた遊覧をした。のち府中を出立、長浜から笠島・青海川を通り、鯨波《くじらなみ》で鯨のしおを吹くのを見、柏崎・安田・山室・三桶・しぶ川・大井・木落《きおとし》・漆山《うるしやま》・壺池《つぼいけ》・くつぬぎを経て上野国に入った。

連歌師宗祇も上杉ファンの一人である。彼は文明十年（一四七八）にもやってきたが、長享二年（一四八八）また越後を訪れた。これは三月二十四日白井双林寺で従者とともに自殺した上杉定昌の展墓のためである。この自殺のニュースが京都に伝わったのは四月六日で、九日に宗祇は三条西実隆《さねたか》を訪問し、北国旅行の思い出話から、三十六歳で切腹した「無双之仁慈博愛武士」のことを涙ながらに語りあった。そして宗祇ももう老年のこと故、越後へ行けば二度と会えないかも知れない。もし万一のことがあれば、宗祇の記しておいた聞書などは必ず実隆が受け取ってくれるようねんごろに依頼した。実隆は感涙にむせび、いうべき言葉もなかったと述懐している。

四月十一日には上杉定昌追善のための一品経《いっぽんぎょう》勧進の相談と供養が三条西邸で開かれた。定昌から重恩を蒙った宗祇の主催である。彼は念珠を持ったが、涙のために何も見えないようで、しゃくりあげては泣き悲しんでいた。追悼歌をよせたものは青蓮院《しょうれんいん》尊応・飛鳥井《あすかい》雅康・姉小路《あねのこうじ》基綱・釈肖柏《しょうはく》・飯尾宗祇・飛鳥井雅俊・三条西実隆・飛鳥井雅親であった。

六月十七日、越路の草をふみ分けて、宗祇は定昌の墓所に詣った。

君忍ぶ草葉のうへにふるさとの
　苔の下にも露けくやみん

これが定昌への彼の手向けの和歌である。房定が定昌を自殺へ追いこんだものと推察されるが、しかしこのときは彼も宗祇を迎えて月次《つきなみ》の歌会を開いた。

あすもこむ比《ころ》は花のの小鷹かり

七月十日ごろ彼は帰洛の途についた。途中早川のほとりの観音堂にとまって、「南無観世音菩薩」の名号の一字ずつを頭につけて歌をよんだが、ここでも定昌を心から弔っている。

瀬にかはる世をはや《(早)》河のみなれ棹《ざお》
　さしてむかへよ岸遠くとも
さまざまにかたち《(形)》を分《わ》るちかひ《(誓)》あらば
　うつつ《(現)》にみ《(見)》する面影もがな

宗祇が西に去ってちょうど三ヵ月ののち、『梅花無尽蔵』の著者万里集九が関東からやってきた。彼は横川景三とならぶ詩文の大家で、三年前に江戸城にくだって太田道灌の文学相手になっていたが、江戸へくだった直後に道灌が上杉定正に殺されたので、その三周忌をすませると早々に旅に出たのであった。彼は上杉顕定から尻高孫次郎を案内につけてもらい、十月二日三国峠を越えて二居《ふたい》に泊り、三日は鉤懸湯《かぎかけのゆ》（貝掛温泉）を人が教えてくれないままに打過ぎて石白につき、四日は上田木録《きろく》の安楽寺で尻高円叟十三回忌の斎《とき》に臨んだ。五日乗馬を洗い、尻高を関東へ帰し、七日上田大義寺を出発、八日妻有で濁流とうとうたる信濃川を渡り見置《みおけ》（三桶）につき、九日柏崎に入った。市場を中心に約三千戸、全部で五、六千戸もあろうかという大都市である。十日は鉢崎の風光を賞し、米山の断崖せまる北海の道をとって柿崎につき、波風を枕に眠られぬ夜を明かした。十一日柿崎から浜路を通り、黒井と中浜の間の「転舟《くりぶね》」を利用し、浜砂に馬の足をとられながら、折りからのみぞれがかったにわ

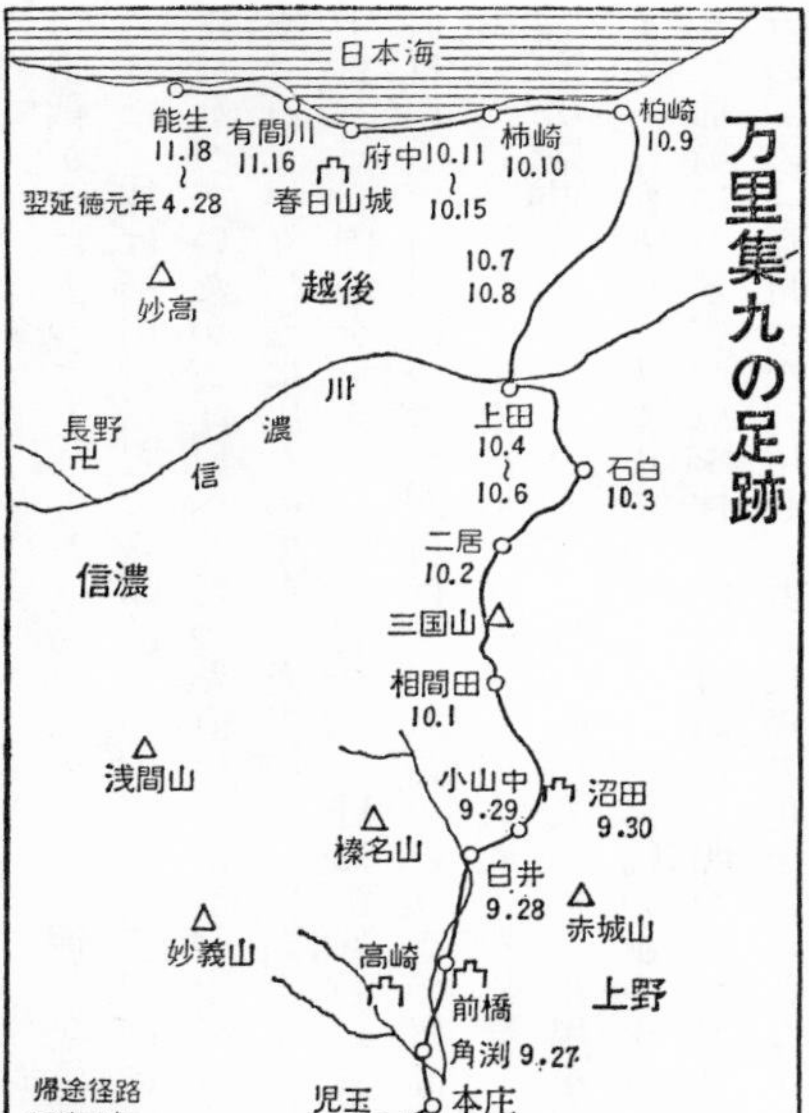

か雨にずぶぬれになって府中の町にかけこんだ。

十三日には太守房定に謁して、自分の栗毛の馬を献上したが、このころ頸城の山々はもう雪で真白であった。集九は雲門寺の聖仲《しょうちゅう》と京都の諸禅師の存否を語りあったり、至徳寺・安国寺・居多明神・円通寺・夢窓国師の井など、越府の名所見物で毎日を送った。国分寺の五智如来堂の梁の上に一面の琵琶があるのを見つけ、おそらく盲人が仏に祈って目が見える

ようになったので、これを仏前にかけて霊兆としたのだろうといっている。

十一月十六日越府を去って有間川に行った。途中夷崎《えぞがさき》の嶮難で海のすぐそばを歩かねばならないので、連れの僧の柿渋で染めた紙蓑は日本海の激しい風雨で吹きちぎられ、花びらの散るように、波のまにまに飛びちってしまった。おかしくもあるし気の毒でもあるといって集九はまた詩を作っている。

十七日には能生《のう》の太平寺に泊る予定であったが、日はとっぷり暮れてしまったので、東崎《とうざき》の砂浜の家に泊り翌日能生についた。ここでは宿の主人の調理してくれた「藷蕷《いも》の麵子」に舌鼓をうち、浴場に入って途中の薄氷をふんだことを忘れ、ついで二十二日からは太平寺に宿った。そしてこの能生で、道灌を殺した上杉定正の敗北を聞いて溜飲をさげ、房定から銭や衣服、酒などの贈物を受け、六十二歳の正月を迎えるのである。

明けて春三月能生白山社に帰途の平安を祈り、四月二十九日能生を出発、姫河の急流を、人は船で、馬は綱で渡り、外波《となみ》より親不知の険を越えて越中に去っていった。

このほか変わりもので有名な管領細川政元が、奥州の牧場を見たいといい出して、越後へ来たことがある。房定は馬を多く集めて牧場とはこんなものだと承知させ、越後から京都へ帰してしまった。明応二年（一四九三）に、房定は飛鳥井雅康を京都より招き歌会を開いているが、これが房定の文化人を招いた最後であろう。翌明応三年十月、房定はなくなったのである。

大地震う

西から東から越後を訪れた文人墨客は多い。中央で生活の立たない貴族は、多く地方に疎開したからである。しかしそれらのなかで、もっとも越後を愛し、上杉家を徳としたものは宗祇であった。明応六年（一四九七）にも彼は近衛政家にことわって越後へ行っている。だが明応九年には越後を最後の死に場所と定めて赴いたのであった。政家は翌年三月、世尊寺行俊筆の色紙三十六枚を在越の宗祇に託して守護房能に贈っている。

これを聞いた宗祇の弟子宗長は、文亀元年（一五〇一）六月駿河を出発し、山内・扇谷両上杉氏抗争のなかを通って、九月朔日越後府中に到着した。すぐ宗祇と会って、永年のつもる話や都へ帰ろうかなどと語っていたが、長旅の疲れが出たのか、どっと病の床についてしまった。それもなおって、さて出立しようと思ったときはもう十月二十日過ぎである。北国の雪風は激しく、とても京には帰れそうもないので、ひとまず旅宿を定め、春を待つことにした。

ところが運悪くこの年は大雪であった。毎日のように降りつもって、越後の人たちでさえもこんな大雪は見たこともないと愚痴をこぼすような有様となった。まして雪国育ちでない宗祇はやりきれなくなって、ある人にあてて左のような便りを送った。

思ひやれ年月なる《（馴）》る人だにも
　あは《（逢）》じとうれ《（憂）》ふ雪の宿りを

雪でさえ参っているのに、運命の皮肉は地震をつけ加えた。あの何十年に一度しかこないという越後地震が海岸部を襲ったのである。泣きっ面に蜂とはこのこと、大雪のつもった家屋は重心が高くなっているから、たちまち家々はつぶれてしまった。「まことに地をふりかへすにや」と思われることが一日に何度もあって、十二月十日巳刻《みのこく》（午前十時）から五日も六日も余震がつづいた。死傷者も多く、家屋も転倒したので、旅行者である宗祇や宗長は、つぎつぎに泊り場所を探さねばならず、そうこうしているうちにこの年も暮れてしまった。明けて文亀二年元旦には、宗祇の夢想の発句《ほっく》で連歌があった。

年やけさ　あけのいがきの　一夜松

だが宗長は暮から病気がぶりかえしたり、冬期の日本海岸に吹きすさぶ寒風にすっかりいや気がさしていた。二月の末に、都へ帰るのはさておいて、まず草津の湯につかって駿河に帰ろうと言い出した。宗祇老人もはじめはこの国で命を終わるつもりだったが、当地の人々の情にすがってばかりいるのも心苦しいし、都へ帰るのも大儀だ。美濃国の知人から余生を送りなさいと言ってよこしているので、一緒につれて行ってくれと宗長に頼みこんだ。宗長も被災地に残しておくに忍びないので、宗祇を信濃路から草津に伴い越後を去っていった。それから江戸城で死にかかった宗祇の生命はとりとめたが、駿河に向かう途中国府津《こうづ》で発病し、箱根湯本で定家卿の夢を見つつ燈火の消えるように息を引きとったのである。

ところで偶然の天災で必然の歴史を解明することはできない。しかし大地をふり動かした越後大地震は、宗祇の死とともに、何かしら上杉家の栄華の夢の崩れ去る前兆ともうけとれるのである。すでに公方＝管領の支配から離脱しようとする関東武士は、長尾景春のもとに結集し、隠然たる第三勢力となっていた。また足利成氏が房定の尽力で鎌倉に返り咲いた宝徳元年（一四四九）には、本願寺蓮如が東国を巡遊して越後の各地に足跡をのこしていた。越後府中の支配者たちは、禅僧でも門跡でもない一介の黒衣の僧を問題にしなかったであろうが、この男こそは阿弥陀如来のもとに農民層を全国的に組織した、民衆のアイドルであった。長尾能景《よしかげ》・為景《ためかげ》・景虎《かげとら》と三代にわたって為政者を悩ました一向一揆の火はここに点ぜられたのである。のち関ヶ原合戦のとき、堀秀治（一向宗）や本願寺門徒によって、上杉勢力は越後から一掃され、ここもまた真宗王国に数えられるようになってしまった。

このように在地武士や農民たちが、上杉王国の土台をくずしていることに、上杉房能は気づかなかった。見ようとする気持さえも持たなかったといった方が正しいかも知れない。彼は父祖の業績の上にあぐらをかいて、守護権の強化と内部統制に邁進した。

明応七年（一四九八）三月、越後国侍《くにざむらい》は思いがけぬ政令にビックリした。三年あまり前に守護となった上杉房能が、「国中の御内《おうち》（直臣）・外様が近ごろ〝郡司不入《ふにゅう》〟と称して守護の命に背き、守護の任命した役人の職権行使を妨げているのは、まことにけしからぬことだ。不入の証文のない土地は、三ヵ条に違犯するものがあったならば、郡司が成敗する。役人の不正は直接申し出よ」と布告したからである。「不入」というのは、関東から越後に入った上杉氏が、土着の豪族を味方につけるために、本領を安堵し、そこへの守護権の介入を排除できることを認めた特権で、上杉氏は長尾・石川・飯沼以下の譜代の直臣にもこれを認めていた。「不入」でない土地が守護権の及ぶところで、越後の七つの郡に置かれた郡司を通じて大名が支配していたものである。「三ヵ条」とは、鎌倉時代の守護の権限が大番役の催促、謀叛人・殺害人の検断という「大犯三ヵ条」であったところからきたもので、当時は、軍勢の催促・指揮権、警察権・裁判権、段銭・夫役の賦課・徴収権など、要するに守護大名のもつ「国衙検断職」を具体的に言っているのである。本領安堵といっても、将軍や守護はいつでも国人の所領に立ち入ることができるから、土着豪族の方では、守護に本領自治の保証を求め、守護も恩賞の意味でこれを認めたものである。

しかし文明末年（一四八七）の検地帳の作成から、明応六年（一四九七）の段銭定納帳の成立にいたる上杉政権の内政整備と軍事的活動とは、越後武士が鎌倉期以来の慣習で、バラバラに農村を支配し、守護権の浸透を阻止している状態をそのままにしてはおかなかった。「不入」の否定は、たしかな証拠書類があれば除外されるが、多く慣習的なものであったにちがいない。不明確な不入を否定することは、不入そのものの否定にほかならないのである。動揺はここからおこり、それを抑圧して国侍の所領と人民を確実に掌握できるかどうかが、上杉家が守護大名から戦国大名へ飛躍できるか否かのキー・ポイントであった。

この際、守護代長尾能景の立場は微妙なものであった。ここでもう一度、房定の長男定昌が自殺した事情を想い出して見よう。『上杉系図』（天文本、当国太守次第）によると、房能は「長松院殿《(房定)》御息　別腹」と記されている。つまり定昌は房能の異母兄であり、お定まりの家督相続の問題が定昌自殺の背後にあると考えてよかろう。定昌か房能かを決定するものは、守護政権内部の実力者、この場合は守護代長尾能景が大きな発言権をもっている。しかも能景の「能」は房能から与えられたもので、能景は房能擁立の正面切っての首謀者であったと見られる。

従って能景は、房能の基本政策に反対するはずはなく、房能もまた能景の力を削減する政策をうち出したのではない。両者は車の両輪、水と舟のようなものである。しかるに長尾能景こそは最大の不入地（多くは守護領であった）を抱えているはずである。そこで能景は古志郡司長尾小法師（房景）にたいして次のような念書を進めた。

「能景分は先祖以来七郡の代官を勤めたから、ほかの人とちがい、「不入」の書類はあり、とやかく言われることはない。そこで所領を（郡司を通さずに）直接支配してもよいのだが、殿様が掟を色々と申しのがれるものが、のちに現われることをよく考慮せよと言われるので、御諚《ごじょう》もっともであると申し上げた。従って能景料所と被官の給地は、三ヵ条違犯の場合はあなたによって守護権を行使して頂きたい。しかし古志郡大島庄のことは、あなたもお若いことですので私が処置します」

つまり能景は先んじて「版籍奉還」を行ない、「不入」破棄の政策を支持したのである。しかしほかの国人たちが、快くこの法令を受けとるかどうか。不入の否定で国人統制を実質的に推進できる能景でさえも、抵抗の気配を見せている。彼の後継者が房能にたいして、彼ほど従順であろうはずがないのである。文亀三年（一五〇三）房能は水原《すいばら》景家の所領を郡司不入としたが、これは不入権否定の政策の後退と見られる。だがこのような後退は、守護所の恣意に委ねられ、逆に国人の生殺与奪の権を守護がにぎることにもなるわけで、国人層の不平を助長するだけであったろうと思われる。

上杉定昌の自殺のとき、発智《ほっち》景儀《かげのり》は二三日おくれて石白で追腹を切った。その遺書に「御陣はもう長くはないと思う」と記しているが、たしかに上野でも越後でも、上杉家の命運は旦夕に迫ってきたのであった。

下剋上

長尾能景の死

越後の戦国時代の幕は、守護代長尾為景が主君の上杉房能を滅ぼしたところで開かれる。いかに乱世とはいえ主君を殺すという一大事を決意するにいたった為景の立場はどうであったか。また守護代が守護にとって代わるという「下剋上」の秘密と本質は何であろうか。こうした点について為景の軍事履歴書をくりひろげて見よう。

大名にとって「国」は強く意識される。内にたいしては自分以外の支配者の存在を許さないとともに、外にたいしては他国からの侵入を防ぎ、国境の安全を確保するという素朴なナショナリズムである。越後の場合は、府中が西南にかたより、道は関東に通じているため、北辺にたいしては危機感はわりあい少なかったが、越中方面（西浜口）と信濃方面（関山口・根知口）には神経をとがらせていた。そこで北信濃では高梨・栗田・島津・井上といった豪族を操縦し、越中では東部の豪族椎名氏を味方にするという方策が、当時の上杉氏の国境保全策となっていた。

ところが文明年間に北陸の沃野《よくや》に拡まった本願寺門徒の一向一揆は、長享二年（一四八八）には加賀守護富樫政親《とがしまさちか》を滅ぼして国務をにぎり、越前・能登・越中へと津波のようにおしよせてきた。越中では礪波《となみ》・射水《いみず》両郡が制圧され、瑞泉寺・安養寺がその中心に立っていた。

このころ室町幕府の管領細川政元は、幕政には横暴にして無関心で、天狗の業の修行に余念がないという奇人でもあり、しだいに信望を失っていた。重臣薬師寺元一《やくしじもとかず》・赤沢朝経《ともつね》が離叛したばかりか盟友であった畠山義英《よしひで》も愛想をつかして、宿敵畠山尚順《ひさのぶ》と和睦した。そこで政元はこの義英を攻めるため、かねて面倒を見てきた本願寺実如の力を借りることとした。実如はなかなか参戦にふみ切れなかったが、ついに永正三年（一五〇六）正月、教団の一部の反対を押し切って政元の陣営に立ち、傘下門末に武装蜂起をよびかけた。

かねて一向宗に手を焼き、加賀のようになるのを恐れていた六角（近江）・朝倉（越前）・畠山義元（能登）・畠山尚順（越中）・長尾能景（越後）の守護勢力は、ここで連合して一向一揆鎮圧に立ちあがることとなる。相手は越前・加賀・越中の本願寺王国の門徒である。

このとき北国門徒の中心にある若松本泉寺蓮悟（蓮如の子）は、次のような激越な手紙を門下に送って勇気づけている。

「能登守護は仏法（真宗）を絶滅しようと、ここ数年の間長尾能景と申し合わせ、その企図はいまやはっきりしてきた。身にふりかかる熱火《あつび》であるからには、御門徒と一日でも呼ばれて、これを口惜しいとも、あきれたことだとも思わぬ人々は、本当に情ない心中である。そもそも今生《こんじょう》で極楽往生できるという、こんなたぐいなき弥陀の法をつぶされることは、千々万々無念の至りであるから、我も人も年来の雨山の御恩徳の報謝のため、にこにこして身命を捨てることは本望ではないか。志ある人々が何時でも同心してくれるならばまことに有難いと思う」

このアピールに応じて越中一揆は蜂起し、越中の武士は越後に亡命した。そこで能景は九頭竜川の線で加賀一揆を撃破しようとする朝倉貞景と呼応し、畠山尚順の依頼によって、七月十五日大軍を率いて越中に攻めこんだ。

新川《にいかわ》・婦負《ねい》を略取し、いたるところで一揆を撃破しながら、関東で野戦の経験を積んだ越後軍は猛進撃をつづけた。目標はもちろん加賀若松の本泉寺である。

この八月六日には、朝倉軍は一揆を加賀に敗走させたので、加賀・越中の門徒は死力をつくしてこの法難に対処していた。すでに礪波平野に入った越軍を加賀に入れないためには、加・越国境の蓮沼口の天険で最後の一戦を試みるほかはない。そこでここに飛驒の門徒や五箇山の強兵をも集結して、能景を迎え討った。

ところがここで、かねて畠山尚順と対立して門徒側に通じていた、守護代神保《じんぼ》慶宗《よしむね》が寝返りをうち、増山城から長尾軍の背後におそいかかった。退路を断ち切られ般若野に包囲された越軍は、異境の空の下で潰滅的打撃を受け、長尾能景はついに九月十九日討死をしてしまった。

為景叛逆す

敗戦は悲惨なものである。出陣のときの美々しさにくらべ、破れた武具をつけ、遺体や負傷者を背負って、越軍は名目なき戦いから帰還した。疲労と恐怖の色の濃い敗兵を見て、為景（能景の子）は父の恨みを晴らす前に、どんな手を打つべきかを思案せねばならなかった。人的・物的な損害を受けた国人たちは、やがて敗戦の責任を追及してくるかも知れないし、少なくとも支配層の威令が行なわれなくなることはたしかであろう。だが為景の場合はまだよかった。彼自身が父を失った被害者であり、同情もあったであろう。戦責は守護に転嫁して、自分は不平な武士のエネルギーを手もとに集積することを考えればよかった。

守護代となった彼は、五十嵐・石田・大須賀・高家一党の叛乱を鎮定した。いずれも中郡の豪族で、越中の戦乱に関係すると思われる。だが為景にとって重要なことは、この戦勝を祝して国侍たちを府中に集めたことである。諸将は祝儀として十一月十五日、房能に太刀を献じたが、これはとりもなおさず、「長尾為景様」の幕下に掌握されたことを示している。

ついで越中方面へ兵を出したというが、これはたしかかどうか分からない。ともかく長尾為景は、真宗豪族五十嵐小豊次《こぶんじ》討伐を契機として、敗戦の痛手から立ち直ったのである。

ここで為景と房能との衝突が発生するが、この原因は何であろうか。いいかえれば、房能を輔佐した能景と、房能を殺した為景の立場が、どう違うかが説明されなくてはならない。

これについて思い出されるのは、永正元年（一五〇四）秋、山内上杉顕定を助けて、房能・能景が扇谷上杉朝良を破っていることである。実に越後守護家は越後の大名であるよりも、関東管領山内上杉氏であった。山内管領家が関東で覇を唱えることができたのは、主として越後のバックアップがあったからである。唇歯《しんし》輔車《ほしゃ》の関係というより、守護家と管領家の緊密な一体感がその行動の基準となっていた。何よりも端的にそれを表現するものが、守護房能の兄が管領顕定であるという事実である。

だがこのために、三国峠を越えて関東戦線に赴く越後国人の負担は堪えきれなかったと思われる。彼らは土着の豪族で素朴なナショナリスト（？）であり、インターナショナルな上杉家とは別の世界に、偏狭な郷土観をもって住んでいた。上・中越のものには「国」の安全の見地からすれば、越中口や信州口の方がはるかに重要であったわけである。能景が大軍をもって一向一揆と決戦したことは、ようやく彼の心に国人の自覚が芽生え、房能との間にギャップができてきたともうけ取れる。まして一般の国衆は、たび重なる関東出兵に疲れはて て、おまけに、検地・段銭・不入破棄と、上杉家の財政のために統制を強化されてきているし、房能には国人の現実を直視する目がなかった。たとえば文亀三年（一五〇三）、房能は奥羽の豪族伊達尚宗《ひさむね》からとどいた書状のしたためかたが、被官同様のあつかいをしていると口惜しがった。こちらは大名であるが、そちらは国人の一人にすぎないではないかというのが房能の言分である。それで伊達からの書状には、宛名の下の脇付に「人々之御中」と書くよう、斡旋した中条藤資《ふじすけ》によく考えてくれと伝えさせている。こんな貴族的な考え方が、越後国人の反撥を招いたのも当然であった。

すでに関東では、越後軍の後援で関東管領の座を維持する顕定にたいし、長尾景春の率いる在地武士の抵抗がある。それは古河公方と政略的に手をにぎってはいるが、本質的にはナショナル（?）なものがあり、越後将士に支配されることを望んではいなかった。古河公方とても関東生えぬきの権威であった。思いは同じ為景も、自主的に景春と連絡をつけたと思われる。為景はいまや第一次世界大戦末期のロシアにおけるレーニンの役割を買って出た。彼の目標は南北朝期以来の関東管領＝越後守護の支配体制を打破して、その守護代から国人連合政権の国主の座につくことであった。これが戦国大名への踏み出しなのである。

永正四年（一五〇七）八月一日、為景のクーデターが行なわれた。為景の荒川館に集結された軍勢を見て、ここから老の馬場一つを隔てた稲荷館に住む房能は一旦防戦の覚悟をきめたが、かけつけてくれる国人もなかった。本庄時長・色部昌長・竹俣清綱ら揚北の国人は味方したが、遠い本城にいて急場の間に合わなかった。飯沼頼泰らは定昌自殺事件のとき以来房能から離れてしまっていた。そして何よりも養子の定実（上条氏）が為景の手中にあった。為景は逆臣の汚名を受けないため、定実を守護に擁立して旗印とし、能登守護畠山義元や幕府にまでも手を廻していた。万事周到に演出されていたのである。

そこで房能は翌二日府中を逃げ出した。このとき安国寺文書四百八十通が紛失したというから、房能一行はあわただしく重宝をかかえ、縁者をひきつれて府中を落ちのびたわけである。一行は関東への近道である安塚街道をひたばしりにのがれたが、松之山温泉の近くの天《あま》水越《みずこし》で、追いすがる為景軍に包囲され、八月七日未刻（午後二時）房能は自害してしまった。数年前には五十貫文を朝廷に献上して、後柏原帝に践祚《せんそ》後二十一年で即位式をあげさせた人物であるが、いま関東との連絡を断ち切られ、かつて定実の婚約者であった彼の息女が瘡気《くさけ》の湯治をした松之山で、恨みを呑んで死出の旅途についたのである。お伴の衆は一門の山本寺殿（定種）や奉行人の平子《たいらく》朝政をはじめ尾州父子・孫六以下一人も残らず壮烈な最期をとげた。

この報告を受けた為景は、「今度のことは是非もないことだ」として、八月九日にはいまは双碧《そうへき》院殿となった房能の霊をなぐさめる仏事をとり行なった。このとき古志郡栖吉の長尾房景も百疋（一貫文）の御香銭をさし出している。いま天水の諸方に石地蔵尊があるが、これは運命に殉じた人々の供養のために建てられたといわれるし、管領塚という墳墓ものこっている。また柏崎の民俗芸能の綾子《あやこ》舞《まい》は、房能夫人綾子の方に関係づけて伝承されたものでてある。

房能に味方したものもたちまち鎮圧された。本庄・色部・竹俣らの岩船郡の国衆は、九月から中条藤資・築地忠基・安田長秀等為景方が防いでいた。もちろん本庄らは房定のときにも臣従しなかったもので、いま府内の動揺を見て房能を救う名目で挙兵したのである。為景は中条らに恩賞を与えて激励し、翌年雪解けとともに宇佐美房忠・斎藤昌信・毛利新左衛門尉などを派遣し、伊達尚宗の出動を要請した。しかるに上杉顕定は、房能が色部らに頼ろうとする気があったのかどうか、つまりその挙兵が単なる揚北衆の内輪もめではないかと疑って、上田庄の長尾房長の指示を仰ぐように命じ、容易に動こうとはしなかった。もちろん長尾景春との戦いに手を抜くことができなかったせいもある。そこで本庄・色部・竹俣らはこらえ切れず、永正五年（一五〇八）六月、蘆名《あしな》盛高《もりたか》の仲介で為景・定実に降服してしまった。

なお為景は、房能を討つとまもなく、房能によっていわれなく召し上げられた波多岐庄《はたきのしよう》興徳寺分の土地を本領と認めて、天水で奮戦した上野菊寿丸に返している。このほか宇佐美氏の琵琶島八幡宮に社領を寄進し、至徳寺塔頭に郡司不入を認めたりしている。これによって見ても、房能に圧迫された国人層を把握しようとしている彼の意図を知ることができよう。永正五年、幕府は定実を越後守護に任じ、為景にこれを輔佐させた。そして伊達・蘆名・高梨など近隣の豪族と結んで新政府の基礎はようやく固められた。

関東軍の侵入

血をわけた弟を無残にも死なせた顕定（可諄《かじゅん》）の怒りは大きかった。定実のことはもう越後守護になっているし、擁立されただけであるからともかく、憎いのは長尾六郎為景である。さらにまた関東管領家が越後でもっている上田庄・妻有《つまり》庄・蒲原津《かんばらのつ》・褄脱《しとぬき》庄などの所領の維持ということもある。一刻も早く関東を鎮めて越後の逆臣を討伐する報復の大軍をおこしたいところであった。褄脱庄はすでに上杉定実が長尾房景や志駄《しだ》藤春に与えてしまっていた。

永正六年（一五〇九）になると、顕定・憲房父子はようやく長尾景春をおさえ、越後進発の準備にとりかかった。五月に幕府のお声がかりで、信濃の大井太郎と伴野六郎との争いの仲裁に成功し、西隣の安全を確保できたこともある。このとき長尾景春は上野の沼田・白井の要衝を占領して越後への通路を妨げていたので、六月、景春を不動山の館に追い、両城を手に入れた。

顕定の越後の拠点は上田庄坂戸城であるが、ここの長尾房長はもちろん顕定の部下である。それから藪神《やぶかみ》庄は発智《ほっち》の勢力圏であるが、ここには同族の尻高左京亮を通じて指令が出されており、穴沢新右衛門尉も味方である。ただ栖吉長尾の褄脱庄との境界線にあたる小千《おぢ》

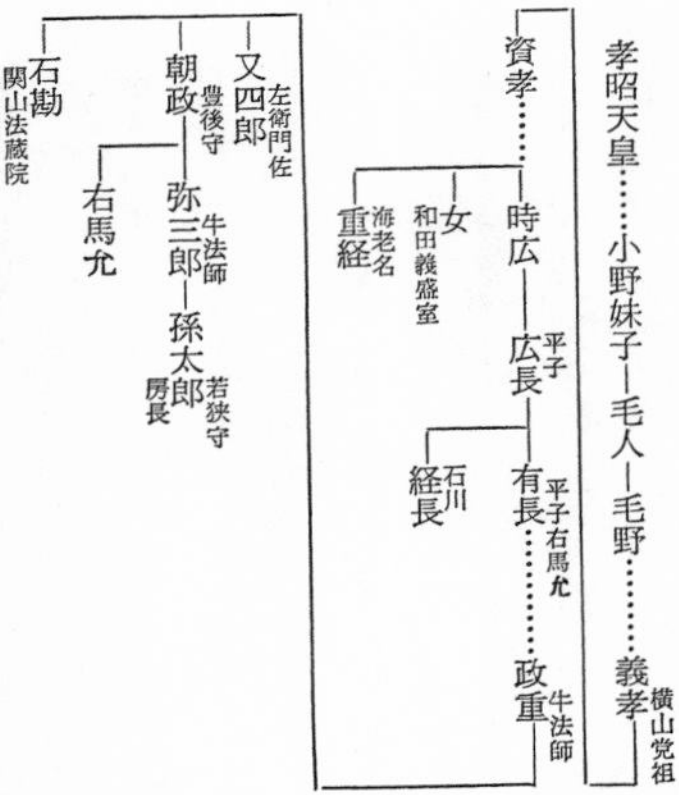

平子系図

谷の渡河点は、薭《ひ》生《う》城の平子氏であるが、城主平子朝政が房能とともに戦死し、嫡子が幼少なところから複雑な立場にあった。

平子氏は本来武蔵七党のうちの横山党の一族である。建久四年（一一九三）曾我兄弟の夜討のときに負傷した平子右馬允有長の子孫であり、上杉氏の御内石川氏の同族で、有長の弟が石川次郎経長となっている。平子の子孫は、竹俣氏はこの分家であると申したてている。横山氏の居館は八王寺市の館町、平子氏・石川氏はそれぞれ同市の大楽寺町・石川町に住み、ついで平子を領し、上杉氏について越後にきたものであろう。

ところで平子朝政の死後牛法師が幼少のため、上杉顕定はその伯父又四郎を代理人に命じたところ、「万端退屈」という理由で辞退してしまった。薭生城のすぐ近くの荷頃《にごろ》まで長尾房景の所領となっており、古志長尾と上田長尾、つまり越後と関東の両勢力の接触点になったために、家臣統制に自信をなくしたのであろう。この被官人が勝手なことをするのが気に入らないという理由はもっともであるが、そのままではどうにもならないから、牛法師の方からも又四郎に頼みなさい、こちらからも言葉をかけようと顕定は平子牛法師にすすめている。

こうして平子氏の再掌握に成功した顕定は、まず養子の憲房に越後の妻有庄に打ち入らせ、永正六年七月二十八日を進発の日と定めた。二十六日、牛法師にたいして、左衛門佐(又四郎か)と同心に上田庄に参集し、一族や道筋に通報するように命じている。

この年の八月二十九日に三条西実隆のところへ、天王寺の商人たちが情報をもってきた。この商人は越後特産の青苧《あおそ》を取り扱っており、実隆は青苧座の本所で、商人を保護し便宜をはかってやるかわりに、苧《からむし》公事《くじ》を取っていたものである。商人たちの言うところによれば、七月二十七日に牢人(関東勢)が越後へ攻め入ったので、越後は「一国悉《ことごとく》滅亡」ということである。命があっただけよかったと語った。いかにその報復攻撃の鋒先が鋭かったかがうかがわれる。実隆は府中政権のおかげで公事の収入を得ていたのだから、もう公事が手に入らなくなって貧乏になるのではないかと、越後の空を仰いでため息をついていた。

だが八千余騎という大軍を迎えた長尾為景は嘆息どころではない。春日山の要害も十分に構築してないし、何よりも手勢が少なかった。栖吉の長尾房景などは、形勢を見て顕定に従い、本庄・色部・竹俣らはふたたび叛旗をひるがえした。定実の実家の上条弥五郎や上杉一門の八条修理亮、直臣石川駿河守・山吉孫次郎・桃井讃岐守らも顕定に応じた。

定実＝為景方は、蔵王堂・三条・護摩堂の長尾氏、中条藤資・斎藤三郎左衛門尉・毛利新

左衛門尉・宇佐美房忠らが味方になっていた。また市川甲斐守・小笠原大膳大夫・泉信濃介・高梨摂津守（澄頼）などの信濃北部の侍も為景に味方し、いま飯山《いいやま》線の通っている敷見《しくみ》口《ぐち》・白鳥口《しらとりぐち》から越後の妻有庄へ出撃して、すでに上杉憲房の軍を破っていた。顕定の出陣はこの敗戦にたいする仕返しである。

八月顕定の大軍はいたるところで為景方を蹴散らした。さきの信州侍たちも、泉氏の所領の尾崎庄まで逃げてきたが、そこへまた顕定が攻めてきたので、みんなちりぢりになり、高梨勢・市川勢・泉勢はそれぞれ居館や館山（要害山）へこもって小さくなってしまった。定実・為景はとても春日山や府中を持ちこたえられそうもないので、西浜から越中へ落ちて行った。ここで越中の軍勢を集め、信州侍を再組織し、そしてはるかに伊達尚宗の応援を求めたのである。

こうして戦いは越後全体に拡まった。魚沼郡には杉一揆という地侍の連合があったが、顕定の侵入のときは、めいめい根拠地に帰って戦わなかった。そこで顕定は平子牛法師に杉一揆の組織化を命じたが、逆に一揆は為景方についてしまったので、顕定は一揆の所有地を没収し、平子に恩賞として与えると約束している。

西浜に逃げた定実・為景を追って、顕定は西頸城郡に兵を進めた。この地に南北朝時代から根を張っていた村山一族は、越中にいる為景方について必死の防戦を試み、姫川河口の戦いで村山盛義は戦死してしまった。蒲原平野では、三条城にたてこもった山吉能盛《やまよしよしもり》らは、為景の救援を信じ、日蓮宗本成寺《ほんじょうじ》らとともに、頑強な抵抗をつづけていた。この三条城は「島の城」ともいい、平城《ひらじろ》ではあるが、前に五十嵐川の流れがあり、一方には信濃川を控え、深い堀をめぐらした要害堅固の城で、水運の便もよく、ここを制するものは、蒲原をおさえることができたはずであった。しかし五十嵐川の線で顕定軍は食いとめられたため、西へ迂回して西蒲原郡へ侵入しようとしたが、黒滝城に集結した黒田・志駄らのため、渡部《わたべ》の戦いで失敗し、寺泊《てらどまり》を確保したにとどまった。

さらに揚北では本庄・色部・竹俣らが南下して顕定軍に合流しようとするのを、中条藤資・築地忠基らが、やはり防ぎとめていた。この中条は、隣接する黒川と高野郷を文明年間から争ってきたが、中条はこのとき係争地を黒川へ返してこれを味方にしている。

室町幕府や朝廷は、越後守護上杉定実が他国の侵入軍や越後の叛徒に攻められているという解釈をとっているから、もとより為景方であった。朝廷では山城の石清水八幡宮に、「北国凶徒」の鎮定を祈らせているほどである。つまり今度の戦いは、為景の叛逆でなく正義の戦いであった。彼は京都の上意によって逆徒を討伐するという大義名分をふりかざして各地の味方を激励した。揚北で奮戦している築地忠基にたいしては、風雪が激しくて救援にゆけないが来春には大挙出撃すると告げている。

顕定軍の発智六郎右衛門尉は紙屋庄の深沢で勝ち、荒浜の要港を占領して、寺泊より柏崎にいたる刈羽郡・三島郡の中部海岸を制圧した。さらに平子牛法師は阿賀野川を越えて討伐軍を進めている。

しかし顕定の配下は関東勢と魚沼郡の豪族ばかりで、国人の味方は意外に少なかったようである。これは為景に比べて国侍の把握力が劣っていたからで、ここらあたりに侵入軍の弱点があったのである。

悲愁管領塚

越後の三分の二を制圧した顕定・憲房は、まだ各地に為景方が抵抗しているため、帰国できなかった。関東では為景と結んだ長尾景春が、北条早雲（伊勢宗瑞《そうずい》）と手をにぎり、顕定方を脅していたので、顕定は一刻も早く、為景方を潰滅させて上野に帰りたいところであった。このあせりと、房能を殺された怒りとが、彼の国人統制を誤らせたといえる。

彼は峻厳な態度で国侍にのぞみ、為景に味方して房能を討ったものをさがし出して、所領を没収して郡内から追放したり、あるいは捕えて首を切ったりした。そこで国中の諸侍は身をかくしかね、妻子をつれて山奥にかくれ、または他国に亡命したりしていた。いつ疑われるかも知れないので、国中騒然として「上下手足を空になして、易き心もなかりけり」というテロリズム時代となった。これでは敵愾心《てきがいしん》はいよいよ強くなるばかりで、一国を平定するに足る武力があればともかく、上郡・中郡にも残敵がある状態では、国侍の服従するものの少なかったのは当然であった。

翌永正七年（一五一〇）六月六日、栖吉城の長尾房景（顕定方）が、為景方の重要拠点である蔵王堂城を攻め、主だったものだけでも百余人を討ち取り、数百人を信濃川へ追いこんで、これを攻め落した。黒滝城もすでに攻略して八条・桃井等が籠っていた。これで揚河（阿賀野川）以南は、三条・護摩堂だけが為景方の拠点としてもちこたえられるにすぎなくなった。平賀《ひらが》盛義《もりよし》の護摩堂山は削りとったような孤峰で、頂上に井水があり、三条島城とともに、要害堅固の城であったからである。

だがこのころが顕定の最盛期であった。長尾為景の周到な巻き返し作戦が、つぎつぎと関東軍を追いつめていたのである。まず高梨政盛は、顕定が房能殺しの張本人として、どうしても生捕りにして首を切り、獄門にかけようと追及していた人物であったが、政盛の方でもいよいよ憤激して、国中にかくれていた味方を七百余騎かり集め、白鳥口から上郷《かみごう》の板山《いたやま》に陣を布いた。ここは府内と魚沼郡を結ぶ道路を遮断する地点であるので、顕定は五月二十八日・二十九日の両日、府中から軍勢を派遣して討伐したが、政盛は逃げてしまった。

これとほぼ同じ時期に上条定憲《さだのり》（定実の実家）が上条で兵をあげ、村山直義は五月二十二日今井・黒岩で大いに顕定軍を破り、糸魚川に陣を進めて府中に迫る勢を示した。長尾為景はすでにこの年のはじめ越中から佐渡にわたって戦備をととのえ、四月二十日蒲原津へ上陸してきていた。そして、上条軍に攻められた顕定軍が、寺泊以下中郡海岸の要害から撤退すると、為景はすかさず寺泊を占領し、椎谷《しいや》の山地に陣をとり、板山を敗退した高梨政盛軍もこれに合流した。

六月十日、上杉憲房はこれを討とうとして、人数を集めたが、為景同意のものへの刑罰が厳しすぎたため、処分されたものの一族の恨みが深く、ほとんど参集するものはなかった。そこで仕方なく手勢ばかりで攻撃したが、城兵は木戸を開いて打って出たため、憲房の旗本も浮足立ち、ついに総くずれとなって妻有庄に引き揚げた。ここで上野からの援軍の到着を待ち、陣容をたてなおそうとしたが、勝ちに乗った為景軍は、各所で関東軍を追撃した。長尾房景も為景に応じ、府中でも一揆がおこって顕定は故国に引き揚げざるを得なくなった。六月二十日、関東街道をひた走りに敗走する顕定は、上田城の長尾房長に退路を断たれ、追いせまる長尾・高梨その他信州勢と一戦をまじえたが、この日の夕暮武運つたなく長森原《ながもりはら》で高梨に討ち取られてしまった。椎谷の敗戦からわずか一週間あまりのことである。七月一日、長尾為景は「この国は日を追って思いのままになってきたし、境からは越中勢がやってくるだろうし、高梨・小笠原・市川・泉・島津らの信州勢はすでに関東勢を追い散らしている。必ず軍勢を派遣して下さい」と伊達尚宗に出兵を依頼している。こうなっては上杉憲房も妻有庄をもちこたえることができず、上野白井城に逃げ帰ってしまった。「長尾為景は上杉房能を殺し、重ねて可諄《かじゅん》（顕定）をこんな目にあわせた。下郎の身で二代の主人を亡ぼすとは、天下に比べものもないことだ」と憲房はその怒りを上乗院公済《こうさい》僧正にブチまけている。

この古戦場の長森原は、上原《うえはら》・下原《しもはら》などの諸村が開発されてから水田となったが、往時は南の山ぎわまで一円の広野で、ところどころに大木があったという。田んぼの間には数十の堆土があるが、そこを耕すと白骨が出るので、これが合戦で討死したものを埋めたところといわれた。このうちとくに大きな塚を管領塚と呼ぶが、近年工夫がこれを掘りくずして見たところ、なかから人骨と武具および馬骨と馬具が出土した。馬や鎧とともに埋葬されたこの人物こそは、上杉中興の名将であり、かの日かの時不慮の死をとげた関東管領上杉顕定と考えて差支えないであろう。

七月十日、上杉家の京都代官である神余昌綱《かなまりまさつな》からこのことを聞かされた三条西実隆は、動乱が鎮まり、青苧座の公事が手にはいるようになったのでホッとしたが、それでも、十三歳から関東に出され、いま五十七歳でこのようなことになったのは不憫なことだと、その日記に記している。

幽囚の守護大名

長尾為景やその祖父の高梨政盛の威勢は大いにあがった。彼らはさらに福王寺孝重《たかしげ》を上野に派遣し、長尾景春を援けて、上杉憲房を宮野で破っている。蘆名盛高の属城の狐戻城《きつねもどしじょう》攻略は失敗したが、これはものの数ではない。中条藤資には厚く軍功を賞し、関沢・金山・長橋・石川といった房能＝顕定方の所領が与えられた。伊達尚宗も、北条早雲も味方であった。上杉憲房は長尾為景・高梨政盛討伐の将軍の命令を出すように幕府要路に運動したが、もとよりとりあげられるはずもなかった。逆に上杉定実が入国の成功を幕府に報告したとき、義植《よしたね》は管領細川高国を通じてこれを祝福している。こうした対幕工作の成功は、定実の京都駐在官である神余昌綱の奔走によるものであるので、定実は山東郡大積保《おおづみほ》を彼に与えた。もちろん幕府も無料奉仕をしたわけではない。この年早速幕府の改築費・人件費その他の費用が、国役として守護上杉定実にかけられたし、定実から莫大な礼物が将軍に献上されている。将軍と守護大名も羽織と紐の関係にあったわけである。口惜しがったのは、顕定がバックアップしていた古河公方足利政氏で、なおも平子牛法師に欝憤を晴らすように命じているが、平子の重臣と見られる堀内図書《ほりのうちずしょ》は翌年責を負って処刑され、平子一党も定実に忠誠を誓うことになった。上田庄の長尾房長も、永正九年顕定方の長尾平六（俊景か）ら六人衆と合戦し、為景方として庄内の平定に成功し、古志郡に軍を進めた。

為景の結婚もこの動乱の直後と思われる。彼の妻で、少なくとも三人の男子と二人の女子を生んだ虎御前は、長尾房景の近親者であろう。この結婚は、三条長尾家出身で守護代を世襲する為景と、栖吉長尾家との同盟の成立であり、これに上田長尾家を加えた長尾枢軸が反長尾派を屈服させ、長尾為景に一国をにぎらせる要因となったのである。

ところで「狡兎《こうと》死して走狗《そうく》烹《に》らる」という諺《ことわざ》がある。兎が死ねば、猟犬も不要になるから煮て食べられてしまうというのである。越後をにぎった為景にとって、上杉定実はいまや無用の長物であり、昨日の同志であった宇佐美房忠や上条定憲にとっては、為景は恐るべき存在と考えられた。上条定憲が伊達稙宗《たねむね》への書状で指摘したように「そもそも累年越州不思議之様体」となり、「定実に対し、長尾弾正左衛門尉(為景)慮外の刷《つくろい》、前代未聞」という事態となった。為景は定実の側近に腹心のものを置いて監視させ、主君に対等の口をきくような無礼を働いていたという。

また永正七年に関東軍を撃破してから、高梨政盛の北信における地位は上昇するばかりであった。もともと高梨氏は越後の高梨から出た豪族であろう。これが信濃川をさかのぼって信州水内《みのち》郡に入り、須坂《すざか》を根拠としていたが、このころ北上して中野氏を滅ぼし、本拠を中野に移した。そして長尾守護代家と結んで、信越国境地帯に勢力をのばしたものである。

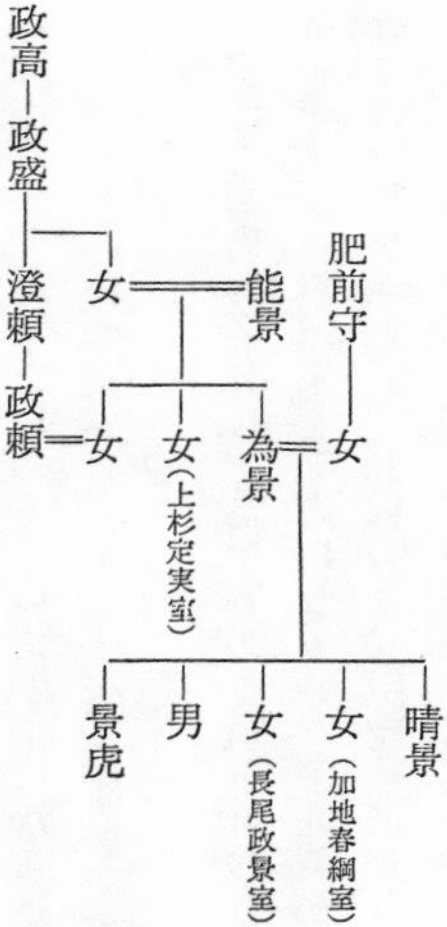

高梨系図

ところが永正十年四月政盛がなくなると、北信諸族は高梨澄頼派と高梨に滅ぼされた中野牢人を支持する島津貞忠派(井上・海野・栗田)に分かれ、島津派はまず高梨を攻め、ついで関山口から越後に乱入しようとした。この島津派の背後には、顕定派の残党に通じた上条定憲・宇佐美房忠の手がまわっていたことはいうまでもない。

宇佐美房忠の名分は、為景等の専横を排除して守護権の回復をはかることにあった。そこで一年前から信州衆を味方にしていた宇佐美が小野城にたてこもると、上条定憲等守護勢力はこの行動を「忠信」と釈明し、伊達稙宗からも「忠信」の証人を柏崎に送ってよこした。しかし為景は守護定実を府中に擁し房忠の弁明に耳を傾けようとはしなかった。定実が宇佐美と通じて長尾一族を討つことは誰の目にも明らかで、定実も長尾房景に誓書を与えて忠節を期待した。しかし房景も動かず、宇佐美救援の手段もなく、ただ定実は無念の涙にくれるばかりであった。一番おきの宿直さえも、定実を馬鹿にしてつとめない近習もいると、彼は顧問の桃渓斎宗弘《とうけいさいそうこう》に怒りをブチまけている。

為景は八月には国人を集めて小野へ押し寄せた。中条藤資ら揚北衆がこの場合のキャスティング・ボートをにぎるので、中条らには血判の誓詞を交換しており、安田《やすだ》実秀《さねひで》（安田村保田）も中条に異心のないことを誓っている。ところが宇佐美房忠自身新発田《しばた》に乗りこんで、黒川盛実（黒川村下館）を通じて中条等の揚北衆を招き、安田城を屈服させた。板ばさみになって迷った中条藤資は、新発田能敦《よしあつ》に相談して、結局いっしょに為景方につくこととし、安田城奪回のため、水原に出陣することになった。こうして揚北の大勢はほぼ決定したわけで、為景は信濃国人が関山口から背後をつくことを警戒し、また上田口を押さえて関東と連絡がついては困るので、上田城の長尾房長へ急報して万一の場合は揚北衆と同一行動をとる手はずを定めた。

　こうなると矢も楯もたまらなくなったのは定実である。為景が宇佐美の小野城を攻撃中に、十月十三日府内を出て、春日山城にたてこもってしまった。掌中の玉をのがしては大変と、為景は即日府内に帰り、十九日陣を春日山下に進め、いろいろ折衝のすえ、ようやく二十二日に定実を春日山城から引き出すことができた。翌二十三日府内へつれて帰り、これを自分の居館である荒川館におしこめ、翌日また小野城へ出発した。定実が近臣をつれて春日山城にのぼり、越後に号令しようとする壮挙（暴挙）は、このように数日にして画餅に帰したのである。

　こうなっては守護勢力の落ち目は決定的であった。そこで定実派は総力を結集して上田を攻撃し、関東との連絡をつけようとした。上田長尾の館は南魚沼郡六日町大字坂戸の下村にあり、前に魚野川、うしろには城山をもっている。山中には中屋敷・御馬場などの地名や、巨石を積重ねたものもあり、堀切・空濠の跡が所々に残っている。山頂からは南は塩沢、北は浦佐・小《こ》出島《いでじま》など諸組の村々が一望の中にあり、清水峠・三国峠をこえて越後に入る道が、ここに会する交通上の要点である。上杉定実派がここを攻撃したのも当然であった。

　安田を攻撃中の中条藤資や長尾房景、発智氏（定実派）の家臣で為景に通じた江口与三郎、水原の陣営にある築地忠基の代官など、為景方もまた大軍をもって、坂戸城の長尾房長の救援作戦にくり出した。

永正十一年正月十一日、この大軍による守護方の捕捉殲滅《せんめつ》戦が六日市で行なわれた。この戦いで守護方は上杉の一族八条左衛門尉をはじめ、石川・飯沼などの上杉被官以下千余人が討ちとられるという大敗北を蒙った。府中への戦闘報告は「ことごとく根切《ねぎ》り」と、タンネンベルヒの会戦にも比すべき快勝ぶりを記録している。築地氏の一族家臣の仕止めた敵だけでも七十人にも及んでいる。守護勢力がいかに潰滅的打撃を受けたかが推察されるであろう。宇佐美房忠は小野城から岩手城へ後退したが、ここも五月二十六日落城、宇佐美房忠の一党ことごとく腹を切ってしまった。ただ子息一人が片倉壱岐守とともに上方（山形）にのがれた。

信州の島津貞忠らとは永正十六年の和睦まで対立がつづくが、越後一国はついに長尾三家の手に入ったのである。これから為景は国侍に知行を与え、安堵状を発行するが、「守護がきまったら、追って守護の書判《かきはん》（花押）をすえた正式の文書を渡す」と付記している。つまり上杉定実は守護の座を追われ、守護権を代行するものとして為景は国主の座についたのである。

上杉謙信登場の前夜

戦の鬼長尾為景

　戦国大名として越後国人をにぎろうとするものは、まず主君を討たねばならない。為景はこの苛酷な命題をうけとめ、二人の主君を殺し、いま一人の主君定実は自分の姉の配偶者であったが、これを自邸に幽閉して権力を奪ってしまった。いま権力の座からすべりおちた上杉定実は、犠牲となった故上杉房能の菩提のために、京都の屋敷を泉涌寺《せんにゅう》内の新善光寺に寄進し、亡父の冥福を祈るのであったが、為景はこの寄進さえも承認せず、泉涌寺への地子銭《じしせん》を押さえてしまった。

　しかし下のものが上のものにとって代わるという下剋上の本質は、成り上がったものが下のものをおさえて、自分がとって代わられないようにすることである。そこで下剋上は、それがいったん成功すると、従来よりさらに強力な統制が、為景の協力者の上に加えられるはずであった。為景は守護家の残存勢力と戦いながら、昨日の味方を臣属させるために、いよいよ領国経営を強化せねばならなかった。

国侍の統制の大道は、一国の土地を大名のものとして、忠誠をつくしたものに分与し、そうでないものから没収することである。しかしこれは言うべくして簡単に実現できることではない。国侍の多くは鎌倉時代つまり長尾氏がこの国にやってくる以前から土着しているもので、その所領は先祖代々の私領と考えているからである。為景も謙信も、そしてその他の戦国大名も、この場合に一つの近道を選んだ。それは戦争をすることである。国内の叛乱者の討伐はもちろんのこと、外征に国侍をかり出し、軍事指揮の面から、これを自己の支配下にくりこんだのである。

長尾為景は一生の間に百余回の戦闘をやったという戦《いくさ》の鬼であった。彼を戦場へかりたてたものは、彼の好戦的性格というよりも、彼が直面した戦国の乱世そのものである。つまり侍たちの目を外敵に向けさせて、国境保全と領国統治を推進する必要であった。

永正十五年（一五一八）畠山勝王丸は、管領細川高国のあと押しで、越中の一向一揆＝神保慶宗《よしむね》を討とうとし、長尾為景の応援を求めてきた。越中では、越前の朝倉孝景《たかかげ》と北陸一向一揆との講和に反対して門徒が蜂起し、越中侍は多く越後・飛騨・能登に亡命していたからである。細川高国は加賀・能登の一向一揆が、高国の斡旋で朝倉と講和することになったので、加賀にいた斯波《しば》政綿《まさつら》をはじめ幕府被官に越中進攻を指令し、畠山勝王を送りこみ、また家臣上原左衛門大夫を所領越中国太田保に遣わして画策させていたものである。

為景は、十二年前の父能景の戦死を忘れてはいなかった。あのときは野伏一人を加勢によこしたわけでもなく、越中守護畠山尚順は書状一通さえくれなかった。つまるところ、守護代神保慶宗が悪いのだと彼は考えた。加賀一向一揆のことは、敵味方はいくさの習いであるからかまわないが、越中にたいする遺恨は捨て難い。いま加賀一揆の首脳である三ヵ寺（若松本泉寺蓮悟・波佐谷松岡寺蓮慶・山田光教寺顕誓）から和親の書状を受けとり、加賀の畠山勢が蓮沼口から越中へ乱入するという情報を確認して、為景は「天道時節到来」と能景の復讐を志すのであった。そのうえ勝てば、越中新川《にいかわ》郡を与えるという守護畠山尚順の約束であるから、彼の出陣の決意は強固になるばかりである。

彼は栖吉の長尾房景に了解と出兵を求め、永正十六年（一五一九）二月信州の島津貞忠らと和を結び、三月上旬に越中へ乱入の手はずをきめた。しかし越中の椎名長常《ながつね》の村山義信（糸魚川）にあてた書状によると、能登守護畠山義総が仲介して越中の動乱がおさまったようで、三月出兵はひとまず中止された。

十月に入ると越後軍は、能登の畠山義総と共同作戦をとって越中に攻めこんだ。このときは神保慶宗の弟慶明《よしあき》、守護代遊佐《ゆさ》慶親《よしちか》も為景方であった。越後軍はまず境川（越中・越後の国境）で神保慶宗を破り、快進撃をつづけて真見《まみ》・富山に陣を張った。そして慶宗の二上《ふたかみ》城に迫って放火したが、能登勢が敗北したためと、折りからの冬将軍の到来で本国に引き返すの余儀なきにいたった。

翌永正十七年六月十三日、今年こそはと越後軍は境川に向かった。神保慶宗は守護畠山尚順に降服を申し出ていたが、尚順は慶宗の処置を為景に一任したので、報復に勇む為景と慶宗が仲直りするはずはなかった。八月三日、ついに境川の渡河戦に快勝した越後軍は、今年は年越しを覚悟して新庄城に迫った。為景自身も海上より越中に上陸して戦っていた。能登の畠山義総も去年とはちがって自身出陣することになっており、加賀・飛騨からの慶宗への援軍は本願寺を通じて一応おさえてあった。神保慶明・遊佐慶親は、海上から新川郡に渡り、為景軍の侵入に呼応し、また背後から慶宗を脅かすという作戦計画であった。このたびの決戦は神通川東岸の太田庄で行なわれ、久しく矢戦がつづけられたが、十二月二十一日、越後軍の総攻撃で新庄城も陥落した。神保慶宗をはじめ、遊佐・椎名・土肥などの国人《こくじん》の一族被官数千人が討ちとられ、神保勢力は潰滅して越中平定が成就された。

為景は京都にいる守護畠山尚順の依頼に応じたという形式をとっているが、彼は越後で行なったことと全く逆の立場、つまり守護が守護代・国人を制圧するのを手伝っているのである。翌大永元年（一五二一）また二上城が攻められ為景の出陣がある。彼はこの功労で畠山尚順から新川郡守護代に任命せられ、椎名長常を目代に任じて帰国した。つまるところは面目をほどこし、国境の安全を保証したにとどまり、無益な軍事エネルギーの消費であったわけである。戦死した山村若狭守の後家には「心中をしはかり候」と手紙を出した為景ではあったが、肉親の戦没をことのほか歎き悲しむ長尾房景には、彼は昂然として次のように言っている。

「負けいくさでさえ、合戦の習いはそのように悲しむものではない。まして勝ちいくさの討死はゆめゆめ歎かないものです。ことに若い人の場合は、これからのちのことを祝福すべきでしょう。傷心などなさってはいけません」

戦鬼の面目躍如たるものがあるではないか。

一向宗禁制

越中で神保慶宗と一向一揆を撃破した為景は、亡父能景の掟に従って、一向宗（浄土真宗本願寺教団）の禁制を布告した。大要は左のとおりである。

一、無碍光衆《むげこうしゅう》（一向宗）は高岳（長尾能景）の下知に従って永久に禁止する。
一、今度一向宗が許可なく再興されたのは、甚だ間違ったことである。
一、地頭主人は一向宗徒を逮捕して差し出せ。抵抗するものは即座に成敗せよ。
一、守護領の地下人（庶民）は、他宗のものでも、一向宗を黙認して申告しないものも同罪である。
一、一向宗の蜂起を報告したものは、あとで門徒の家財・屋敷地を褒美に与える。

一、一向宗を許容する領主は所領を没収する。

一、今度の一向宗蜂起は、役者（役人）の油断から、多くの門徒が逃げてしまった。そのうえ長い間一向宗が存続しているのを申告せず、露顕すれば知らなかったといっている。これは国の法度に背くものであるから、関係の役者・小使（村役人）を処分する。

一、守護不入のところは、一向宗があればその地頭に届け出よ。地頭は届け出たものに追放された一向宗徒の屋敷地を与えよ。

右の条々をみんな堅く守って、子孫までも掟に背いてはならない。

永正十八年二月　日　　石川新九郎景重（花押）

（紙継目）

・他六名。但し長尾房景に（花押）なし。

この文書《もんじょ》は紙の継目《つぎめ》の裏に為景の花押があるから、石川景重・千坂景長・斎藤昌信・毛利広春・長尾憲正《のりまさ》・長尾房景・長尾景慶《かげよし》らの奉行人に命じて公布させたものである。石川・千坂は守護家の奉行人であるが、長尾家の通字である「景」を名乗っているし、斎藤・毛利の国人及び長尾一族が加判していることは、長尾為景が守護の支配機構を掌握して、国主としてこの政令を発布していることを示している。

当時は越後でも本願寺の教線が着実に伸びていたらしく、妻有庄吉田郷の節黒《ふしくろ》城主上野長《うえのなが》安《やす》の母妙善尼は、一向宗に帰依して寺ヶ崎の本行寺を上野へ移して長栄山西永寺を開いたと伝えられる。長尾氏そのものも汎浄土教の家柄である。越後の国府には親鸞門弟の覚善がいたし、親鸞の子孫も頸城南部におり、覚如も蓮如もこの国を訪れている。長尾能景の弾圧を蒙るまでになっていたが、為景の越中討伐の機会にふたたびたちあがったものであろう。信濃の水内・高井の両郡には古くから真宗教線がのびており、高梨氏も笠原本誓寺の外護者（パトロン）であった。この本誓寺の家の子の真宗寺は頸城郡に入って活躍しており、とくに永正十六年には、大鹿道場の浄西《じょうさい》（二本木安楽寺祖）に本願寺実如から本尊が下されている。こうした一向宗が為景の弾圧の対象となったわけである。

だが圧迫されたのは本願寺門徒ばかりではない。越後国人は一向宗禁制の名目のもとに、守護不入の土地にまで為景の行政権が及んできたことを思い知らされた。この政令に従わないときは所領を没収され、成敗されることもあり得るのである。上杉氏の支配よりも強力な統制が守護長尾の直臣ばかりでなく、国侍の方へも加えられてきたのである。

晴れのち曇り

為景の権力掌握にもかかわらず彼が国主であることは、越後国内にしか通用しなかった。

幕府は上杉定実を守護大名と認めており、大永三年（一五二三）故足利義澄《よしずみ》の十三回忌供養料の越後国役も上杉定実に賦課されている。越後守護が決定したら正式に知行を与える文書を発行するという「国主」為景の文書は、彼が守護に任命されることを念頭に置いていると思われるが、身分制度の厳しい武家社会では、上杉の血統のつづいている間は実現困難であった。さきには文明三年（一四七一）に越前守護代朝倉敏景《としかげ》が守護になったとされるが、これも守護斯波《しば》義敏《よしとし》と談合したと称し、応仁の乱で東軍（幕府方）に寝返りをうったにもかかわらず、確かではない。近くは大永二年（一五二二）の暮、伊達稙宗が陸奥国守護職に任命されたが、室町幕府は奥羽二国を探題斯波氏に管理させていて、陸奥守護などははじめからなかったものである。長尾為景は、幕府から見れば上杉家臣である。臣を主君とすることは考えられないことであった。

このため実力者為景は、上杉憲房らと対抗するため、扇谷上杉朝興からの援助要請をふり切って北条氏綱と親交し、高梨政頼を助けて信濃に出兵するなど、国境保全に手をうつとともに、しきりに幕府要路に近づいた。管領細川高国の子稙国《たねくに》が家督を相続したときは太刀・馬・三千疋（三十貫）を贈って祝賀した。ただしこのとき使者の到着する以前に稙国が逝去したので、太刀・三千疋は返却されている。この大永五年（一五二五）、彼は将軍義晴に太刀国吉・馬二疋・銭三千疋、細川尹賢《これかた》に太刀・馬・千疋を贈ったのをはじめ、伊勢貞忠・秋《あき》庭《ば》元当《もとまさ》・麻植《おえ》貞長《さだなが》など幕閣の要人や近衛尚通《ひさみち》等朝廷の要人への付け届けを怠らなかった。大永七年に将軍が近江に亡命すると、為景は馬や越布を贈り、将軍から帰洛のための援軍派遣を依頼されている。彼は大永四年頃から弾正左衛門尉を信濃守に改めていたが、大永七年に男子が生まれたときは、三条西実隆も祝の品を贈っている。また朝廷・幕府へ贈物をして、嫡男道一には義晴の一字をもらって晴景と名乗らせてもらっている。上杉憲房が死んで、その養子憲寛（古河公方足利高基の子）が関東管領になると、為景は北条氏綱と絶ってこれと和を結んだ。そして高基の子亀若丸の元服の費用を出し、幕府に運動して晴の字をもらって晴氏と名のらせた。もう陪臣ではなくて、毛氈《もうせん》の鞍覆《くらおおい》・白笠袋《かさぶくろ》を将軍から許され、幕下の大名の待遇を与えられているのである。

それでは長尾為景が莫大な金品を送り、神余昌綱を京都に駐在させて、無力な朝廷・幕府に近づいたのは何故であろうか。また大永六年に定実は祖父房定の三十三回忌法要を営み、侍たちが香典を進上しているが、為景はどうして虚器を擁する守護を残しておいたのであろうか。それは為景が守護に任命されないかぎり、実力だけではできない国務があったからである。たとえばここに、次ページにあるような享禄二年（一五二九）の長尾政府の収支決算書がある。

総収入の三割にあたる部分、つまり支出の四分の一が赤字で借入金でやりくりされている。赤字を出した大きな費目は土木費である。「御作事《おんさくじ》」というのは国内平定を進めつつある為景が、その根拠地である春日山城の造営に力を注いでいることと見られ、これについで

収入	経常	4,770,553 貫文	年貢・済物
	臨時	686,500	礼銭
	合計	5,457,053	小計
支出	経常費	264,820	正月
		204,932	二月
		507,802	三月
		536,600	四月
		195,587	五月
		232,842	六月
		1,390,428	七月
		260,908	八月
		296,362	九月
		240,385	十月
		235,928	十一月
		227,976	十二月
		4,594,655	小計
	臨時費	1,032,073	御作事
		290,400	御台場方
		450,000	林泉寺僧手当
		462,800	京都礼銭
		63,000	馬匹運送費
		2,687,273	小計
	計	7,281,931	
	未払	14,351	礼銭不足
	合計	7,296,282	
差引合計		−1,839,229	借銭

京都礼銭とあるものは、朝廷・幕府などにたいする工作費で、四百六十二貫余という莫大な額にのぼる。さらに諸方からの希望で馬を運送する経費も交際費と考えるべきものである。

このように彼は内外にたいして越後国主の地位を維持するため、借金をしても城郭構築と政治工作をせねばならなかった。しかもその経費は為景の私費ではなく公銭であって、越後一国から田地一反ごとに何百文として徴収される反銭《たんせん》であり、国衙領からの年貢・済物《さいもつ》であった。国衙に備えた土地台帳（田文）にもとづいて反銭を賦課する権限は、国衙機構を掌握した守護大名のもので、その賦課は幕府の承認を受けてなされ、「御公銭方」という財務機関が担当していた。当時その職務は大熊政秀がにぎり、竹俣清綱はこの前年に所領の「田井之村」を抵当に、五分の利息で四ヵ月半の期間で、大熊から融通してもらっている。

為景は「御公銭方」の機関をすでに掌握していた。しかし為景に臣従しない上杉一族や長尾一族さては揚北の外様国衆も、守護職権による反銭賦課には応ずるという構造が生きているかぎり、守護に任命されない為景は、操り人形の守護を擁立しなければならなかった。守護は幽閉しても、守護の権限は温存し、幕府・朝廷を利用せねばならなかったのである。彼が主君を殺したことはたしかに下剋上であり、革新である。しかも革新の結果は、上杉氏にまさる強大な軍事力（春日山城に体現される）を背景に、古めかしい権威に新しい化粧をほどこしながら、政治＝社会の再編成が進行していった。独立意識の強い外様国衆の領主権は、ここに国主権のなかに吸い取られてゆくことになる。しかし守護上杉定実も人間である。為景に利用されることに生きがいを見出しているはずはない。また守護のあるかぎり、守護の権威を利用しようとするものがでてきても不思議ではない。為景の盟友長尾房長、定実の実家の上条定憲（定兼）、為景の統制強化に反撥する揚北の強豪、これらはついに連合して、府中に向かってまき返しにでてきた。そして晩年の為景は、ついに運命の女神に裏切られ、苦悶のうちに世を去ることになった。

虎千代の誕生

享禄三年（一五三〇）正月二十一日、長尾為景夫人（虎御前）は男の子を生み落した。この赤児は、生まれ年の干支が庚寅《かのえとら》であったのにちなんで、童名を虎千代といった。のち元服して平三景虎《へいぞうかげとら》と名乗ったが、これが末子の身で越後を平定し、越中・信濃・能登・上野・下野・武蔵・相模に転戦し関東管領となった雪国の猛将上杉謙信である。

ところで、分かっているようで分からないのは成り上がり者の生いたちの記である。為景一家も御多分にもれず、じつははっきりしないのである。そこで一応その戸籍調べをしてみよう。

『越後長尾系図』では、為景の子供を晴景《はるかげ》・女（長尾政景室）・景虎の三人にしている。しかし、為景に大永七年（一五二七）五月男子誕生があったことは、三条西実隆が日記に記していることで、少なくとも景虎は次男ではない。三人というのは米沢藩祖上杉景勝《かげかつ》に焦点を合わせて系図が作られたためで、晴景が天文十八年（一五四九）家督を景虎に譲ったとあるのも、そのままには頂けないものである。また『上杉年譜』では、景虎の母は古志郡栖吉城主長尾房景の女で、景虎は越府に生まれたとしている。しかし房景は為景より年下で、明応七年（一四九八）にはまだ「小法師丸」と童名を名乗っている。永正初年（一五〇四）から

「弥四郎」と称しているから、長女がこのころ生まれたとしても、その結婚の時期は大永元年（一五二一）前後と考えねばならない。そうすると、彼女は為景の後妻となり、大永以後の為景の子供はその腹からでているが、晴景やのちにのべる長尾政景夫人などは、景虎と異母兄姉の関係にあることになる。しかし晴景の実母は謙信誕生ののちまで生きているから、為景夫人、つまり謙信の母は、むしろ房景の妹とすべきであろう。そこで虎御前を長尾肥前守顕吉《あきよし》の息女とする説が浮かびあがる。この顕吉の名前は浦佐普光寺文書に見えるが、文書そのものが疑わしいので、謙信公外祖父というのでとくに作為された人名ともとれる。ただ長尾新六が下向したことで不慮の事件がおこったとき、長尾長景・為景から長尾肥前守へ誓書を送っているが、この新六は上田の房長のことであるから、肥前守は房長の父と考えられる。これを虎御前の父とすれば、景虎と長尾政景は従兄弟の間柄になるわけである。この場合は晴景から景虎までの共通の母親が彼女であったと見ることは可能である。案外肥前守は、栖吉の房景、上田の房長、虎御前の父親であったのではあるまいか。ともかく三つの長尾家は為景を中心に深く関係し、その夫人は長尾枢軸のくさりとなっていたことは間違いない。

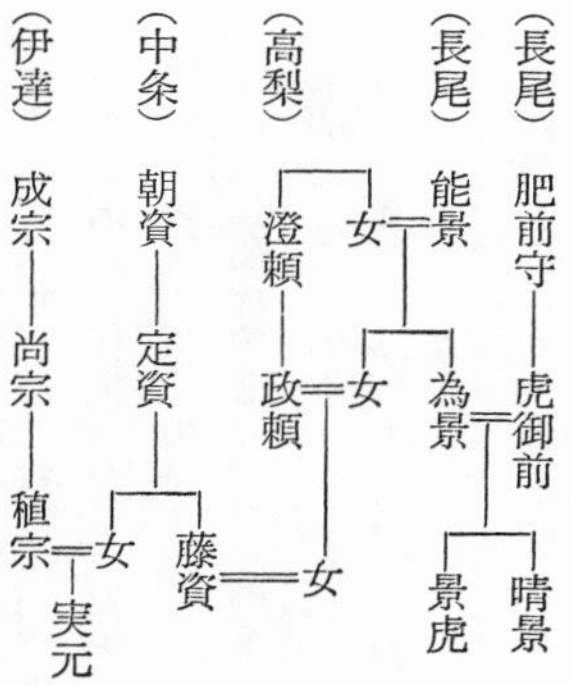

また大永六年新津景資《にいつかげすけ》・千田憲次《のりつぐ》・豊島資義《とよしますけよし》・色部昌長・本庄房長・黒川盛実・中条藤資等下越の国人が誓紙を為景に提出しているが、このうち中条藤資は「御縁家になりましたからには、長尾為景殿の御子孫にたいし、弓を引き、不儀を致しません」と誓っている。つまり為景は高梨政頼を介して、中条家とも姻戚関係にあったのである。一説には為景の女が政頼の妻としているが、中条家の所伝では、政頼の甥が晴景や景虎であるとしているから、為景の姉妹と見る方が年齢的にいって妥当であろう。そして揚北の巨頭中条藤資の血縁は、奥州の伊達稙宗へとのびているのであった。

だが景虎には三人の兄があった。幼少のころ城攻めの模型を玩具にして遊んだという非凡な英雄も、長尾家にとっては大切な存在ではなかった。とくに嫡男の晴景は彼よりも二十一歳も年長で、将軍から「晴」の一字をもらって、国主の座を予約されている。そこで彼は七歳で父に死別したとき、いまも春日山下にある林泉寺の天室光育《てんしつこういく》に預けられた。林泉寺は明応六年（一四九七）、長尾能景が亡父重景の菩提を弔い、「祖父千古の勲業を懐《おも》い、児孫万歳の福禄を貽《のこ》さんと欲」して建立したもので、林泉とは重景の諡号《しごう》である。ここは東に米山、西に妙高山を望み、朝には薬師の威儀、夕には阿弥陀如来の浄土を拝する位置で、外沢村《そでのさわ》の山中に閑居していた上野白井の双林寺第三世曇英恵応《どんえいいえおう》禅師を一年前に一ノ宮村の吉蔵寺に招いてあったのを、さらにここに移して開基としたものである。つまりこの寺は長尾家の菩提寺であって、虎千代は学問に励み、この寺の住持となるために入寺したと見てよいであろう。

　このまま彼が成長していったならば、おそらく当代きっての名僧知識となったことであろう。しかしこのときすでに父為景は、ゆきづまった政局を打開するため、家督を晴景にゆずり、間もなく死んでしまっていた。虎千代の林泉寺入りはそのためである。そしてその勢いの及ぶところ、虎千代も静かな禅寺の生活を幼き日の思い出として、やがて渦巻く戦国の濁流にとびこまなければならなかった。

　景虎は、後年つぎのようにそのころを回想している。

「長尾家は先祖代々守護上杉家に忠誠をつくしてきたが、ややもすれば当家を絶やそうとされたことは一代だけではなかった。そのうえ、上杉顕定が為景退治のため関東から攻めこんできた。為景は各所でこれを破り、その軍功は数えるいとまがないくらいである。このめざましい戦いぶりで仲直りができ、上杉一族をはじめ外様のひとびとも、為景に協力したので、恩賞を充行った。このため国中のひとびとが味方になり、叛逆もあったが、為景の差配で二十年の長い間、落度もなかった。ところが為景のなくなったとき、府中の膝もとまで〝兇徒《きょうと》〟が押しよせる有様であったので、葬式は本当に甲冑に身を固めてとり行なったことであった」

　これで為景が安らかに大往生をとげたのではないことが知られるであろう。それではこの「兇徒」というのは一体誰であろうか。為景の晩年の動乱はどんな意味をもち、我が謙信に与えられた課題は何であったか。これを次に考えてみることにしよう。

上条の乱

長尾一族の房景や房長と為景の関係は、盟友であって主従ではなかった。為景が守護にかわって発給した文書も、頸城地方や刈羽地方の為景に近い豪族の間だけで、揚北の外様に及ばなかった。謙信のいう「御一家」つまり上杉一族やその被官たちもまだかなりの勢力をもっていたから、ここで上杉勢力が長尾三家の同盟を分裂させ、揚北衆を味方につけることができれば、夢よもう一度を期待できるかも知れなかった。虎千代の生まれた享禄三年（一五三〇）十月、上条城に挙兵した上条定憲は、この線に沿って守護勢力最後の反撃を為景の頭上に加えたものであった。

そもそもの発端は、守護の財務機関である「公銭方」をにぎって、国侍に銭を貸しつけたりしていた大熊政秀（箕冠城《みかぶり》）が、上条定憲と長尾為景との間を仲違いさせ、反為景陣営のチャンピオンに定憲をかつぎ出したことにある。為景は話し合いが決裂すると、すぐに柏崎に陣を張り、寺内・大熊・大関といった反対派を逃亡させ、それらが会津地方に逃げこんだら捕えて殺すように蘆名盛氏の方へ依頼している。また本庄房長が定憲に応ずるらしいという情報があったので、色部憲長を通じて問責し、房長はさきの叛乱のとき、為景の芳情で帰住できてからは、毛頭為景に不義をいたすことはないという血判の誓書を提出した。このように揚北方面の工作をして打つべき手は一応打っているが、本庄は勿論、色部までが敵にまわったのであるから、老年の為景の情勢判断は何としても甘かったといわねばならない。

それは悲哀をかこっていた上杉定実が、実家の危急存亡を見て動き出したためである。彼は上条定憲に手紙をやって、強硬派の弥五郎（定憲の子）を城から出して講和するように勧告するなど、陰に定憲をかばい始めていた。為景もさるもの、京都駐在の神余実綱等を通じて、将軍から定実に御内書を出させ、その他の越後要人に大館常興から旨を含ませて、為景の解決策を支持するように工作している。このためか定実の動きはあまりめだたず、上条派の劣勢のうちにこの挙兵も無意味なものになろうとしていた。

上杉家所蔵〔現在は米沢市上杉博物館所蔵〕の古文書のなかに、享禄四年正月、山浦氏以下十八名の諸将が申し合わせた『壁書《かべがき》』がある。陣取りのときの心得を定めたもので、長尾十郎が古志郡、斎藤定信・毛利松若丸・毛利祖栄《そえい》の三人が刈羽郡であるほかは、中条・黒川・加地・竹俣・水原・安田・五十公野《いじみの》・新発田・鮎川《あいかわ》・色部・本庄など、揚北豪族のオンパレードであった。新潟県関係の史料を集成した『越佐史料』は「越後揚北及び刈羽郡の諸将、連盟して、為景に抗す」と説明している。ところがこの文書の裏には長尾為景の花押がすえてあるのである。反為景連盟の申し合わせに、為景が承認のサインをするということはあり得ないわけで、『越佐史料』の編者は敵味方を逆に考えたものである。これら強大な軍事力は上条城の包囲陣に参加していたのであり、上条定憲もとうてい太刀打ちできないところであった。為景はひともみにもみつぶすこともできたはずであるが、やはり形式上主君である定実の気持も考えねばならず、そこで二月将軍から定憲を誡《いまし》めるという方法を選んだのであろう。この年三月、この上条の乱は為景の希望どおりに片づいたようである。

ところが為景が大切にしていた幕府は、いまにも倒れそうな巨木で、こののちまもなく、六月八日管領細川高国は自殺し、細川晴元の時代がきた。越後までその兵力は及ばないが、守護でないための権威不足を幕府の威光でカバーしてきた為景の権威が少なからず低下したことは容易に考えられる。長尾宗家にとって代わろうとする一族、守護を擁して成りあがろうとする揚北の豪族、とくに守護の復活を志す人々には、またとない好機が訪れたといえる。はたせるかな上条定憲は天文二年（一五三三）六月ふたたび国人に呼びかけて為景打倒の軍をおこしたのであった。

今度は上田の長尾房長、それと近かった揚北衆が上条方についた。刈羽・魚沼・三島・蒲原・岩船の諸郡、つまり現在の中越・下越を制圧する大勢力となり、為景方は上越地方のほか、刈羽郡北条城《きたじょう》の（毛利）安田弥八郎・北条光広《みつひろ》、魚沼郡下倉城《したくら》の福王寺孝重と下平修《しもひら》理、古志郡栃尾城《とちお》の長尾景信（房景の子）、蒲原郡三条の山吉政久などがこれらの強敵にたち向かっていた。安田・北条両氏は上条要害に放火せよという為景の命を受けて出陣し、納《のう》下《げ》で上条勢を打ち破っている。

この戦乱の間の為景の書状は、張恕《ちょうじょ》・黄博《こうはく》・蘇久《そきゅう》と署名し、必ず朱印または黒印を押している。このことは「為景（花押）」という差出書では、デマや謀略の乱れ飛ぶ内乱のさなかでは不安であったからで、とくに敵地を通って味方に機密情報を伝える際に、この匿名（?）の書状が用いられたのである。

翌天文三年も両派対峙のうちに暮れ、天文四年（一五三五）夏になると、下倉城を猛攻していた上田（南魚沼）・妻有（中魚沼）・藪神（北魚沼）の軍勢や、宇佐美定満・大熊彦次郎等がことごとく上条城に集結してきた。宇佐美定満は房忠の子で、さきに琵琶島城が落ちたとき、片倉壱岐守に連れられて、伊達稙宗にかくまわれていたが、のち上条を頼って帰国したものである。この上条方の集結はいよいよ決戦の時期が近づいたことを示すもので、戦局はこれから急ピッチで展開することになる。

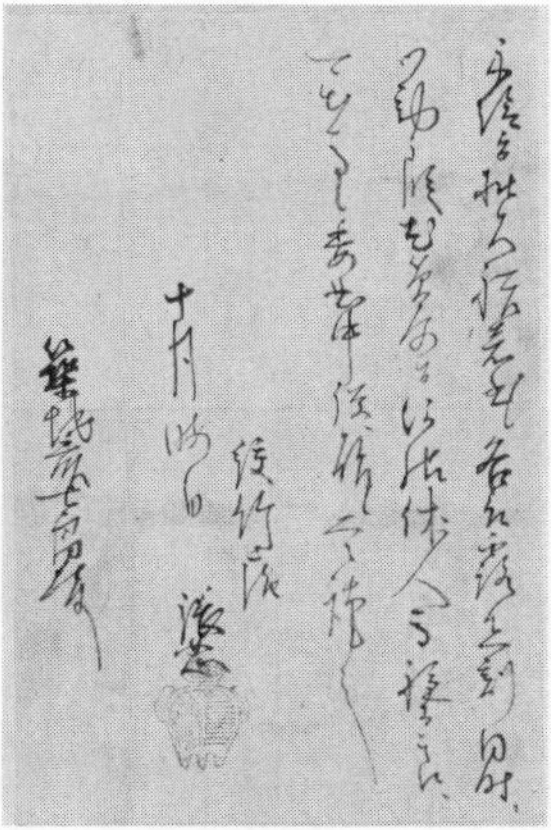
長尾張恕（為景）書状（新潟県立歴史博物館所蔵）

為景は福王寺にたいして、渇水期を利して魚野川を越えて河東の上田領を放火させ、房長の背後を脅かしているが、これはもちろん牽制であって、決戦正面では後退したらしい。というのは長尾家には往古から朝廷より拝領した御旗があったが、近頃それが失われたからである。そこで上条方の挑戦を受けて立とうとした彼は、戦争の名分を立てるため、また武運長久のため、朝廷に奏上して旗を頂戴し、御礼五千疋（五十貫）を進めている。しかしこんなことで戦いに勝てるほど、戦国時代は甘くはなかった。宇佐美一党の居城（未詳）を大挙攻撃した為景は、もろくも敗退して守勢の立場に追いこまれてしまった。

戦争は囲碁のようなものである。各地の布石を生かし、劫《こう》を争いながら、自己の陣地を拡大し、やがて一国を制圧せねばならない。上条定憲は蒲原津に赴き、ここで色部・本庄・水原など揚北衆に連絡をつけ、色部勝長にここを守らせた。ついで砂越氏維《さごしうじふさ》と戦い、越後を背後から窺っていた羽前大宝寺の武藤晴氏を砂越と和睦させて、北境を固めつつ砂越に援軍を出させ、瀬波郡・奥山庄の軍勢を率いて、六月二十六日蒲原津につき、宇佐美救援にかけつけることを約束している。

長尾房長のほうも攻撃に転じた。国分・広瀬・穴沢・金子・古藤など上田勢は、同族のことでもあり、為景に内通するものもあったが、魚沼の敵には所領争いもあって激しく戦意をもやしていた。わずかにのこった為景方では、下平次郎太郎はじめ数百人が五十沢《いかざわ》口で討ちとられ、穴沢勢は上条勢とともに下倉山をひしひしと包囲した。かつての宇佐美氏の居城であった琵琶島城を奪回しようと、上条勢はここにも猛攻を加え、為景は「馬廻り」つまり旗本までもくり出してこれを援けようとした。そして下倉の福王寺孝重には、忍びの足軽のゲリラ活動で上田地方に放火させ、下郡《しもごおり》からの援軍の到着までもちこたえるように激励した。下郡もこの様子で動き出しそうもなければ、自分の軍勢を割いて黒田秀忠を応援に増派するとまでいっている。

小千谷地方をおさえる平子弥三郎は、平子右馬允が為景方であるにもかかわらず、古志長尾と上田長尾の間にあって中立を維持していたが、長尾房長と石勘《せつかん》（関山法蔵院、朝政の実弟）が斡旋し、西古志郡の所領を知行させるという条件で、上条定憲と本庄・鮎川・黒川・中条等揚北衆の勧誘に応じた。会津の蘆名勢も上条方となり、菅名庄に陣取って安出の攻撃にとりかかった。こうして古志長尾の重要拠点である蔵王堂口へと押しよせたのである。

三条城の山吉政久は下倉の救援に赴いており、蔵王堂は栃尾にたてこもって留守であった。為景は下倉の福王寺に「如何なる方法を用いても、妻有・河東を焼き払え」と命ずるのがせい一ぱいであった。ここでまた彼は莫大な金をつかって、天文五年（一五三六）二月朝廷から内乱平定の綸旨《りんじ》を頂戴したが、たいして役にはたたなかったであろう。上条定憲方の主力である宇佐美・柿崎の一党は、この年四月府中めがけて殺到してきた。為景と高梨政頼とは自身これを夷守郷《ひだもりさんぶ》三分一原《いちはら》で迎え討ち、合戦数刻ののち、数千人を殺して大勝利を得たと感状の文言で述べている。しかし三分一原は保倉川《ほくら》にかかる黒井橋より四㎞ばかり川上にある。ここを突破されれば、たちまち府中は敵手に陥り、春日山城に籠らねばならないのである。この会戦の勝利は、為景がからくも府中を防衛したにとどまり、むしろ追いつめられたものの悲しい、しかも必死のあがきと見るべきであろう。ことここにいたって、百余箇度の歴戦の鬼、長尾為景も、四面楚歌のうちに八月政権の座を去り、家督を晴景にゆずり、錦旗・文書・重宝・金銭などを伝えたのである。そして十二月二十四日、降りつもる越路の雪に誘われて、淋しく冥土へ旅立ったのであった。戦国時代への道を切り開いた英雄にも、戦国の風は非情に吹きつけ、中越と下越との制圧という大きな宿題が、彼の後継者の双肩にかけられたのである。

春日山城に入る

晴景の政策転換

危機に立った長尾晴景は、まず何よりも朝廷の権威を仰いだ。天文五年（一五三六）九月、彼の要請で朝廷はしかたなく「私敵治罰《ちばつ》」の綸旨を下した。このかぎりでは、晴景は為景のやりかたをそのまま継いでいるといえよう。しかもこの年の二月には、為景は中条藤資と和睦していた。晴景はこの線を生かして揚北強豪との妥協をはかったのである。翌天文六年には色部・小川・鮎川・本庄・新発田などとの講和が成立し、それらが竹俣清綱の赦免を連署で請願し、ともかく難物の揚北衆は片づいた。

これから揚北では中条藤資の顔が一段ときくようになる。長尾宗家の親戚である高梨家の婿であるという点が、この場合大きくものを言ったのである。

中条家は源頼朝の挙兵のとき、相模の衣笠城で戦った三浦大介義明の子孫で、和田義盛の

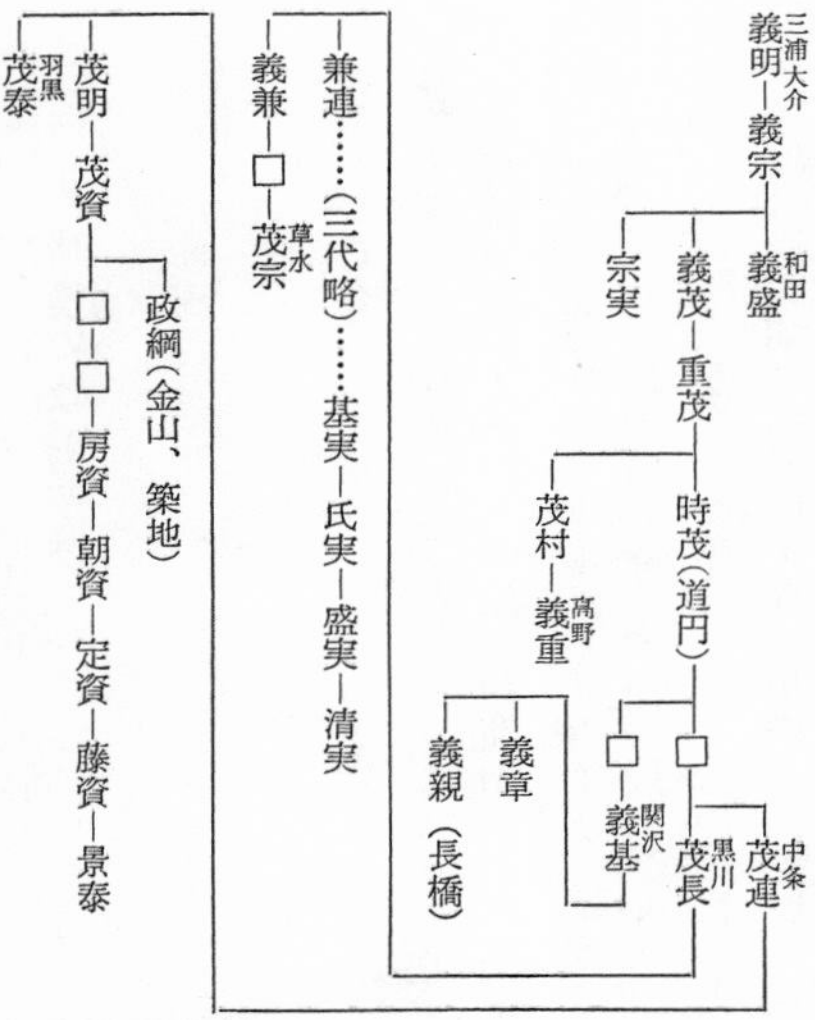

三浦和田系図

弟義茂《よしもち》が、木曾義仲追討の恩賞として、越後奥山庄地頭に補任《ぶにん》されてから、この国に土着した。建治三年（一二七七）和田道円が、茂《もち》連《つら》・茂長《もちなが》・義基《よしもと》の三人の孫に奥山庄を三等分して与え、北条・中条・南条の領主とした。茂連の子孫は中条の本郷（政所条）江上館、茂長は北条の黒川下館、義基は南条の関沢におり、それぞれ中条・黒川・関沢の家の祖となったものである。

このうち中条家がもっとも重きをなしていたが、隣接する黒川家は利害の衝突しやすいところから、この両家が絶えず争いをくり返してきたことは、いままでしばしばふれてきた。為景の晩年には、珍しく両家がいっしょに上条方についたほど揚北衆が団結したので、為景は苦境に立ったわけである。いまそれらが晴景の味方になったのであるから、越後にはようやく平和がよみがえったといえるかも知れない。

上田庄坂戸城の長尾房長との講和も成立した。ここへは晴景の妹の仙洞院《せんとういん》が房長の嫡子政景の妻におくられるという手が打たれた。この政景と仙洞院との結婚は、ずっとのち天文二十年（一五五一）に政景と景虎（謙信）とが講和したときだとされている。

しかしよく考えてみると、景虎から政景へ女性をおくることは、少なくとも対等の講和でなければならない。だがこのときは圧倒的に優勢な景虎軍にたいして、政景は降服して城下の盟《ちか》いを結んだのである。なにも景虎が肉親を遣わす必要はないのである。しかも政景が宇佐美の要害を放火させたとき、本庄実仍《さねより》は「たとえ御新造がごく近い御親類であっても許せない」といっている。これは、すでに姉が嫁いでいたためではないだろうか。

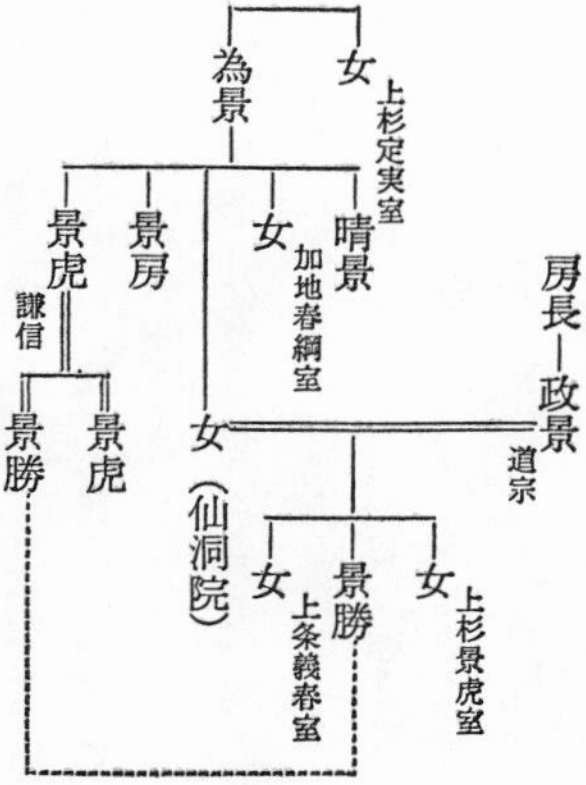

さらに『北越軍記』は、この結婚のとき政景二十六歳、仙洞院二十四歳であったとし、これによって「長尾系図」は、彼女を享禄元年（一五二八）誕生としている。この二十四歳という年齢は、封建時代では「年増《としま》」であって、女性の結婚適齢期をかなり過ぎているといえる。そればかりではない。同じ「長尾系図」では、仙洞院は慶長十四年（一六〇九）二月十五日、八十六歳でなくなったとしているから、大永四年

（一五二四）誕生としなければならない。同一の系図でこんな誤りをおかしているのは、仙洞院の米沢城二の郭での死亡が動かしがたい事実で、そこへ『北越軍記』によって誕生の年をこじつけたからにほかならない。こう考えれば天文二十年は二十八歳となるから、いよいよ「大年増《おおどしま》」になるわけである。米沢藩の歴史は、謙信以前のことはずいぶん誤りが多いが、とくに藩祖景勝の両親に関することは事実が曲げられた面も少なくないと思われる。そこで私は、長尾晴景と上田長尾家との講和のできたころ、つまり仙洞院の十四、五歳のときに、政景との婚約が成立したと考えるべきだと思う。天文二十年仙洞院結婚説は、弘治元年（一五五六）に生まれた上杉景勝に、右京亮義景《よしかげ》という兄と、上杉景虎室となった姉があるところから、発想されたものであろう。そして景勝の実父と養父との戦を両方とも傷つけることなく記述するには、この終結の時期に仙洞院のお輿入れをおくのが、もっとも無難であったにちがいない。

ともかく、こうして強敵と和睦した晴景の外交的手腕は見事というほかはない。だがはたして手ばなしでほめちぎれるものであろうか。そこには大きな見えざる代償が払われていたのである。ほかならぬ守護上杉定実の「復活」であった。これからのちの府中の公文書は、晴景の意図をくんで、定実が正式に発令する形式をとっている。天文十三年（一五四四）に定実が安田長秀に新知行を与えた場合などがそうである。これは明らかに、為景が一生をかけて手に入れた新恩給与権の放棄であり、歴史の歯車が永正十年（一五一三）以前に逆転したことを示すものであった。揚北衆は複雑な利害関係で、結びつつたがいに反目しており、その被官たちも内輪で分裂しがちであったから、政治的操作でその結束を乱し反対派を鎮圧すべきであった。それができるかどうかが、守護代晴景がりっぱな戦国大名になれるかどうかという分かれ目であった。しかし彼は守護のときならぬ返り咲きという安易な道を選んだ。その当然の結果として、父為景の盟友であった栖吉の長尾房景や高梨政頼らが主流派でなくなり、守護を擁する揚北衆や上田長尾家の発言権の増大をみることになった。

養子は禍のもと

上杉定実は不幸な貴公子であった。あまり年のちがわない従兄房能の養子となり、文亀三年（一五〇三）いよいよ房能の娘と祝言《しゅうげん》しようとしたところ、その女性は瘡気《かさけ》で松之山温泉へ湯治にでかけ、結婚式は延期された。房能への叛乱には首謀者にかつがれ、その死後冥福を祈って京都の屋敷を泉涌寺に寄進し、地代を納めて供養することにしたが、長尾為景はこの地代をも押さえてしまった。この頃は為景の姉を妻としていたが、守護の座を追ったものの肉親との家庭生活がうまくいったかどうかは疑問である。上条定憲や宇佐美房忠の挙兵のとき、決然と春日山城に籠ろうとしたのが、彼の一世一代の実力者への抵抗であった。それもすぐに為景に威嚇されてすごすごと山を下り、幽囚の生活を送らねばならなくなってしまった。

　いま枯木に花が咲くように、この老人は国主の椅子に坐った。それも政争のあげくの妥協の産物としてである。しかも嫡男のない悲しさ、養子をとる段になって、諸勢力はまた彼をゆさぶりはじめた。伊達時宗丸《ときむねまる》養子事件がこれである。

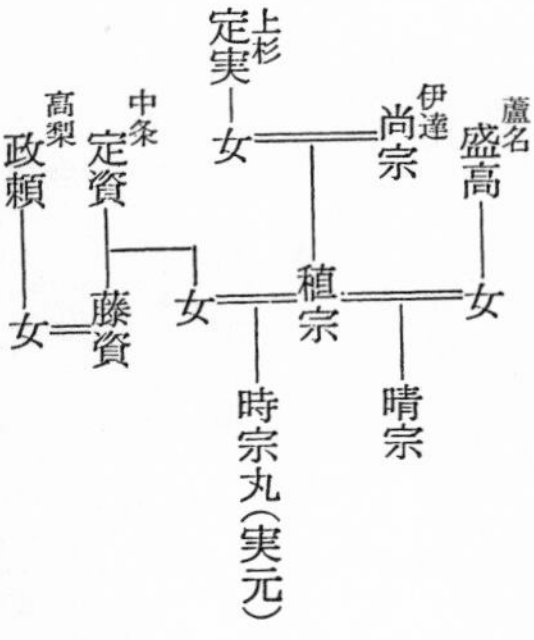

　守護が復活したからには、老年のことでもあるから、あとつぎを決定しておかねばならない。そこで天文七年（一五三八）中条藤資は伊達稙宗の三男時宗丸（実元）を迎えようとし、定実もこれに賛成して、費用捻出のため一国に段銭をかけた。稙宗は為景晩年の動乱に上条定憲方に心をよせていたし、とくに稙宗の母は定実の娘とされており、また時宗丸の母は中条藤資の妹であった。時宗丸は定実の曾孫《ひまご》にあたるわけで、天文九年（一五四〇）十五歳の元服をまちかねて、定実は一字を与えて実元と名乗らせた。これで定実は自分の血縁者を後釜にすえられるし、中条藤資もまた外戚となって羽振りがよくなることになる。
　困ったのは長尾晴景である。ここにいたっては守護代の座を維持することもできなくなるかも知れない。そこで中条家の威勢を快しとしない本庄・色部・黒川などの揚北衆に気脈を通じた。伊達家のほうでは、困難な問題でもあり、何度も辞退したが、「骨肉」の間柄で養子にするものがほかにないという定実の懇望で、ついにこれを承諾した。天文八年十一月門《かど》目《め》丹後守が使者として越後府中にきたが、晴景はまだこれを承知せず、みんなと相談の上で返事すると使者を帰してしまった。揚北衆に中条を説得させようというのである。

一方定実の方からは平子豊後守が使者として時宗丸を迎えに行ったが、ちょうどこのとき、通路にあたる揚北では、晴景方の本庄・色部派と中条派との意見の対立が武力抗争へと発展していたので、時宗丸の出発を延期し、中条藤資へ援軍を派遣した。こうして中条・伊達の連合軍は本庄・鮎川の要害へ押しよせたので、本庄房長は一族の鮎川清長のすすめで、ひとまず大宝寺《だいほうじ》晴時《はるとき》を頼って庄内へ落ちのびた。ところが鮎川はその留守をねらって、房長の弟小川長資《ながすけ》とともに本庄城を乗っとり、急いで軍を返そうとした房長は、途中で病にたおれてしまった。

他国の支配を喜ばないのは戦国時代の国人でも同様である。本庄・鮎川・中条が伊達の配下になりかねない有様を見ると、揚北の大勢はこれに反撥した。こんどは色部勝長がピンチヒッターとして、仲間といっしょに中条の要害に攻め寄せた。しかし大里《おおり》峠を越える街道を開発して、米沢・長井から越後へのびてきた陸奥守護伊達氏の実力のまえには、揚北諸侯の一部の反対などは問題でなかった。本庄や色部の家臣のなかにも伊達稙宗に通ずるものは少なくなかったのである。

そこで天文十一年（一五四二）六月、直江実綱《さねつな》・平子豊後の両使に新発田長敦《ながあつ》・柿崎晴家がついて実元を迎えにやってきた。稙宗は越後は大国だからといって、お供には累代の家臣のなかから抜群の武士百騎を実元につけてやることにした。このとき桑折・中野などという晴宗の老臣が、ひそかに晴宗にこういった。

「今あなたは伊達殿と呼ばれているが、蟬のぬけがらのようなものです。これだけの善臣能士がみな他国のものになっては、我が国は空っぽになりましょう」

晴宗はもっともだとして、父稙宗を諫めたが、意見を聞いてくれなかったため、鷹狩りの帰りを待ちうけて稙宗を幽閉してしまった。これから伊達では天文の乱とよばれる動乱となり、天文十七年晴宗の内乱克服、領国の平定、知行地の再編までそれが続くのである。

これで実元の越後入りは流れてしまった。そのうえに、本庄・色部・黒川・中条といったそうそうたる揚北衆が、稙宗と晴宗の争いにまきこまれ、それぞれの家臣もまた両派にわかれて混乱の極に達した。その内部でも百姓の地位の向上、被官の領主化の動きがあって、下剋上に悩まされていたのである。彼らはたがいに起請文《きしょうもん》を交換しているが、事態はもはや一片の誓紙で片づくものではなかった。強力な統一政権が揚北衆を掌握してこれを安堵させ、下剋上をおさえて一元的支配を確立せねばならない。しかも長尾晴景は病気がちで、その政策は後退をつづけるばかりであった。長尾景虎つまり上杉謙信の登場が待望される理由はここにあったのである。

景虎、栃尾城に入る

養子問題がこじれにこじれて駄目になったため、上杉定実はすっかり意気消沈してしまった。天文十一年四月、彼は実元迎立に反対していた長尾晴景に誓紙を送って隠退の志をのべた。「世上大くつ《退屈》」つまり世の中が面白くないし、安閑無事に余生をすごしたいばかりだというのである。そこで晴景の双肩に越後の国務がかかることになるが、泰平の世ならばともかく、揚北の動乱が、しだいに阿賀野川を越えて中郡に及びつつあるとき、病弱の彼には荷が重すぎるきらいがあった。揚北衆は養子問題以来、すっかり府中をあなどって、参勤交代などやるものもなかった。色部勝長にあてた鮎川清長の誓書には、たとい府内から本庄やあなたに「横振《よこぶり》」をされようと、決して貴殿を見限ることはしないといっている。こうなっては府中の権威が地に落ちたというよりも、叛乱に等しい事態になったのである。中条藤資などは、本庄や色部をけしかけて養子迎立を妨害したり、定実が老衰のため自動的に国主になろうという晴景には、心服するはずもなかったし、攻められても戦うだけの実力と自信をもっていたはずであった。

ここで年わずかに十四歳の景虎が、天文十二年秋林泉寺を出て中郡に乗り出すこととなる。もともと古志郡・蒲原郡には長尾家（上杉家）の本領があり、栃尾の本庄実仍・三条の山吉行盛などはみな長尾家の城代であった。景虎の中郡入りは、府内への叛逆に対して、この本領を確保しようとする晴景の意図に出るものであった。また上杉家に所蔵される古文書〔現在は米沢市上杉博物館所蔵〕には、上田長尾家の文書よりも、栖吉の長尾房景にあてたものがはるかに多い。上田長尾家のものが景勝の手を通じて伝存されるのは当然であるが、御館《おたて》の乱で景勝方に滅ぼされた栖吉長尾家のものが上杉家に伝わるのは、やはり特別の事情が伏在したからだと考えねばならない。そこで私は、古志郡代であった栖吉長尾家の権限を景虎がうけついで、蒲原・三島の郡代をも兼ねたとみたいのである。つまり晴景の代理人としての景虎は、栖吉長尾家との緊密な連携のもとに、敵のむらがる中郡にのりこんだと考えられる。

景虎の第一番目の仕事は、亡父為景に協力してくれた日蓮宗本成寺《ほんじようじ》の日意に、九月寺領を安堵したことである。ついで翌天文十三年二月の古志郡守門神社への社領寄進状がのこっている。このころの景虎の本拠は、本庄新左衛門（実仍）が城代であった栃尾城であるが、彼を若輩と侮った近辺の豪族は、栃尾に向かって要害・とりでを築き、戦《いくさ》をしかけたので、景虎も防戦に及んだと後年述懐している。たしかに晴景が、「景虎の出撃で勝利は眼前にある」と本庄実仍に伝えたように、揚北の安田長秀、刈羽の北条高広、岩船郡の小川長資などを味方にして、中郡の平定にあたった。また兄にあたる景康《かげやす》（景房という兄もあったという）を殺して上郡を追放された黒田秀忠を討伐するため、天文十四年糸魚川方面に赴いたが、秀忠は頭を剃って他国に行くと歎願したので、これを許してまた栃尾へ帰った。ところが翌十五年二月また黒滝城（弥彦村）に籠ったので、景虎は上杉定実の命を受けて、黒田一類ことごとく自害させてしまった。黒田秀忠といえば上杉房能以来の老臣である。それが晴景の病弱を侮って不逞を働いたのを討伐したのであるから、景虎の武名が一躍高まったのも当然であった。

ここでいままでたびたび登場を願った中条藤資と、その舅《しゅうと》の高梨政頼が動き出してくる。高梨からは景虎の祖母がきており、また景虎の叔母は政頼の妻であった。彼らは景虎の年少気鋭・智勇兼備の姿を見て、威令の行なわれない病気の晴景の代わりに景虎を擁立して、守護代そして国主にしようという運動を始めた。本庄実仍（栃尾）はもちろん、上郡の大熊政秀や直江実綱（与板）・山吉行盛（三条）・長尾景信（栖吉）などの中越豪族もクーデターに参加していた。これが府中に聞えて、晴景も景虎討伐を決意するにいたった。

これにたいして、魚沼郡上田庄の長尾政景（坂戸）は、晴景の妹をめとり、また古志長尾と対抗していた関係上、晴景方となり、中条藤資と境界争いをくり返していた黒川清実も府内勢となった。越後一国はおおむね蒲原・古志の中郡と、頸城・魚沼の上郡に二分し、これに揚北衆の大部分が中郡勢力に加担し、それぞれ弟と兄とを押し立てて抗争することになったわけである。兄弟は他人の始まりどころか、戦国の世では敵味方の始まりであった。この景虎の自立が諸書によって面白く伝えられている。

米山の仮眠と春日山入城

景虎の栃尾城は織物で名高い新潟県栃尾市の城山にある。長岡市から栃尾鉄道で約一時間、栃尾の市街地は名にし負うあばれ川、刈谷田《かりやた》川と西谷川の合流点付近に展開している。その西側のけわしい丘陵（標高二百二十七ｍ）が城山である。

おりしも旧暦の四月、古志の豪雪もとけて、越後では春のさかりである。だが、いま栃尾城はただならぬ気配につつまれていた。府内から晴景のさしむけた五千の大軍が、ひしひしとこの城にとりつめていたからである。その大軍勢を西谷川に沿う崖上の矢倉から、ひとりの少年武者が、もう昼まえからじっとにらんでいた。これが府内勢を迎え討とうとする若き日の謙信（景虎）である。

その夜、景虎は補給部隊のつづいていない寄せ手は必ず今夜引き返すだろう、その引き際を夜闇に背後から討ってかかればきっと勝てると幕僚に語った。謀将宇佐美定行は景虎を諫めたが、彼はその意見を採用せず、夜なかに門を開いて押し出した。果せるかな景虎の観察はあたっていた。敵は引け際を襲われたため、もろくも総敗軍となった。

これを聞いた晴景は一万余の軍勢を率いて米山をこえ、柿崎の下浜に陣を取った。景虎は六千余りで下浜に進み、浜手と山手から敵を混乱させ、宇佐美定行の中央突破で、晴景軍はここでも総くずれになった。米山を越えて府内に帰ろうとする敗軍を追撃して、景虎方は米山坂下まで押しよせた。このとき景虎は軍勢をとめて、「ことのほか疲れた。少し眠って休息しよう」といって小家に入って休んでしまった。そこへ例の宇佐美定行がとんできて、戦勝の勢をかって急追撃にうつれば、府内占領もできるとせきたてたが、彼は冑を枕に高いびきで眠ってしまった。家来たちはわけもわからず、ただ運の尽きだと悔むばかりだった。

やがて晴景軍が雲が出るという米山峠をのぼりつめ、三割ぐらいのものが峠を越えたと思うころ、突如景虎は起上り、早貝を吹かせ、山を駆けのぼり、坂落しに切ってかかった。晴景は景虎軍が坂下から追い上ってきたら、坂の中途で切返そうとしたところ、景虎軍が追ってこなかったので、安心して山を登り、ちょうど下りにさしかかったばかりであった。あわてふためく晴景軍の頭上に岩石が飛び、人の上に馬が、馬の上に人がくずれて、混乱は増すばかりだった。山中に亀割《かめわり》坂といって数十丈の崖下に大海の拡がる難所がある。晴景勢は追い立てられて、この断崖から落ちる人馬の数も知れないくらいであった。

晴景はほうほうのていで、府内勢とともに春日山城に逃げこんだが、ここも宇佐美・本庄らに囲まれ、四十五歳で切腹して果てた。上杉定実はもともと景虎と内通していたから、この乱も無事納まった。謙信の越後政界への雄飛の第一歩を、『北越軍記』はこのように記している。

だがこの物語りにはおかしな部分がある。たとえば府内と栃尾の距離は百㎞ほどで、二日がかりの行程であるから、五千の軍隊が一日分の兵糧ももたないで、侵入したり撤退したりすることはあり得ない。米山も、わずか一眠りの間に上下できるものではない。さらにこの事件を『越後軍記』では天文十二年、『北越軍記』では天文十六年としているが、ともに晴景・景虎の合戦を示す史料の裏付けがない。「上杉家譜」や「長尾系図」では、晴景が天文二十二年（一五五三）二月十日に死んだとしているから、晴景が春日山城で腹を切ったというのもあてにならない。

しかも文中宇佐美定行なる架空の忠臣が現われるが、これは『越後軍記』・『北越軍記』とも、米沢藩に拾われた軍学者宇佐美定祐《さだすけ》の著わしたもので、その先祖にあたる定行（実は定満）を謙信の軍師に仕立て上げ、これを謙信一代記のサワリに登場させて、宇佐美家を顕彰しているのである。ただ宇佐美家についてはかなり詳しいので、琵琶島城であの為景と戦った宇佐美房忠、その子定満の子孫が定祐であることは考えてよいであろう。

それでは事件の真相はどうか。それには長尾晴景がいつ頃まで守護代の職務をとっていたかを調べるとよい。東頸城郡の安塚町の賞泉寺に長尾晴景の安堵状がある。これは当地の豪族吉田英忠《ひでただ》が寄進した土地を、天文十七年四月十日安堵したものである。だがよく見ると、吉田英忠の寄進状も晴景の安堵状も、いくつかの疑問が残るものである。またこの年八月十五日、晴景から山村重信に、戦功によって知行を給与した文書が「上杉家譜」にのっているが、これも原本がなく、山村家の由緒を語る性質のものであるので万幅の信頼を置くことはできない。

ところが上野家成にあてた天文十八年正月四日の景虎書状、同日の本庄実仍書状および下条義勝書状によると、上杉定実の斡旋で晴景・景虎兄弟が和解し、天文十七年十二月晦日景虎が鉢ヶ峯（春日山城）に移ったといっている。つまり、晴景と景虎が争っては、どちらが勝っても困るのは定実である。下手をすれば守護の座をすべり落ちるかも知れない。そこで両者の和解に乗り出し、天文十七年かぎりで晴景を隠居させ、その養子として景虎を守護代にしたのである。ことここにいたるまでに両者の戦いが行なわれたことは間違いないし、柿崎の下浜のような中郡より上郡に入る要地では一大会戦が行なわれ、山村氏にあてたような功労に対する新恩給与の充行状《あてがいじょう》も出されたことであろう。賞泉寺文書も山村文書も、古文書としては疑問があるが、天文十七年に晴景と景虎が争ったというストーリーの筋は間違いないところである。

景虎は、のち次のように語っている。

「兄の晴景が病気のためであろうか、奥郡（下郡）のものが上府せず、我がままの行為が際限もなかった。宗心（景虎）は若輩ながら、一には亡父為景、他方は長尾家の名折れにもなるので、はからずも府内に上り、春日山に移り、何かとしているうちに国中は形のごとく平和になった」

まさにこの景虎の春日山入城を転機として、越後、いな関東の歴史が、新しい局面を開いてくるのであった。

国内統一

上田長尾家の立場

長尾景虎の春日山入城が実現すると、苦境に追いこまれたのは上田庄坂戸の長尾政景である。守護定実の顔を立てないわけにはゆかないし、晴景を援けて景虎を討とうとした始末のつけようもない。おそらく病気の晴景にかわって青年政景が守護代を望んでいたとも考えられるから、景虎にたいする怒りはおさえ難かったにちがいない。しかも父房長からゆずりうけた名門の地盤は固かったし、上田衆と呼ばれる彼の臣下は越後では特異な存在で、府内の権威よりも関東管領に結びつく伝統もあった。こうしたことから、政景は妻の実弟である若年の景虎を軽侮し、府内にたいする自立的立場を固執し、府中参勤をもしなかった。

だが政景は感情に走り、実力を過信して、客観的情勢の分析を怠った。景虎は守護（上杉定実）を戴いており、従って一国をにぎっていることに彼は気づかなかった。しかも、かつて守護方を標榜したころの彼の盟友たちは、中条藤資は景虎の縁辺につながる無二の忠臣となり、黒川清実は伊達と結ぶ色部勝長と交戦中で、府内の鼻息をうかがわざるを得なかった。彼は越後では一地方領主に転落していたのである。

これにたいして古志郡栖吉の長尾景信は、景虎擁立の中心人物であり、景虎の母の実家でもあった。景虎政府の重要なポストにいることは容易に考えられる。これがしだいに魚沼郡の豪族を配下に引き入れ、所領拡大をはかって上田長尾と衝突をくり返していた。景虎が春日山に入ったのちも、両長尾家の戦闘はつづけられたようで、天文十八年（一五四九）九月、政景は穴沢新右衛門尉に、古志郡の敵に備えるため、広瀬の段銭を免除して軍備充実にあてさせている。上田衆はこの点から府内とも対立状態にあった。

なかでも父房長以来の盟友宇佐美定満と平子孫太郎（房長）の脱落は痛手であった。この宇佐美家はもともと伊豆の豪族で、上杉房方（龍命丸）が叔父憲栄の家督として応安元年（一三六八）越後へきたとき、足利氏満（鎌倉公方）の命で宇佐美満秀の弟祐益《すけます》が伊豆の軍勢を率いて乗りこんできたものである。これから琵琶島の集落の西方五百mばかりのところにある「御館」に住したが、ここは往時八条殿が住んでいたとも伝えられるので、上杉一族で、京都八条に住んでいた持房の子を奉じていたと考えられる。この地は上条に近いから、上条家は八条家をついだと見られ、上条家と宇佐美家はきわめて近い関係にあったわけである。宇佐美定秀がなくなったとき、適当な後継者がなかったため、寛正五年（一四六四）上杉房定の下知で、また伊豆の宇佐美定興の子孝忠を立てて家督とし、文正元年（一四六六）越後に入った。

この孝忠は文武兼備の名将で、その雞肋亭《けいろく》に『梅花無尽蔵』の著者万里集九も訪ねている。雞肋というのは中国の曹孟徳《そうもうとく》が、雞の肋《あばら》は棄てるに惜しいが、啖《くら》っても得るところがないというところから、塁《とりで》を棄てて退くときに発した命令の中で用いた言葉である。孝忠はこの孟徳の故事に関係なく、ただ可もなく不可もないところからつけたと集九に説明している。この孝忠が上杉房能を守りたてていたために、長尾為景は謀叛を延期し、孝忠の死を待って計画したといわれる。

房忠が上条定憲とともに上杉定実を援け、長尾為景と戦ったことはすでに述べた。永正十一年（一五一四）五月二十六日小野要害から岩手要害に走った彼は、ついに追いつめられて自殺したが、その子は伊達稙宗に助けられた。これが定満であろう。上条の乱のとき、宇佐美勢はもとの琵琶島城を取り返そうと攻撃したが、それも果さぬままに戦乱は終結した。そこで所領のない定満は、同志長尾房長を頼って、北魚沼郡堀之内付近に土地をあてがわれたが、もとより満足できるものではなかったらしい。そこで晴景と景虎の抗争のときは、いち早く反府内派として栃尾城へかけつけ、ついに主流派に返り咲いて関東口の

┌満秀
└祐益……定秀＝孝忠―房忠―定満……定祐

宇佐美略系図

要衝を固めることになった。

天文十八年（一五四九）夏、「上田御無計」つまり上田長尾家の府中にたいする反抗的態度が問題にされはじめた。宇佐美定満は平子孫太郎からの手紙に答えて左のようにいっている。

「もし上田の叛乱があれば、上田にとっては大事にいたるでしょうとおっしゃいましたが、私どももそのように思います。しかしこれ以上事態が悪化して戦争になってはいけないと存じます。しかし人質を府中に出さず、所領を少しも割譲されないようでは面白くありません。万一にも戦争開始となりましたならば、この関東口はどうしても加勢して頂かねばなりません。私一人に任せられては必ず後悔なさるでしょう。なぜなら拙者は無力ですから、家来たちはびくびくもので、上田様（政景）がいろいろと計略を廻らして当地に手をのばし、味方にならねば居館に放火すると威嚇された。内々調べたところ、この放火は上田の里被官（軍役百姓）の佐藤と重野というものの仕業で、下倉の方へ火は流れてしまった。こちらは油断ありません。様子は今泉さんが申すでしょう。田河入《たがわいり》（地名）のことは狼藉《ろうぜき》のないように申し付けました」

この放火計画がナチスの国会議事堂放火事件と同様にフレイム・アップであるかどうかは知るよしもない。だが上田から離れた宇佐美の眼からは、政景の反抗的態度は、上田の運命を狂わせるものとしかうつらなかった。この報を受けた景虎の老臣本庄実仍は、たとえ政景の奥方様がごく近い親類でも、味方の要害・館に火を付けたものは守護が裁くから、政景領の百姓でも、怪我していなければ宇佐美の罪人同様に栃尾へ送ってほしい、こちらで景虎が処分すると申し渡した。放火犯人は府内からの命令で処刑されたが、この事件の真相はともかく、騒ぎたてて大きくしたのは景虎方であった。府中参勤も、人質提出も拒否する政景への景虎の政治的圧力は、この事件を契機に、にわかに強化されたのである。

景虎の政治工作

越後と関東とは、為景と顕定の戦いで離れたが、もともと緊密に結びついていた。越後からすれば、関東へ関東へと草木もなびくというわけである。ときあたかも関東管領上杉憲政は北条氏康に攻撃されて一歩一歩後退し、最後の力を上野の平井城でふりしぼっていた。彼の方でも佐竹と長尾が頼みの綱であった。そこで長尾為景もなくなったことであり、旧怨を忘れ、越後長尾を赦免するということで、関越一体感を復活し、平子孫太郎を通じて天文十八年越後府中へ救援を依頼してきた。実権をにぎった若き景虎は、この申し出を勇んで快諾したことであろう。

これよりすこしまえ、府内を流れる荒川にかかる大橋がかけかえられた。あの慶長二年（一五九七）に作成された『越後国絵図』（彩色）に描かれた立派な橋がこれである。俗には応化《おうげ》（大笥）橋と呼ばれている。この大橋は賃銭橋で、通行人が橋場役所に支払う橋賃収入は、役所を管理する石田定賢に給恩として与えられていた。近年これが大破したので、この年新たに造築し、四月二十七日に「大橋場掟」が定められたものである。

ここでは公用通行者は無料であることは勿論であるが、権威をかりて横暴なふるまいをし、役所に迷惑をかけることや、川を徒歩または泳いでわたる歩渡《かちわたり》、「慈観日町《（待）》」の祭礼のとき河東小橋を無料で往復することも禁じられている。橋賃を払うのを免除されているのは、「出家」（僧侶）・「遊人」（遊芸人）・「盲人」・「非人」などの通行の自由を公認されているか、橋賃を取るべきではないものなどである。また「慈観」というのは、本願寺覚如の長子存覚《ぞんかく》の第七子で、慈空《じくう》のあとをついで真宗の錦織《きんしょく》寺の住持となった慈観綱厳《じかんこうごん》のことである。「日待ち」とは「日祭り」つまり一・五・九月の吉日に寝ないで日の出を待って拝む民俗行事であるから、慈観の活動で当地にまで拡まった真宗が、大日信仰を背景とする「日祭り」の民俗行事と結びつき、この直江津で盛大に行なわれたと考えられる。「日祭り」はまた「火祭り」つまり鎮火祭ともなるので、都市としての府中の市民たちが、火災を防ぐために川祭りをやったのかも知れない。

ともかくこの「慈観日町」は、真宗が早くからこの地に浸透し、民間習俗と結びついて盛大な祭礼が行なわれるようになっていたこと、この日に荒川の東部からこの小橋を多くの人がわたるほど、東岸にも集落があったこと、そして通行強制（シュトラッセン・ツバンク）

がなされていたことなどを物語るものとして注目されよう。

ところで、越府の府門ははじめに見たように荒川の東方にある。つまり越後は羽前・上野・信濃・越中の四方に面しているが、その目は主として関東に向いているわけである。関東への出口が正面であるから、荒川に架橋されていたことは怪しむに足りない。しかしこの時点でこれが架けかえられたことは重要であって、府内より東方にいたる大軍出撃の環境整備はりっぱにできあがったのである。

関東に向かうにはまず上田庄をおさえねばならない。その上田衆の発智長芳・穴沢新右衛門尉・栗林経元等が坂戸の長尾政景を主君と戴いて抗戦の姿勢にあるからには、まず藪神庄をにぎって前進拠点を確保する必要がある。そこで関東街道と信濃川とがあいまじわる、その渡河点を支配する薭《ひ》生城の平子孫太郎房長の抱きこみに努力が払われた。宇佐美定満の居城放火事件が、大きく平子氏に報ぜられたのはこのためであろう。

このころ平子房長は政景の家臣金子尚綱《ひきつな》と宇賀地を争っていた。ここは上田長尾家の所領であるが、景虎が政権をにぎったとき、府内へ割譲されたものである。天文十八年四月、景虎はこれを平子に与えた。憤慨したのは上田方で、十月になっても平子からの引渡し交渉にたいして、「とかくおっしゃることは思いもよらぬこと、何度申されようと返事しません」と金子尚綱は強硬な態度をとっている。もとの盟友である宇佐美と平子が、本庄実仍との関係から景虎と結んでいるのが、上田方にとっては我慢がならなかったのである。

平子房長の母親からも、房長の弟孫八郎を上杉定実の近臣にとりたててくれるように依頼している。これにたいして本庄実仍は詳細にその心得を教示して、上杉定実は手もと不如意だから、贈物は現金がよいし、持ち合わせがなければこちらで借りてやろうとまでいっている。「代々御目をかけられ候間、申入れ」るが、「少々義御勘忍候て御懇切《ごこんせつ》尤《もっとも》に候」というのが秘訣である。そして、府中に敵対したときに没収された本領の西古志郡内の山俣《やままた》を返してもらった。

この平子房長のところへ、上杉憲政が助けを求めてきたのである。平子は本庄実仍を通じて景虎・定実に報告し、府中の本庄からは、憲政から景虎に直接依頼すれば、守護に披露すると返事するよう平子に指示した。そして六月二十日には、関東出発は七月十日を目標とするから出陣の用意をせよと命じた。七月四日には、関東出陣は一人だけではないから、用意が第一で、要害の普請などをするようにいっている。

この関東進発がどうなったかは分からないが、これをそのまま上田側が承知すれば、かえがたい精鋭を前線へ送らねばならず、また軍律を重んじて景虎に臣従しなければならぬ。そこで政景は諸軍勢の通行を阻止し、府中にたいする抵抗の覚悟を固めたのであった。追いつめられた鼠は猫を咬むというが、関東進撃をもって大軍を上田庄に向け、政景を挙兵へと追いこんだ猫は、たとえ咬まれても鼠を捕殺するであろう。じつに景虎の巧妙な一石二鳥の計略は図にあたり、上田討伐の絶好の機会をつかむことができた。

長尾政景降る

思えば長尾為景が守護勢力に潰滅的打撃を与えることができたのは、定実を擁立して守護方を分裂させるとともに、栖吉・上田・府内の長尾枢軸の結成に成功したためであった。しかし為景晩年の苦闘は、揚北衆と上田長尾の提携によるものであって、長尾枢軸の分裂にほかならなかった。長尾一族が実権を握ったとき、すでに一族内での主導権をめぐって対立がおこるのは当然である。同族こそはもっとも強い味方であるとともに、もっとも恐るべき敵でもあった。この敵を打倒し臣服させることによって、景虎ははじめて国主の座を確保できるのである。しかも政景を主君と仰ぐ上田衆は、永年関東管領上杉家に従ってきた豪族たちである。政景個人の心情がどうあろうとも、組織として反府内の気分で沸き立っていたことも考えられる。そして上条の乱でともに戦った中条・黒川・宇佐美・平子・大熊らが、栃尾時代の景虎の「忠臣」となってしまったからには、坂戸城はいま悲愴な空気につつまれるのであった。

天文十九年（一五五〇）春二月、越後守護上杉定実は、その数奇な生涯を終えた。その死の二日後、景虎にあてて、大覚寺義俊《ぎしゅん》（近衛尚通《ひさみち》の子、前嗣《さきつぐ》の叔父）は、朝廷が白傘袋・毛《もう》氈鞍覆《せんくらおおい》の使用を許したことを知らせた。父為景と同様国主大名の待遇を与えられたのである。定実にはあとつぎがなかったから、長尾景虎は名実ともに越後国主の座についてしまった。平子らと北魚沼郡で小ぜり合いをやっていた上田勢は、決定的に叛乱軍となったわけである。

天文十九年の暮に景虎は蘆名氏に上田の叛乱のことを報じているが、「慮外の輩がでてきたが、たいしたことはないから安心して頂きたい。もし変事があればお知らせする」といっている。この言葉のとおり、おおらかに構えていたものであろう。

翌二十年正月、発智長芳の居城を景虎方が攻撃したので、政景は金子尚綱を応援に派遣した。しかし援軍きたるに先立ち、発智の母・妻・子息らは捕えられてしまった。宇佐美定満も政景を裏切って決然と景虎方に立ったため、穴沢・小平尾・須加の上田方が居城へ攻め寄せた。政景の弟が府内に出頭して、和平交渉をすると奉行人《ぶぎょう》たちからいってきたので、待っていたが、一向にその沙汰がなく、いまなお一ヵ所の知行地もくれないというのが、定満の言分である。

古志長尾も行動をおこした。佐藤彦八郎という政景方の武士は、祖父と父とをこのために死なせてしまった。上田勢も上野城に押し寄せ中条玄蕃允《げんばのじょう》らはこれを撃退した。この中条は揚北の巨頭の中条氏ではなく、十日町市大字中条の豪族である。また景虎方はふたたび発智長芳の居城を攻め、上田衆が加勢にきたので撤退している。このように戦闘は上田長尾の勢力範囲の外縁部でなされており、景虎方が攻勢に出ていることは争えない事実であった。すでに春以来政景の弟が府内へ和平の請願に赴いているが、厳しい条件であったためか、なかなか首尾よくゆかなかった。

景虎はついに八月一日を出陣の日と定め、これを平子房長に通報した。ここにいたって長尾政景およびその父の房長は、誓詞を提出して降服するにいたった。景虎は二人を許すつもりはさらになかったが、老臣たちが諫めてついに「帰参」を許した。

この講和で景虎の姉が政景の妻になるから、両者は対等で和を結んだという学者もいる。しかし姉（仙洞院）がずっと以前に政景夫人となっていることは、すでにのべたとおりである。この講和は無条件降服にほかならぬ。政景の命や本領が救われたのは、彼が長尾一族であったことによるというよりも、その妻が景虎の実姉であったことが考慮されたことは確かである。所領もかなり削減されて、宇佐美や平子に与えられたことであろう。

永禄二年（一五五九）十月、関東管領の後継者となることに内定して京都より帰った景虎に、諸将は太刀を献じてこれを祝賀した。そのときの府中館での侍の序列は次のようになっている。

侍衆御太刀之次第

一、直太刀之衆

越ノ十《（長尾景信）》良殿　金覆輪

桃井（右馬助）殿　同
三本寺（伊予守）殿　同

一、披露太刀ノ衆
中条（藤資）殿　同
本庄（繁長）弥次郎殿　同
本庄（秀綱）殿清七郎　金覆輪
石川（重次カ）殿　糸牧（巻）
色部（長真）殿　金覆輪
千坂（景親）殿　糸牧
長尾（政景）越前殿　金覆輪
斎藤（朝信）下野殿　同　（以下略）

ここで「直太刀《じきたち》之衆」というのは「一門」の待遇を与えられたもので、「披露太刀《ひろうたち》ノ衆」とは外様・譜代の国人つまり臣下である。旗本の幹部は「御馬廻年寄分之衆」と呼ばれる。この三つの区分を上田征伐の場合について考えると、栖吉城の古志長尾家は一門の筆頭であるのにたいし、景虎にもっとも近い親類である上田長尾家は、中条家を筆頭とする国人の第七位に、譜代の国人としては千坂の次にランクされている。これは降服したものの当然の結果と考えるべきではなかろうか。ちなみに宇佐美定満（琵琶島殿）は国人の第十二位、平子孫太郎（おぢや殿）は第三十三位にある。また国人の第四位の石川殿《(重次)》は黒川殿《(清実)》の書き誤りではないかと思う。後年上田衆を率いた上杉景勝が、御館の乱で古志長尾家を滅ぼしてしまったのも、こうした歴史事情のなかに遠因が潜んでいる。

湖上の殺人？

これも後日譚であるが、上田長尾一党には、さらに不吉で苛酷な運命が待ちうけていた。三十九歳の働きざかりの長尾政景が、七十六歳の宇佐美定満と殺しあいをしたという事件である。『上杉年譜』によると永禄七年（一五六四）七月五日、政景は残暑を消そうとして野尻池に舟を浮かべて終日遊宴を開いた。この野尻池は信州の野尻湖でなくて、南魚沼郡の大《だい》源太《げんた》川をさかのぼったところにある谷後《やご》（湯沢町）の野尻池である。今は小さな池であるが、昔は舟遊びのできるくらいの広さはあったらしい。ここで家臣たちも興に乗じて酒に酔ったが、宇佐美定満は水に飛びこんで水泳をはじめた。山中の湖のこと、冷たい水に遊浴しているのを見た政景は、自分もいっしょに水中に入り、一遊一泳楽しみのつきるを知らないようであった。ところが、政景は水泳があまり上手でなかったのか、こむらがえりをおこして波底にひっくり返った。舟のなかの人たちは大騒ぎで助けようとしたが、なにしろ酔っぱらっていたので、あわてているうちに政景は溺れ死んでしまった。舟中にいあわせた従臣たちも何人か溺死している。景虎（輝虎）はこれを聞いて悲しむことかぎりなく、政景は一族で姉婿であり、また武勇智謀の名将でもあったし、政治・軍事を必ず相談した人であったので、老いも若きも悲歎の涙にくれないものはなかったという。

　これを読んでみると、政景の死は単なる過失死で酒のせいにされている。しかしこんなに多くの水死者を出すほど、強い酒がその当時あったであろうか。政景の子景勝が米沢藩祖であるために、知名人の死を語る場合にそうであるように、何かしらきれいごとすぎるように思われてならない。そこで宇佐美定祐の『北越軍記』を見ると、宇佐美家の所伝にもとづいたものらしく、この事件の裏話をかなりつっこんで書いていることが注目される。

　この永禄七年に足利義輝の使者が越後にきて、北条氏康と上杉輝虎との講和を勧告したが、このころから上田の長尾政景のことについて、直江実綱・斎藤朝信・色部長実らの老臣が、謙信の前で、幾度か密議をこらしていた。そして謙信は信州野尻城主宇佐美定満を召して宵から暁方まで深密の相談をし、定満は野尻城に帰ってから上田の政景を野尻池の川狩に招待した。この野尻池は『北越軍記』の著者の錯誤によるもので、信州野尻は武田と上杉で取りつ取られつの激戦地で、とうてい舟遊びなどできるものではなかった。七月五日定満は政景と同舟して湖中に出たが、このときのみで舟底に穴をあけておき、池中でのみを抜いたため舟はみるみる沈没してしまった。定満は政景をつかまえたまま水中に沈み溺死してしまった。

政景の家人《けにん》らは定満の家人に打ってかかったが、宇佐美の家老の戸股《とまた》主膳というものが政景の子息の義景と景勝を人質に取り、野尻城にたてこもったので、府内の謙信に早馬で注進し、謙信の裁量で宇佐美の琵琶島城と本領とを没収してしまった。このとき宇佐美定満の書置があったと言い伝えられている。それによれば、謙信が政景に腹を切らせては謙信の評判が悪くなり、上田庄がみな敵になって国中の大乱になる。謙信がぜひとも政景を討ち果すというので、定満が政景を討ち、上田衆の遺恨のないように宇佐美家を取り潰し、一切の罪をみな定満にかぶせてほしいと進言したという。

この話もまた宇佐美家にとってまことに都合よくできている。前年からこの年の春にかけて謙信は関東に出陣したが、府内・春日の留守を長尾政景に委せており、四月八日厩橋《まやばし》（前橋）から手紙を政景に出してその留守の労をねぎらい、明日越山（三国・清水峠を越えること）すると報じている。帰って間もなく誅殺するのも自然のなりゆきとはいえない。ただこのときは、下野の小山も佐野も謙信に背き、蘆名盛氏（会津）が武田信玄に応じ、謙信関東在陣の虚をついて軍勢を越後菅名庄にまで進め、武田信玄また野尻城を一度は攻め落すという危急の時期であった。そこで、政景が蘆名・北条・武田に通ずるか、あるいは上杉と北条との講和に支障ありとみなされたのならば、謙信もこれを除こうと考えたかも知れない。戦国時代のこと、疑われただけでもうおしまいである。しかもかつては滅ぼそうとまで決意した相手である。謙信が旨を含めて定満に殺させたというのも、あるいは真実を伝えるものかも知れない。

さらに政景の死因は溺死ではないという伝承もある。政景と同舟して死んだものに国分彦五郎というものがあるが、その母は寛永十二年（一六三五）に死んだというから、伝承としては確度の高いものである。彼女はこのとき夫の新左衛門とともに上野にいたが、六月下旬墓参のために上田にきて彦五郎の宅に逗留していた。七月五日に野尻の池で喧嘩があって息子の彦五郎が御供をして死んだと聞き、幼児をつれて死体を迎えに出、走りよって見たところ、政景の死体だったので急いで片づけた。そのとき政景の肩の下に疵があったのを確認したという。

とにかくこの日を最後に、越後の名門宇佐美家は断絶したから、定満がこの事件の主役で、政景殺害の下手人であることは間違いないだろう。定満と政景のどちらが手を出したのか分からないが、上田討伐のころの両者の関係からもこのことは察せられよう。上杉景勝は会津へ行ってから、越後の由緒ある侍を家中に招いたが、定満の一子宇佐美民部だけは、ついに一生涯謁見を許さなかったという。上杉家ではこの後ながく、この一件の話は御禁制で、宇佐美定満は病死したということになっている。宇佐美定祐がその子孫として、上杉流軍学をもって召し抱えられたのは、景勝の血統が綱勝で絶え、吉良義央《よしなか》の子綱憲《つなのり》が上杉家を相続してからのことであった。

この事件でもっとも得をしたのは謙信である。彼は政景の子供が幼少であり、上田庄が越後と信濃・上野との堺目にある要地であるという理由で、黒金（鉄）上野介安朝を郡代に定めて坂戸城に上番させ、栗林次郎左衛門尉以下の上田衆を統轄させた。そして景勝は春日山下の「中ノ城」（御中屋敷）に老臣宮島三河守をつけて守らせ、のちこれを養子とした。当初は上田衆の叛乱を防ぐ人質的意味もあったと思われる。こののち精強を誇った上田衆七十余騎は沼田・飯山・市川や越中諸城の鎮兵として、危険な最前線へ飛ばされてしまった。

信越国境の危機

関東進撃の要衝上田口は、まず長尾景虎によって確保された。越中への道である西浜口は、国境を越えた新川郡に為景時代から防衛線が引かれ、椎名長常がここを固めていた。南の信濃国からは高梨口（白鳥口）・関山口・根知谷《ねちだに》口などいろいろの侵入路があったが、高梨・井上・島津・栗田などの小豪族を操縦して国境の安全がはかられていた。ところが甲斐の武田信玄の信濃平定が進んでくると、矢面に立たされた北信の小領主たちは大きく動揺しはじめた。

こういえば、すぐ川中島の合戦がだれの頭にも浮かんでくることであろう。上杉謙信と武田信玄とは、この合戦で日本人の脳裡にきざみこまれたのである。川中島とは信州更級《さらしな》郡の

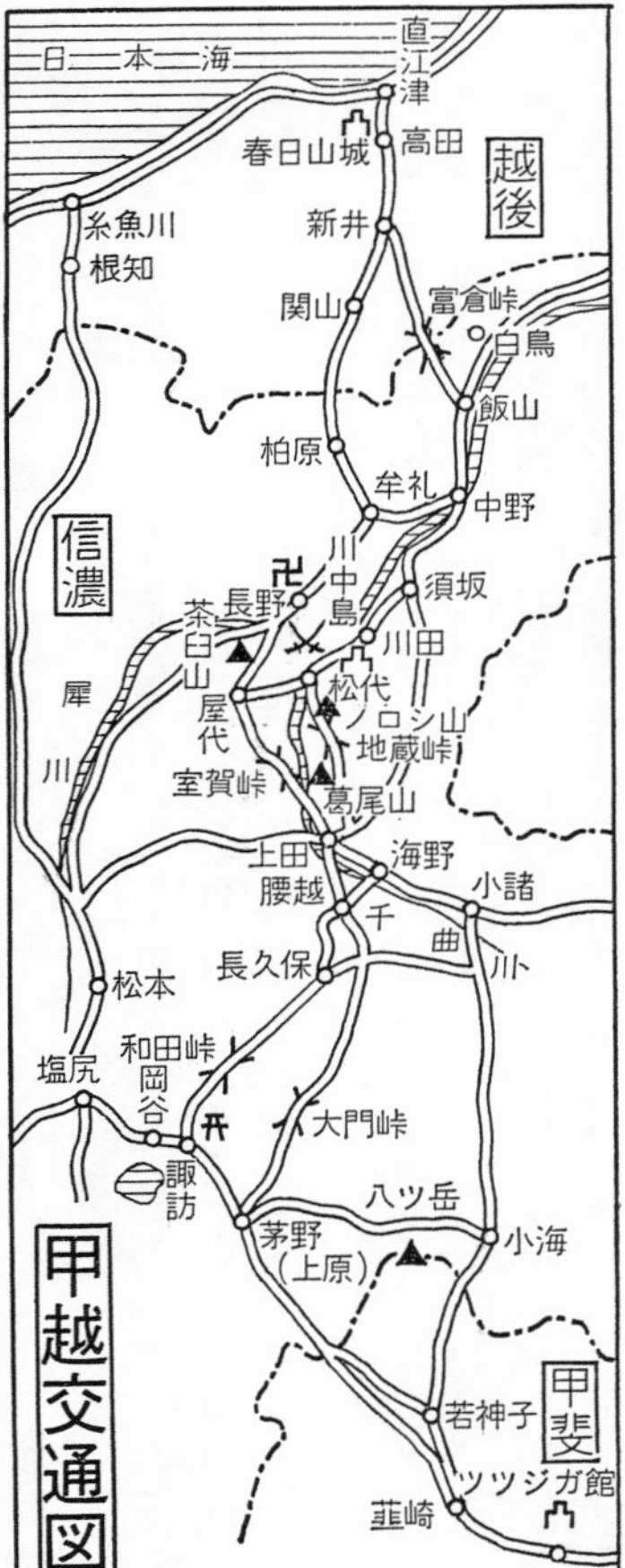

甲越交通図

東北にあり、千曲川と犀《さい》川とが合流してはさむ三角地付近の総称である。ここを中心に千曲・犀両川に沿い、東北および西南に善光寺平と呼ばれる平地が展開している。その幅は川中島付近で約八㎞、長さ約四十㎞、面積二百六十二㎢余で、戸隠《とがくし》連峯以下の山岳が周囲をめぐり、高井・水内《みのち》・埴科《はにしな》・更級のいわゆる川中島四郡にまたがっている。

　ここは古くから、一光三尊の阿弥陀如来（観音・勢至）をまつる信州善光寺で有名であるが、さらに越後・甲斐・上野からくる道路の交会点でもあった。これより松本平に出れば、伊那谷・天龍峡谷を経て遠江へ、木曾谷を下って美濃に、安房峠を越えて飛騨に入ることもできた。信濃府中を手に入れた武田の軍勢が、この戦略要点に進出してくるのは当然のことであった。

ところがここは甲府からは百五十㎞ばかり離れているが、越府からは七十㎞たらずである。越後に侵入しようとする敵軍を阻止するため、兵力を展開できる最後の平原であって、犀川の防衛線を突破されれば、敵軍は怒濤のように田口・関山街道、または飯山・富倉峠その他を通って頸城平野に殺到してくるであろう。さらに中野・飯山・白鳥から信濃川を下れば、長尾家の所領である妻有庄・藪神庄などのある魚沼地方を押さえることができ、関・越の連絡は遮断されることになる。善光寺平こそはまさしく上杉＝長尾政権の「生命線」であった。

そこで為景のときから、飯山・中野・須坂を握る高梨家とは堅い同盟が結ばれていた。戦国の世の常として、この同盟は婚姻関係によって表現される。とくに景虎の場合は、高梨政頼に擁立されたという事情も加わっている。高梨家が危機にさらされた場合、景虎は血と土との両面から北信に出馬せねばならなかった。

信玄が諏訪平に兵を出してからすでに十二年、その信濃平定の大事業は、いまや完成を目前にひかえていた。信濃守護小笠原長時は、天文十九年（一五五〇）信府を放棄したが、やがて村上義清と共同戦線を張って平瀬城に進出してきた。しかし信玄が大軍を率いて信府に出陣してくると聞いて、村上はひそかに兵をまとめて坂城《さかき》に帰ったため、小笠原の兵士には逃亡者が続出し、長時は野々宮・中塔《なかとう》城で戦ったが、天文二十年の夏ごろ没落して行方不明になってしまった。平瀬城もこの年十月、信玄の五日間の攻撃で落城し、信府一帯はまったく甲州軍に制圧された。長時は京都にのぼり、のちまた、越後に走って景虎の救いを求めるなど、二十余年にわたるさすらいの旅にのぼることになった。

ここで「唇亡《ほろ》びて歯寒し」という運命になったのは埴科郡坂城城主村上義清である。天文二十一年八月、中信濃の最後の抵抗拠点小岩嶽城が落ち、翌二十二年苅屋原《かりやばら》も落城し、塔の原そしてまた村上の本城葛尾城は戦わずして自落した。屋代・塩崎・石川・香坂などの川中島の地侍は、あいついで信玄の陣中に出仕して忠誠を誓うことになる。ついに武田軍は善光寺平に到達した。高梨・島津・栗田らは、自存自衛のため、越後勢の派遣を景虎に頼みこむのであった。

葛尾城の落ちたのち十四日目の天文二十二年四月二十二日、勝ちほこる武田軍の前面に、数千の敵軍が湧いてきた。ところは姨捨山《うばすてやま》の麓《ふもと》の八幡である。この敵軍はいったい何者であったろうか。落ち目になった村上義清や北信諸族だけではない。いわずと知れた雪国の竜、長尾景虎の大軍が、信濃の動乱に介入してきたのである。武田軍はしだいに押されはじめ、翌日には早くも葛尾城が奪回された。信玄は深志城に後退し、義清は坂城・和田・塩田を回復して塩田要害にたてこもった。

信玄はいったん国に帰り、大軍を集めて信濃攻略のしめくくりにとりかかった。八月一日

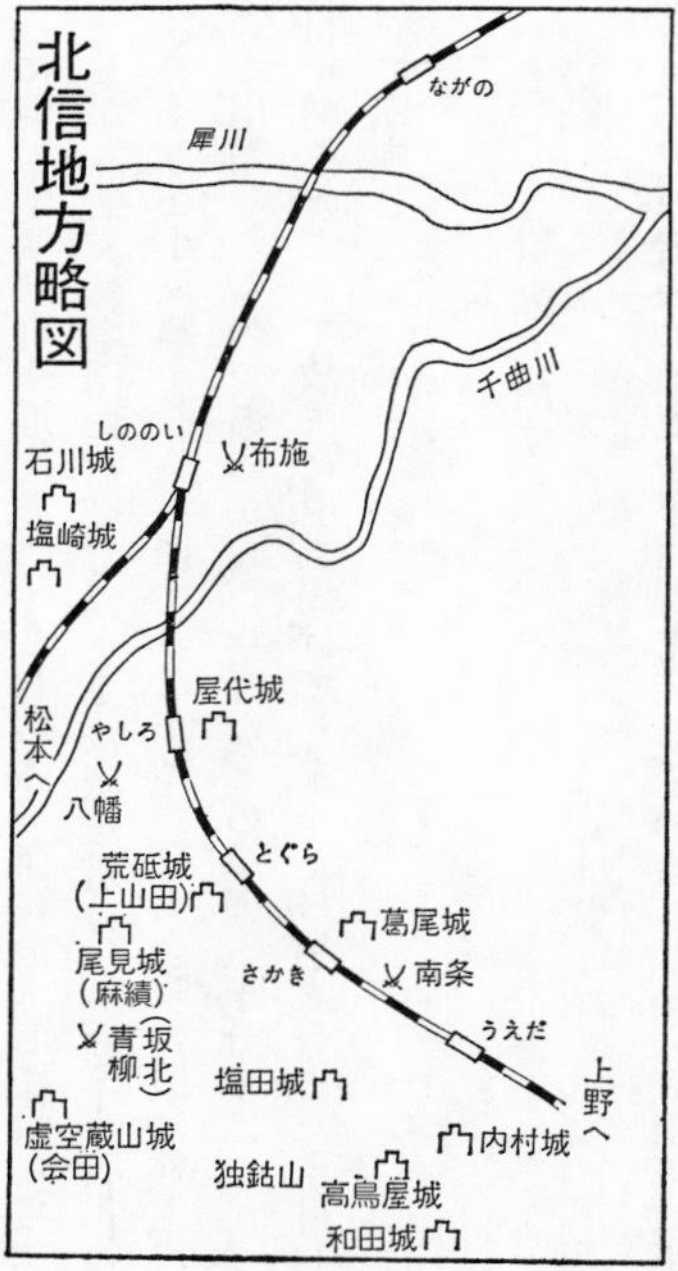

和田城を攻めて、即日これを陥れ、四日には高鳥屋《たかとや》城を皆殺しにし、内村城も落城した。ここから道は塩田要害につづいているため、五日塩田は自落し、村上義清は行方をくらましてしまった。同日付近の小城が十六も攻略されるほどの甲州勢の猛攻で、『妙法寺記』には「分取高名、足弱《おんな》いけ取申候事、後代にあるまじく候」とその快勝を伝えている。

勝ちに乗った甲州勢は、ふたたび川中島に進出した。越軍はこれを迎えて八月下旬、布施で甲軍をおし返し、ついで八幡を占領し、荒砥《あらと》城を陥れた。越軍は、川中島を守るのに必死であった。進んで筑摩郡に入り、九月三日青柳に放火し、四日虚空蔵《こくぞう》山《さん》城を取っている。さらに転じて埴科郡へ進出し、十七日坂木南条に放火して塩田要害奪回の動きを見せた。
しかし信玄は塩田に在城したまま決戦を避け、九月十三日に尾見《おみ》(麻績《おみ》)・荒砥両城を忍び焼くなど小反撃を試みたにすぎなかった。大会戦の機は熟さなかったのである。越軍は急いで出撃したものであるから、兵糧などの準備も十分ではなかったのであろうか、九月二十日軍勢をまとめて故国に引き揚げてしまった。信玄もまた十月七日深志城に帰り、ついで甲府に凱旋した。

景虎上洛す

甲・越の衝突は国境紛争に端を発している。しかも武田軍は川中島の南辺を侵したにすぎず、まだ中心部に侵入したものではない。景虎が軍を引いたのは、国境防衛の目的が達せられたと考えたからである。彼にとっては関東こそが主戦場であり、関越一体感がその考え方を規定していた。ただ焦眉《しょうび》の急として国境問題を解決し、ついで上杉憲政の頼みをいれて入関しようとしたまでであった。

戦うには名分がほしいと景虎は考えた。そこで天文二十一年(一五五二)弾正少弼《しょうひつ》従五位下に叙任された彼は、朝廷・幕府に御礼言上と社寺参詣の目的で上洛することになった。まず京都に神余親綱《かなまりちかつな》を上らせ、朝廷には剣・黄金・巻絹を、将軍義輝には太刀・馬・大鷹《おおたか》・青銅三千疋（三十貫）を献上させ、叙位任官を奏請した大覚寺義俊（近衛尚通子）には青銅千疋を、将軍夫人には樽《たる》代五百疋を贈った。当時の慣習では貴人に贈与する場合、取次ぎをする人にも約二〇％の志を贈ることになっていたので、幕府の場合は大館晴光《おおだちはるみつ》に太刀一腰《こし》・鳥《ちょう》目《もく》五百疋・大鷹、大覚寺門跡坊官渡辺盛綱・津崎光勝・富森《とみのもり》信盛にはそれぞれ二百疋が贈られた。合計すればかなりの金額で、こうした所得が、すでに権力を失った朝廷や幕府当局者のふところを暖めていたのである。

さらに越前守護朝倉孝景の大叔父で、朝倉政権の実力者朝倉宗滴《そうてき》（教景）は、亡父為景の時には一向一揆にたいする関係から特別親交があった。為景の死後音沙汰なかったが、景虎は任官にあたって大鷹と鳥屋（鳥籠）を贈って好《よし》みを通じた。もちろん景虎上洛の途中、越前を通過するためであるが、これから一向一揆にたいしても越後と越前の同盟は強化されることになった。他方関東にたいしては平子房長・庄田定賢らに兵を率いて関東に攻めこませ、後顧の憂いをなくするという手が打たれていることはいうまでもない。

それでは上洛の途中の越中・加賀の一向一揆にたいしてはどんな方策で臨んだか。本誓寺の記録によると、信濃の笠原から戦乱を避けて越後福島に亡命してきた本誓寺第十世超賢に、本庄宗緩（実仍）・石田定賢が対面し、本願寺門徒が制圧する加賀・能登・越中の通行の安全をはかるよう斡旋を依頼した。超賢もこの依頼を黙止できないで、加賀の小山に赴き、越前吉崎に滞在していた証如の御書を得て、加・能・越三ヵ国の真宗門徒を説得することに成功した。景虎の上洛のときはみずから越前の三国湊まで警固し、帰路また三国で出迎え、春日山まで道案内をしたという。

この『本誓寺記』は『越佐叢書』に収録され、関係史料は『加能古文書』・『越佐史料』・『信濃史料』などに載せられている。またいわゆる福島（府門の東南）に本誓寺があったという伝承ものこっている。しかしこの記録は信州源氏の井上家の血統が断絶して、本願寺連枝の一祐が第十四世本誓寺住職となってから、元禄十四年（一七〇一）に編述されたもので、少し詳細に見ると矛盾だらけである。笠原本誓寺は中野城主高梨政頼の庇護を受けていたものであるが、これが武田信玄の進出で、加賀に移住しようとして越後へきたというのは事実とは受けとれない。信玄の軍勢はまだ川中島の中央部まではいっていないからで、北信が蹂躪《じゅうりん》されて真宗寺院が逃げまどうのは永禄四年以後としなければならない。また謙信上洛の月日ははっきりしないが、天文二十二年九月二十日の越兵の信濃撤退ののちであることは間違いない。京都から帰国したのは本庄実仍の手紙（上野文書）では十二月下旬の予定になっている。しかるに『寺記』は閏《うるう》二月上洛、五月帰国、六月村上・高梨等の亡命、十月川中島出陣、十一月二十八日川中島合戦としている。これは『北越軍記』や『川中島五戦記』などの俗書によって『寺記』を作製したためにほかならない。もちろん十一月十三日には景虎は堺におり、川中島大合戦などはあろうはずがない。その前年証如が吉崎にいたというのも間違いで、たしかに石山本願寺にいたことは、彼の『天文日記』に明らかである。

さらに超賢が越前三国まで道中を警固したというのも不可解であって、越後府中から行列をして、陸路しかも一向一揆の中心地を通る必要はない。古くからの日本海航路を利用して三国または敦賀に上陸して、朝倉の領国を通過すればよいのである。

こう考えて関係古文書を見ると、いずれも偽作の疑いの濃いものばかりである。書風・用語・文体は近世のものと見られ、『寺記』編纂の過程で作製せられたと思われる。石田定賢・本庄宗緩連署書状の石田定賢は庄田定賢の誤りであるし、本庄入道書状には花押もない。小山御坊役者の加州坊主衆宛の触状は、『寺記』には載せられているが、該当する現物は伝存していないし、「金沢御堂《かなざわみどう》」の当局者がみずから小山(尾)御坊と称して、かかる文書を発したとは考えられない。

要するに景虎上洛にあたって本誓寺超賢が活躍したことは、上杉謙信公にたいする同寺の功績を宣伝し、その由緒を修飾したものにほかならない。多くの寺社由緒書または系図編纂の際に見られるフレイム・アップなのである。だがこの上洛について真宗寺院とくに本誓寺が何の関係ももたなかったといえるであろうか。もしそうとすれば、あの石山合戦に越後門徒を派遣した政治力、近世初頭に越後東本願寺派の触頭《ふれがしら》として多くの末寺を従えて君臨した本誓寺の威勢はどこからきたのであろうか。偽文書で構成された非史実のかげに、なにかしらストーリーを貫く一脈の真実がひそんでいるように思われてならない。

ところで島崎藤村の『破戒』を読まれた方は、お志保という女性のいた蓮華寺を思い出して頂きたい。このモデルは飯山市の笠原真宗寺である。その開基道祐は下総の布川にいた真宗寺の「家の子」で、のち真宗寺が蓮如から本誓寺の寺号をもらったとき、旧寺号を下げ渡されたものである。布川真宗寺《(本誓寺)》が関東から信濃に移転しようとしたとき、道祐は一年ばかり先に川中島へきて、中野殿を旦那にして寺をここに移した。これから真宗寺住職は中野殿の親戚になって繁昌したが、突如高梨殿が攻めよせて中野家は断絶してしまった。真宗寺は笠原へ落ちのび、笠原殿の保護によって繁栄をつづけたが、戦国のならい高梨殿はさらに笠原をも討ち取り、笠原家の文書類を遺言で託された真宗寺は牛出《うしいで》に移って御堂を建てた。

　高梨殿はこの牛出御堂の葺き様が気に入って、それから「牛出葺き」という屋根の葺き方が行なわれた。そのとき望みあらば申し上げよといわれたので、我が師匠（本誓寺住職）を一度は広野へお出ししたいというと、安いことだとふたたび中野へ阿弥陀堂を建てることが許された。こうして本誓寺と高梨氏との関係が生まれたのである。蓮如東遊のときに本誓寺が世話をして、法敬坊《ほうきょうぼう》自筆の聖教《しょうぎょう》三十巻と「本」の字を許され、北越宗門末の幹部になったのも、この関係が活用されたためであろう。

　この高梨が本願寺へ伺候したとしても不思議はない。景虎の上洛に先立ち、天文二十二年正月二十七日高梨刑部大輔《ぎょうぶだゆう》（政頼）は一族のいわ井民部大輔とともに、太刀・千疋（十貫）を持って本願寺証如のもとへ挨拶に参上した。このときはいわ井民部も敷居の内に呼び、証如と盃を交したばかりでなく、お伴の若党たち十余人までが綱所《こうしょ》で酒肴の御馳走になっている。北信濃の真宗門徒の大旦那として、高梨の顔がいかに本願寺で売れていたかを推察することができよう。

景虎が本願寺を訪問したのは、このような高梨―本誓寺がひそんでいるのであろう。この年十一月十三日京都より堺へ行く途中、景虎は使者を本願寺にたち寄らせた。音信として太刀（四百疋）・馬（目録のみ）・樽代千疋を持参しているから、高梨の音物《いんもつ》と大同小異である。紹介者は三好長慶《ながよし》で、将軍足利義輝・管領細川晴元を近江に追った下剋上の張本人であったことも歴史の皮肉である。本願寺はこの使者と三好からのつきそいを綱所で麺《めん》・肴・酒でもてなしたが、そのまま堺へ行ってしまったので、翌日早朝、太刀（二貫余）・緞子《どんす》十端（十三貫）・嶋（縞）織物二十端（十五貫）を使者にもたせて堺の景虎のもとに贈った。おみやげの二倍以上もの豪勢なお返しである。

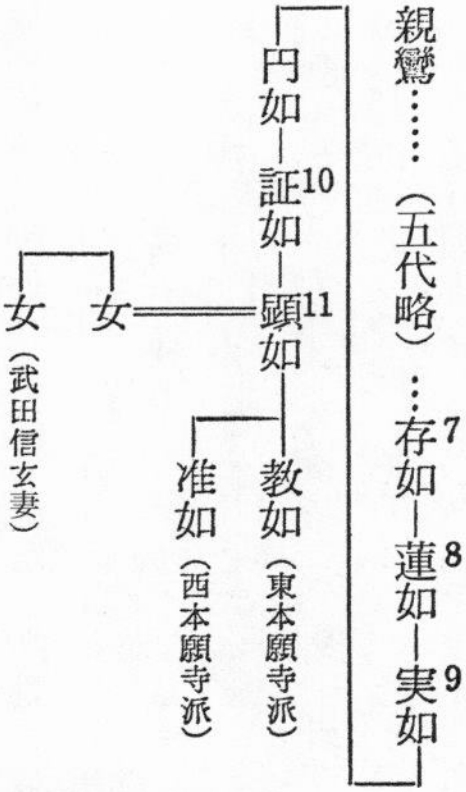

本願寺略系図

このように景虎が本願寺を訪問することは当初から日程表にはなかった。三好長慶の勧めもあり、実力者本願寺に挨拶したのであろう。しかしそれは一向宗禁制という長尾家数十年の祖法を改め、本願寺と接触することで、本願寺門徒の領内での布教活動を認める方向をたどるものであろう。これから越後頸城地方の本願寺門末は公然たる活動を始め、やがて本誓寺がそれらを傘下に摂取してゆくのである。越前・加賀に勢力をふるった和田本覚寺の分家が、この国へ乗りこんできたのもこのころで、和田御坊性宗寺《しょうしゅうじ》として今日にいたっている。信州・関東に事を構えるためには、越中・加賀の本願寺門徒と妥協する必要があり、右手で朝倉宗滴と一向一揆にたいする同盟を結び、左手で本願寺に慇懃を通ずるという高等政策が、景虎の使者が石山本願寺を儀礼的に訪問した意味であろう。

ところが景虎が多額の費用を投じて上洛したのは、はじめに見たように政治的目的をもっていた。もちろん彼は「物詣」のついでに朝廷に参内したといっている。物詣とは高野山に参詣したことで、景虎は堺を見物して高野山にのぼったようで、また京都に帰り、十二月八日前大徳寺住持の徹岫《てつしゅう》宗九から法号を受けて宗心《そうしん》と称している。

この京都滞在中に参内して後奈良天皇に謁見したことが、彼の生涯での大きな思い出となった。帝から天盃・御剣を賜わった彼は、父祖以来初めてのしあわせ、まことに名利につきるといっている。天皇は長らくの在京と、とくべつ奉公するという景虎の言葉を神妙とほめちぎり、広橋大納言（兼秀）を通じて、「任国および隣国の敵心をさしはさむ輩《ともがら》を討ち、威名を子孫に伝え、勇徳を万代に施し、いよいよ勝ちを千里に決し、忠を一朝に尽せ」という勅命を蒙った。いまや武田信玄も北条氏康も朝敵であり、長尾景虎は官軍となったのである。将軍不在の京都で莫大な費用をかけて獲得したものが、「宗心」という法名と、後奈良天皇という貧しい権威者が出した「空手形」にすぎないということで、景虎の古さ、権威にたいする弱さを非難することはできない。守護代の身で、一族・譜代・外様をおさえ、国主権を掌握するには、他人のもたない権威と、国人の盛り上がる力を外に向けさせ、戦陣の間にこれを統制してゆくための名分が必要である。景虎はいまそれをたしかに手に入れたのであった。すでにこの年二月、兄の晴景はなくなっていた。越後を守り、長尾家の武威を輝かす重責は彼の双肩にかかっていたのである。

越後の内輪もめ

「禍福はあざなえる縄の如し」という諺がある。景虎が聖旨に感激しているとき、武田晴信（信玄）は北信の占領地を部将や信州国人の味方したものに与え、最後の信濃完全攻略の準備をしていた。十二月十八日に清水寺成就院に観音像・巻数《かんず》・杉原《すいばら》などを贈ってもらった礼を述べているが、その手紙のなかで、信州平定が実現したら去る十三年の願書で約束したものを進献するが、とりあえず去秋（天文二十二年）の勝利の礼として黄金十両を納め奉ると述べ、いよいよ武運長久を祈ってほしいと依頼している。信濃口の風雲ようやく急を告げる事態となってきたのである。

それればかりではない。景虎の留守中に執政府にも分裂のきざしが現われてきていた。上野

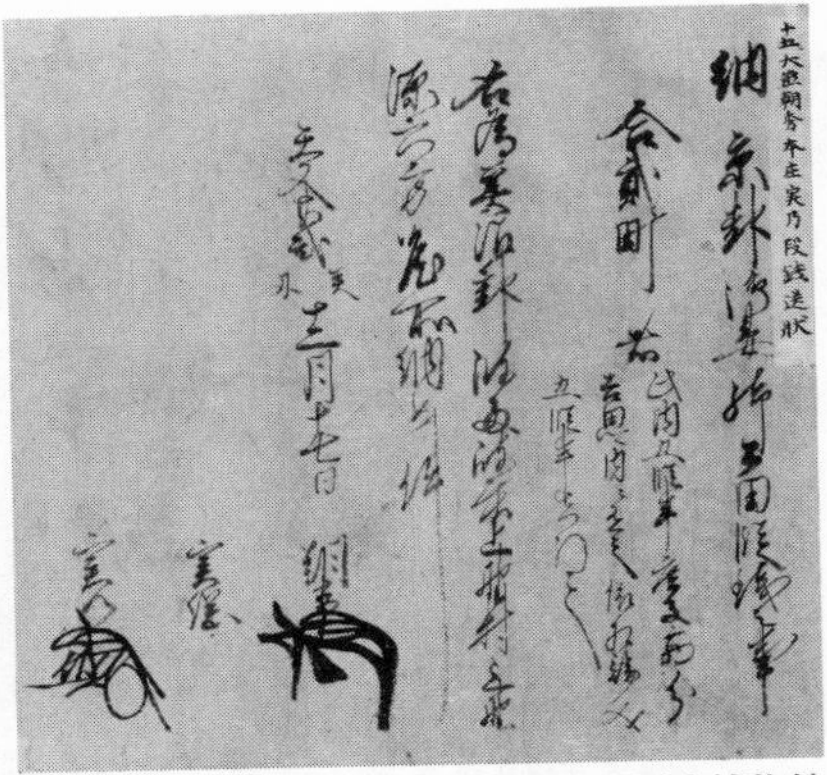

京都要脚公田段銭請取状（新潟県立歴史博物館所蔵）

家成と下平《しもだいら》修理亮（沖立《おきだて》）とは川西分の土地を争っていたが、この下平は長尾政景の家臣であった。このとき景虎上洛の費用支弁のため、国内の公田（国衙領つまり長尾家直轄領）に段銭がかけられ、上野家成はその支配する公田二町の段銭を納めた。この二町のうち吉田郷にある庶子西分五段半は下平と係争中であったので、家成はその分を差し引き、本庄実仍に了解を求めた。本庄はすぐ公銭《こうせん》衆へことわり、段銭所へ上野から届いた分を持参させた。

ところが公銭方の大熊朝秀はこの段銭をおさえてしまったので、本庄からはまた不足の理由を説明し、ようやく請取を上野へおくることができた。本庄実仍・直江実綱・大熊朝秀の三人がこの段銭請取状に署名した当局者であるが、本庄・直江は栃尾城で景虎を擁立した功労があり、大熊は父政秀の代から公銭方を勤める上杉家奉行人で、財務機関をにぎる名門であった。つまり上野・下平の所領紛争は、はしなくも執政府における長尾系老臣と上杉系官僚との対立を表面化させたとも見ることができよう。

景虎が帰国するとすぐにこの問題の裁判にのり出した。翌二十三年（一五五四）三月彼は下平修理の提出した証拠書類で、その言分を認め、上野家成を説得して侵地を下平に返すように断を下し、大熊は旨を承ってその施行を如雲坊に命じた。下平に理のあることは本庄実仍も承知したことで、しきりに上野をなだめ、如雲坊には家成が若年であることを申したて て、寛大な取りはからいを要望している。

このようにしてこの訴訟問題はひとたびは解決したが、八月また上野から訴えをおこし、その家臣古藤某は紛争地に「ふけ」をさした。これは境界標を打って実力で占取したものであろう。大熊はこれを言語道断の行為ときめつけ、ひとたび裁定があったからには、何度訴えても無駄だと一事不再理の態度を固執し、下平方に土地を返還すべきことを命じた。こうした政令は本庄・大熊・直江等の執政首脳が連署して出すべきものであるが、上野文書は、大熊朝秀個人の書状で申し入れられている。これは前の裁判以来、上野の肩をもっていた本庄実仍が加判（サイン）するのをやめてしまったためであって、筋を通した大熊と、情に棹さした景虎の片腕本庄とが、たがいに執政府のなかでいがみ合っている姿を推測することができよう。

越後でゴタゴタが続いているうちに、この年の春武田・今川両家は北条氏康と和睦した。今川氏真《うじざね》が北条氏康の娘をめとり、武田晴信の娘が北条氏政に嫁すという連婚関係で、甲・

上杉・武田・北条・今川勢力図

駿・相の三国同盟が成立したわけである。武田はこれで後顧の憂いなく信濃平定に専念できるようになった。そしていかにも彼らしい巧妙なやり方であるが、景虎に不平をもつ北条高広《きたじょうたかひろ》に手をのばした。

北条氏は毛利姓で大江広元の子孫という。安田景元と同族であり、安芸の毛利氏とも近い親戚関係にあった。刈羽郡北条村に威容を誇る城山の規模からすれば、中越地方きっての大豪族と思われる。為景から景虎にいたるまで、早くから一貫して長尾政権のよき協力者であって、また遊行宗《ゆぎょうしゅう》に帰依して専称寺（時宗）の大旦那であった。天文十四年景虎が専称寺の寺領末寺の課役を停《ちょう》止《じ》し、殺生を禁断して郡司不入の地としたのは、その忠功に報いたものである。

この北条高広がなぜ景虎に叛《そむ》いたのかはわからない。あるいは協力者から臣下へと、景虎の地位の上昇にともなって、国人の地位が相対的に低下してゆくことが不服であったのであろうか。または宗家である安田越中守に対抗していたのかも知れない。天文二十三年九月、高広は祖父覚阿弥（輔広）の仏事執行のため、専称寺に陣夫役を免除しているが、このころから挙兵の準備をはじめたらしい。武田晴信に使者を派遣して入魂《じっこん》（昵懇）を求め、晴信はこれに満足して十二月甘利《あまり》昌忠を越後に送って謀議させた。

この情報をキャッチして驚いたのは、すぐ隣りの安田にいる安田景元である。翌天文二十四年（一五五五）ただちに府中の直江実綱に注進し、景虎は上条に目付役両人とともに在陣している柿崎景家や、琵琶島城その他と連絡して、高広にあたるよう安田に指令した。そしてみずから兵を率いて二月安田に出陣し、景元に誓紙を与え、同族が叛乱しても、ひとえに信頼していると告げている。そこで、武田の救援もなく孤立した北条高広は、まもなく景虎に降伏した。景虎はその生命と本領を助けてやっている。北条家はこののち謙信幕下の雄将として関東戦線で活躍している。

内憂外患つづく

景虎は、越後にまで手をのばしてきた武田をそのままにしておくことはできなかった。武田のほうでは水内郡の大日方《おびなた》主税助《ちからのすけ》らに安曇郡千見《せんみ》を占領させ、糸魚川方面からの越軍侵入に備えつつ、川中島平原に進出してきた。そこで北条《きたじょう》を降した景虎は、息つくまもなく戦備をととのえ、高梨・村上の要請に応じて天文二十四年七月信濃に出陣した。第二回目の川中島合戦がこれである。

景虎は「興亡の一戦」をとげようという覚悟で、短期決戦のつもりであった。しかし慎重な信玄は越軍の攻撃を避け、小ぜりあいはあったが、対陣は数ヵ月に及んだ。補給路の長い武田軍も困ったであろうが、他国に出かけてきた混合部隊の越後軍には、長期在陣で人心動揺があったらしい。謙信は十月に部将から次のような誓紙をとっている。

案　文

一、景虎様が何ヵ年張陣されようとも、ほかの方はどうであろうと、拙者はただひとすじに命令通りに在陣し、御馬前で奮闘します。

一、陣中で、召使っているものが喧嘩や無道なことをしたならば、ただちに成敗（処刑）します。

一、防備について存じよる子細がありましたら、心底のこらず申し上げます。

一、進撃のことについては、どこへでも景虎様の意図のように、みずから進んで行動致します。

一、軍を引いて再度出陣されるときは、たとえ一騎でも馳せ参じ、奔走致します。

天文廿四年十月　日

これは案文《あんもん》つまり誓紙の草案で、景虎の方で作成して諸将に示したものである。これに従って部将は誓いの言葉を書き、署判（サイン）して景虎に提出したはずで、ここには景虎の苦労と越軍の実況が表現されていると見てさしつかえない。

越軍は「人馬の労《つか》れ申すばかりなく候」という有様で、厭戦ムードが陣中にみなぎっていたようである。勝つときまった戦なら士気もあがるであろうが、いつまでつづくか分からない他国の長陣では、戦意は低下するばかりであったろう。陣中では喧嘩口論がしきりで、無法者が横行し、景虎のやり方をかげでは非難しても、建設的意見を申しでるものは少なかったに相違ない。攻撃を命じた場合、どれだけ景虎の命令を聞いてくれるか、またいったん軍を返してふたたび出馬しようとするとき、何騎が馳せ参じてくるか、心もとないかぎりであった。総攻撃か、撤退して出なおすか、景虎もまた思い悩んだことであろう。

こうして甲・越ともに疲労し切ったとき、今川義元が登場、武田方の起草した講和条件をもとに談判があり、閏《うるう》十月十五日、両軍ともに兵を引き揚げて帰国した。

景虎を待ちうけていたものは、あいもかわらぬ内紛であった。奥山庄の中条藤資と黒川実氏とは、たがいに同族で、川一つへだてて居館を構えていたが、先祖代々仲が悪かった。このときも境界を争って訴えでてきたが、景虎は長慶寺東堂に両者を説得させ、中条に譲歩してもらって和解へこぎつけることができた。しかし翌年またまた争いがあり、中条から黒川への土地引渡しが行なわれなかったようで、真実の和解がなったものではない。

もっと手に負えないのは、信州出陣以前からの懸案であった上野家成と下平修理の土地問題である。この地は長尾為景のときは公田として別条なかったが、晴景のとき黒田秀忠が叛いたので、上野家成が一、二年間押領したものである。上田討伐のために、景虎が当地にきたとき、大熊備前守（朝秀）の内意で返し置いたもので、下平修理の所領ではないというのが上野の主張である。大熊は下平に近いらしく、吏僚《りりよう》的才能もあって下平を勝訴させたが、景虎は上野に心を寄せる本庄実仍を非難することもできなかった。こうした内憂外患が景虎の国主としての自信を喪失させたのであろうか、弘治二年（一五五六）三月ついに二十七歳で隠居することを家臣たちに告げた。

功成りて身退く

景虎は越後を出て比叡山に向かった。政治の行きづまりと自身の病気および能力の限界を自覚し、出家して静かに余生を送るつもりなのである。そして六月長慶寺にいた旧師天室光育に長文の手紙を送り、意中を詳細に述べて家臣を諭《さと》してくれるように頼んだ。その要旨は次のとおりである。

拝啓。このたび宗心（景虎）一身上のこと、使者に申させましたので、定めて御諒解のことと思いますが、なお皆のものにも言い聞かせて頂くために一書を捧げます。

一、越後が数年内乱の渦中にあったことは、すっかり御見聞のとおりです。我が長尾家は先祖以来上杉に忠節をつくしてきましたが、上杉家で長尾家を滅ぼそうとした人は一代や二代ではありません。先年上杉顕定が為景を討とうとしたとき、為景は善戦して平和を回復し、功労のあった一家・外様・同僚に忠賞を充て行いました。その恩に背いて国人が同心して謀叛しましたが、まず二十ヵ年は為景が越後を治めました。為景死去のとき敵軍府内に迫り、あとをついだ晴景の病弱を馬鹿にして、奥郡のものが上府しないなどのこともありましたが、亡父及び長尾家にキズがつくと思って、私が春日山に移りましたところ、何とやら国内も静まりました。
一、信州出兵は、隣国のためであることはいうまでもありません。村上をはじめ、井上・須田・島津・栗田そのほかのものから相談され、とくに高梨は姻戚でもあり、見捨てることはできません。かの国の大半が晴信の手に入ったので、二度出陣、去年は晴信と決戦のつもりでしたが、今川義元の調停で退陣しました。このため信州の味方は今も安泰で、自慢するようですが、私の助けがなければ、その諸家の滅亡は疑いのないところです。
一、我が長尾家は関東から移って当国を支配しましたが、必ずしも平穏であったわけではありません。従って私の代になって不足のことがあれば堪え難い気持ですので、いよいよ長尾の家名をあげるため、家来たちが心から仲よくするように望みました。しかし家臣たちの考えがまちまちのためでしょうか、私はみんなから見放されたように思われます。このぶんでは国主の仕事を続けられそうにもありませんので、進退を決した次第です。

総じて先祖魯山《ろせん》（高景）の勇名は明国《みんこく》にも聞え、結城合戦の功名で実景は赤漆の輿を許されました。通窓《つうそう》（頼景）・実溪《じつけい》（重景）も、正統《せいとう》（能景）も、関東で武功あり、亡父（為景）は関東・信州・越中および当国（越後）で戦功をたてています。漢の高祖は七十余回戦いましたが、為景は一生のうちに百余戦を致しました。

さて宗心（景虎）は、幼時父に死にわかれ、栃尾で奮戦して会稽《かいけい》の恥を雪《そそ》ぎ、各地の凶徒を討って、わずかながら長尾家を再興しました。そのうえ先年上洛参内して天盃・御剣を頂戴し、名利過分至極と存じます。しかも越後国中は豊饒ですし、永くこの幸福な生活をしていて不都合なことがおこっては、今までの苦労もふいになってしまいますし、召使っているものにも面白くない事態となりましょう。古人も「功成り名遂げて身退く」と言っていますので、私も遠い国へ行ってしまう決心をしました。さいわい我が譜代のものに人材も多いことですから、よく相談しあって国政を運用されることが大切だと貴僧からお伝え下さい。宗心が言っても聞いてくれないので、ともかく遠いところから、この国の様子を見守っていたいと思います。この国のことは、みんなで話し合えば、日に日によくなるでしょう。ただ隣国信濃のことはさしたることはありますまい。

たしかになにか鳥の寿命のようなものだと考えます。

返すがえす今度の出奔《しゅつぽん》について誤解するものがあると思いますので、愚意のあらましを条々申し上げました。にわかにしたためたものですから、下書もせず筆の動くままに記しました。さだめし文章が前後したり、重字落字なども多く、他人が見て笑うだろうと恐縮していますが、ただ筋目だけは御納得下さい。この旨、光育師へ申し上げて下さい。恐々敬白。

長尾弾正少弼入道
宗心(景虎)

(朱書)「弘治二年」
六月廿八日

長慶寺衣鉢侍者禅師

さきに気負いたって信州に出撃し、いまは家臣の内紛に悩まされてすべてを放棄するという気持は、やはり性格の弱さからくるものであろうか。彼の一生には、向意気の強さと情緒的なもろさの交錯した、一見矛盾した行動がよくとられている。だがこの出家隠退はお芝居だという考え方もできる。この手紙の終わりの方にいっているように、分裂した執政府首脳部を話し合いでまとめることに失敗したため、出奔という非常手段に訴えて、何とか解決の緒口《いとぐち》を見つけようとしたともいえる。もしそうだとすれば景虎も相当なものだが、それにしても政治力の不足は蔽いがたいといわねばならない。

だがこのことで驚いたのは家臣たちである。景虎は比叡山で暮すつもりだろうから、どちらにころんでもさしつかえないが、家臣は協議して国政を執れといわれても、統合の中心を失っては、政権そのものが瓦解し、ふたたび内乱を誘発するかも知れない。現実に公事《くじ》（訴訟）は三月以来停止され、政務は渋滞していた。あの上野家成も、大熊朝秀から訴訟中止で帰宅するよう命ぜられたが、相手の下平修理が大熊の援護で、係争地を奪取しようとしているのを察知し、府内に滞留していた。案のじょう三月二十二日、下平は上田境へ高橋というものを入部《にゆうぶ》させたので、飛報を受けた上野は、翌日、本庄実仍に、ドサクサまぎれのやり方に憤懣をブチまけている。上田境から川西分へ実力行使をしようというのであるから、下平修理の背後には、あんがい上田城の長尾政景の手がのびていたのではあるまいか。中条藤資と黒川実氏との境界争いも再発し、本庄実仍は中条をなだめるのに手を焼いていた。

長尾政景も困った一人である。景虎には子供がないから、後継者が古志長尾家から乗りこんでくるのは望ましくない。もちろん自分が越後国主になることはできない。そこで騒動のもととなった大熊朝秀を追い出し、中条藤資を説得して、本庄＝直江ラインで執政府をまとめ、景虎の帰任を要望した。八月景虎は誓紙を政景に与え、隠居しても国衆がやってゆけるという気持に変わりないが、政景や国中の面々の「心責《しんせき》黙止《もだ》しがたく」、また弓矢をのがれる臆病者と自他ともに非難されることも考えられるので、政景に進退を一任するという態度に出てきた。このとき彼は国内豪族が一紙に連署して、忠誠を誓うこと、および人質を府内にさし出すことの二つの条件を出したといわれる。そして長尾政景以下の誓紙と、中条藤資を皮切りに、人質が提供されて、この隠退劇も幕をおろした。政景と組んだお芝居かどうかは決定しかねるが、複雑な越後の政情をのり切り、家臣統制をこの機会に飛躍的に強化できたことは事実である。

越後統一成る

信越線の新井駅で下車し、バスに乗って板倉村へ入ると、大熊川の上流に箕冠山《みかぶり》（標高二百三十七m）がくっきりと見える。ここが大熊氏の要害で、その麓の中之宮や米増《よねます》に館の地名がのこっている。大熊川をもっとさかのぼると猿供養寺《さるくようじ》、さらにその奥に山寺薬師があり、ここの薬師如来像の頭部と背部には、親鸞の妻恵信尼《えしんに》の実家に関係あると見られる、三善讃阿《さんあ》の応永二年の造立銘がある。親鸞の子の栗沢信蓮坊・高野禅尼《たかののぜんに》の住んだ栗沢や高野もこの近くにある。米増にある五輪塔が恵信尼の墓塔であるということは、にわかに信じられないが、この地方が県境を越えた飯山地方とともに、古くから真宗ゆかりの土地であることは十分に考えられる。大熊家は、長尾能景以来の一向宗禁制の波に乗って、一向宗の国人を追い、この地方に勢力を張ったものであろう。

上野家成と下平修理を対決させて、景虎が下平を勝訴と裁決したにもかかわらず、問題の紛糾から景虎の隠退となり、さらに再転して景虎帰任に衆議が傾いたとき、大熊の立場はなくなっていた。彼は本庄実仍・庄田定賢等主流派から、執政府を追われて越中に落ちのび、ここで兵を集めて府中に攻めよせようとした。もちろん武田信玄と連絡ずみのことである。信玄は会津蘆名盛氏の部将山内舜通に大熊を助けさせ、山内はさらに小田切安芸守（東蒲原郡）を越中口に派遣している。

庄田定賢・上野家成らは西浜に進んで、親不知をこえてきた大熊を迎え討ち、駒帰《こまがえり》の一戦で朝秀を潰走させてしまった。このため越後の名家である大熊家は断絶し、朝秀は甲斐に走って武田家に仕えることになった。彼も相当な人物であったらしく、はじめは山県昌景《やまがたまさかげ》の同《どう》心《しん》（家来）であったが数度の軍功で頭角をあらわし、小幡《おばた》山城守の妻女小宰相《こざいしょう》の聟《むこ》となって、武田家譜代と同様の待遇を受けている。宝永年中に作製された甲府古図を見ると、甲府の一条小路に面して、長坂釣閑斎《ちょうかんさい》屋敷のとなりに大熊屋敷が描かれている。

このように越後の政治的危機は回避された。翌弘治三年（一五五七）景虎は高梨政頼の急を救うため信濃に出兵したが、もし国内紛糾のままであったら、中野・須坂の防衛ラインは突破されて、武田軍の越後侵入は成功したかも知れない。また大熊・蘆名と武田が歩調を合わせて春日山を突こうとした場合、高梨政頼がいなければ、越軍は苦戦を免れなかったであろう。長尾政権の藩屏《はんぺい》としての高梨家の価値、ならびに川中島の重要性がここに改めて再認識されたのであった。

この信濃出兵から引き揚げてきた景虎に、また一つの明るい新事態が訪れてきた。ほかならぬ揚北の巨頭本庄繁長の帰服である。

本庄氏は秩父平氏で、鎌倉幕府ができると小泉庄地頭として越後に入ってきた。小泉庄とは岩船郡で、本庄を領したものが本庄氏となり、色部条を支配した支族が色部氏となったものである。本庄時長のとき、上杉定実に攻められて和睦したが、まだ心底から上杉幕下となったわけではなかった。庄内の武藤、会津の蘆名、奥州の伊達と同様に、越後の最北端で半独立の豪族として勢威をふるっていたのである。その子房長が家を継いで、ついに上杉の家臣化したが、天文八年（一五三九）、あの伊達実元の養子事件のとき、本庄城を実弟小川長《なが》資《すけ》と鮎川清長（大場沢）に乗取られ、軍を帰す途中で病没した。繁長はその五日あとの十二月四日に誕生し、譜代の家人にかくまわれて養育されたのである。天文二十年十三歳のとき、一族の本庄清七郎とともに小川長資を攻め、本庄城を奪回して長資を耕雲寺《こううんじ》で切腹させた。そこで鮎川清長と対立することになったが、色部勝長の斡旋でたがいに神文誓詞血判《しんもんせいしけっぱん》をとりかわし、事態を収拾した。景虎は自立の過程で小川長資と提携していたので、この揚北の動きは快く思わなかったと考えられる。しかし繁長は家臣の下剋上をおさえ、小川派を鎮圧して、弘治三年ようやく本領を確保し、翌永禄元年初めて下越に赴いた景虎に謁見

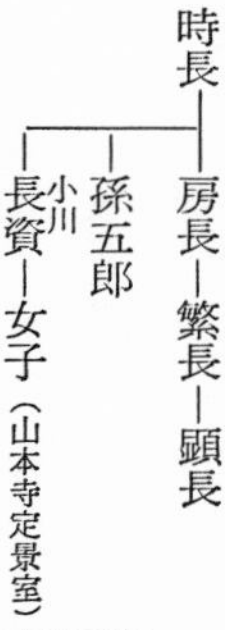

本庄系図

したのである。これから本庄繁長の大部隊も、越軍の戦列に加わり、越中・信濃・関東に転戦することになった。

関東進撃

御館の造営

直江津駅を列車が発車して西へ進むと、すぐ国道十八号線と立体交差するところで、御館《おたて》橋《ばし》という陸橋の下を通りぬける。ここが「御館」という地字名のついている場所である。「御館」といえば、すぐに「御館の乱」と呼ばれる上杉景勝と上杉景虎との謙信没後の上杉家相続争いが思い出されるが、まさしくこれは上杉憲政と上杉景虎（謙信養子）とが、景勝と戦って落城した古戦場なのである。昭和三十九年十一月、昭和四十年三月と七・八月の三回にわたり、合計三十日間の発掘が行なわれて、その概要がはじめて明るみに出てきたものである。

御館の乱ののち、ここは掠奪でまず荒らされた。材木も仏像も什器《じゆうき》も、めぼしいものはみなもち去られたらしい。ついで遺跡は畠として耕作されたが、甕《かめ》や壺《つぼ》のこわれたものは、片

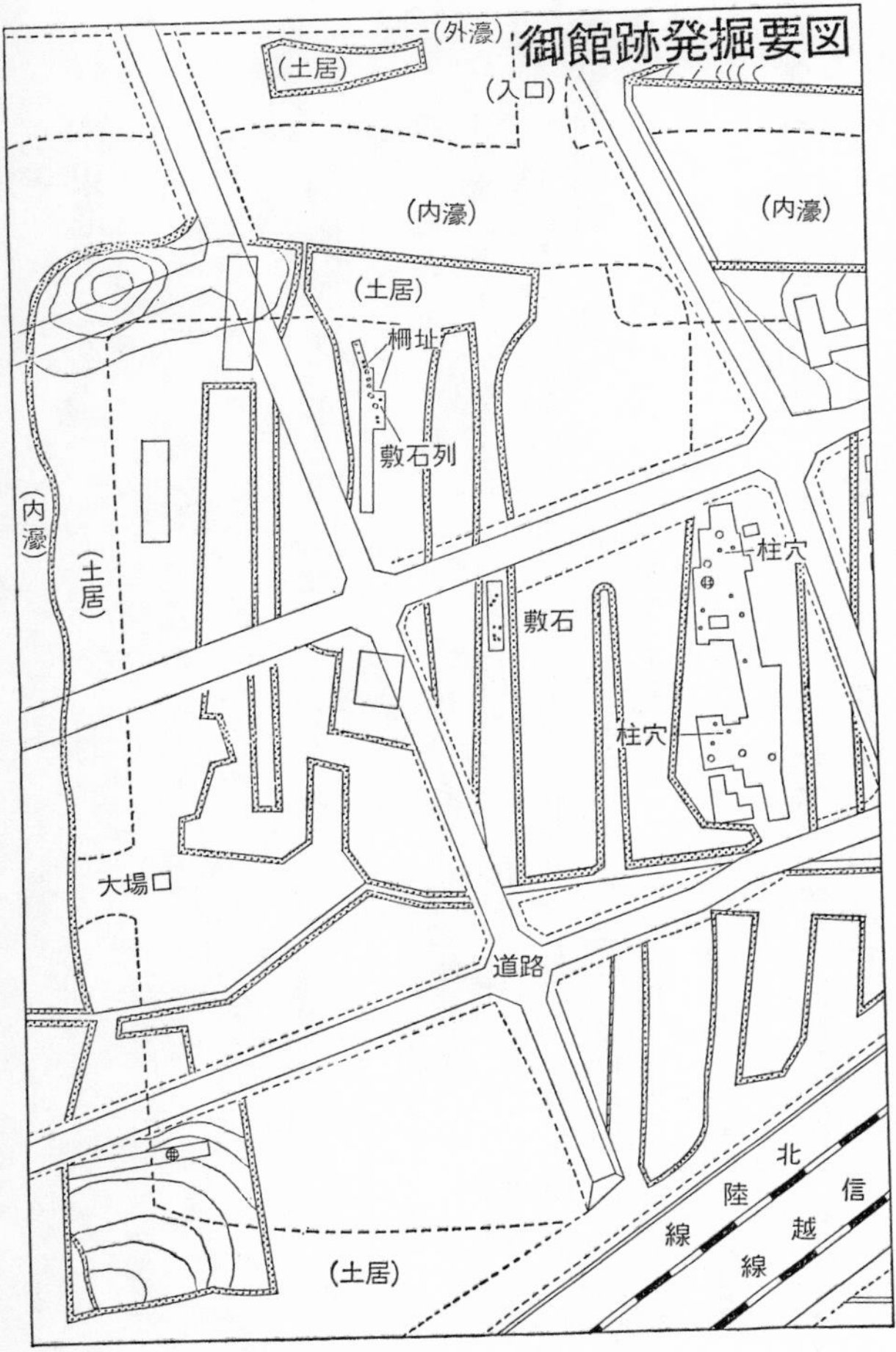
御館跡発掘要図
(外濠)
(土居)
(入口)
(内濠)
(内濠)
(土居)
柵址
敷石列
(内濠)
(土居)
柱穴
敷石
柱穴
大場口
道路
(内濠)
北陸線
信越線
(土居)

っぱしから井戸の中に投げこまれた。そして明治の大御世になるころには、ここに関東管領が住んでいたなどということは、人々の記憶から消え去り、文明の発達はここに北陸線を敷設させたのであった。このため鉄道線路の下に土を入れる必要から、御館地内の表土はかなり削られてしまった。いま地表または表土層（十cm～二十cm）のなかに戦国時代の遺物が散見するのは、この工事の際に、遺物包含層（四十五cm～七十cm）まで攪拌《かくはん》され、その土が地表面にまき散らされたからにほかならない。したがって表面採集で明代の染付《そめつけ》・白磁・青磁や古瀬戸・須恵器・土器《かわらけ》の破片のあることが知られていた。

実際に発掘して見ると、遺物はぞくぞくと出土した。種子島の銃弾が各所から出土し、青銅弾・鉛弾の各種の口径のものがあるばかりでなく、命中して潰れたものが出てきたことは、ここが戦国末期の火縄銃のさかんに用いられたころの戦場であったことを雄弁に物語っている。人骨が土中に混じっているのは戦死者のものであろう。また淳化元宝《じゅんかげんぽう》・祥符《しょうふ》元宝・熙寧《きねい》元宝・元祐《げんゆう》通宝・開元《かいげん》通宝・天聖《てんせい》元宝・元豊《げんぽう》通宝などの貨幣も散乱し、武具・馬具・刀剣の破片もつわものどもの夢を見せてくれそうである。それにもまして、中国渡来の青磁・白磁の見事さ、朱塗りの盃や椀の輝く美しさ、建州の禾目《のぎめ》天目《てんもく》の荘重さ、等々いずれも東国武家の筆頭たる関東管領の華麗風雅の生活をしのばせるに足るものであろう。天目茶碗の破片も多いことは、この館で点茶がさかんであったことを示し、国産品でも黄瀬戸・青磁・三《み》島手《しまで》の美しいものがあることは、最高級品が使用されていたことを思わせる。

文化生活の指標である硯《すずり》もかなり出土している。柱穴のあるところには燈明皿が多い。昼をあざむく夜の生活が展開されたことであろう。婦人たちの用いたものであろうか、ベッコウの櫛の破片やかんざしも出ている。かんざしの一本は大理石のようなものを針状に磨きあげて作られたぜいたくなものである。

御館の内郭は、東西百四十五m、南北百六十mのほぼ正方形をなし、その周囲に根敷《ねじき》（基底部）九m、高さ三mぐらいの土居《どい》（土塁）があったと考えられる。その外側に幅員十五mぐらいの内濠《うちぼり》がめぐらされ、さらに幅員十五mぐらいの土居をへだてて、外濠《そとぼり》が構えられ、複郭の館址である。外濠は南側は御館川で、東曲輪《ひがしのくるわ》の外縁にもその水が引かれている。つまり約二町平方の大きな館城で、東国では一流の規模をもつものといえる。

内郭の中央部から東の方にかけて主殿があったと見られる。六尺ごとに柱穴があり、その底には丸石や石臼の破損したものを用いた根石《ねいし》がある。釘が大量に出土し、一部分に火をかけられたのか焼けた板が出ている。しかし瓦は葺かれなかったらしく、井戸のなかには多量の「コッパ」が投げこんであったから、これを使った板葺屋根であったのであろう。掘立式でもさしつかえないわけである。軒下の雨だれの落ちるところは、小砂利を一面に敷いて、その中央に排水溝がつけられている。元来さほど高燥地ではなく、御館川を越えればもう「中之島」という低湿地なので、排水にはとくに考慮が払われているようである。

内郭の西部には、ちょうど柵があったような小さな穴があって、その切れ目から中央部に向けて踏み石のようなものが連なっている。柱の穴も、主殿のものに比べて小さいようで、樹木の跡もあるから、ここは庭園があったような感じを受ける。おそらく御館の主人公の私宅の意味をもつ建造物があったのではあるまいか。

土居際は東辺には簡単な建造物があったらしい。西辺はいろいろな遺物が出るから、ゴミ捨て場のようなものであったのだろう。とくに西南隅の井戸からは陶片（甕）が多数掘り出されたが、すべて投げこまれる以前から破損していたもので、完形に復原できるものはひとつもなかった。

このように豪華な生活の痕跡を無惨な形でわれわれに示してくれる御館とは、そもそも何《なに》人《びと》の居館であろうか。たんなる「館《たて》」でないことは、「稲荷館《いなりだて》」や「館《たて》の越《こし》」とちがって敬称のついていることで考えられる。「御館」と呼んで万人が納得する貴人の住居であることは疑いのないところである。

ここは天正七年（一五七九）の落城のときは上杉憲政が住んでいた。彼は関東管領職や上杉家の重宝および家督を長尾景虎（上杉謙信）にゆずった人物である。そして御館の柱穴の配置は単純であって、二度、三度と建て直されたあとはあまり見られない。改築の場合は柱列が不規則で重なり合っているはずである。しかもこのような掘立式の建造物の寿命は三、四十年ぐらいであろうから、この御館の造営は天文末年以後と考えねばならない。

一方遺物の面からすると、明代の染付は嘉靖《かせい》から万暦《ばんれき》の初めにかけてのものであると専門家は一致して主張している。明初の建盞《けんさん》のようなものは伝世品と考えれば、出土品の年代はほぼ戦国後半にしぼられてくる。近世初期の志野焼も、織部《おりべ》焼も、万暦赤絵《ばんれきあかえ》もない。須恵器がかなり出ているが、これは大甕に限られ、平安期の技法を伝承した工人が、上杉家ないし寺院に召し抱えられていたと解すべきであろう。古代陶器とされる須恵器の御館その他での出土は、考古学にも新しい問題を投げかけたといえる。こう見てくれば、御館は弘治三年に上杉憲政が越後へ亡命してきたとき、長尾景虎がこれを迎えて造営した居館ではないかと思われる。永禄初年（一五五八）の三月、景虎が国中に命じて普請のための人足を徴集しているのはこのためであろうか。完成の時期もほぼ永禄年間であろう。遺構では、たとえば排水溝に敷いた砂利なども姫川の河原石を使用しており、いかに遠くから材料を運んでの大工事であったかが知られよう。御館の西隣りの「金津立《かなづだて》」はもちろん奉行人金津新兵衛の居館であり、憲政を迎え入れたこの館は、また関東管領上杉謙信の政庁であり菟裘《ときゆう》の地であった。府内の一町平方の館から、二町平方の御館への飛躍が、すなわち長尾景虎より上杉輝虎（謙信）への、つまり越後国主より関東の主への成長を物語るものであった。そこで次には上杉憲政にスポット・ライトをあてて、景虎の成長をみることにしよう。

敵は小田原にあり

天文二十一年（一五五二）正月十日三国峠の深雪を踏みわけて、ここ越府の上条屋敷を訪れた、わがままらしい三十年配の貴人があった。関東管領上杉憲政ら一行五十余人の疲れ果てた姿である。彼はさきに川越の大夜戦で北条氏康のために深刻な打撃を受け、それより勢威日に衰え、かつての部将もしだいに北条方に内通してしまった。この前年北条の来襲に備えて平井城（上野）に集まった譜代の士は、長野業正《なりまさ》（箕輪）・太田資正《すけまさ》（岩槻）以下五百騎ばかりであったという。寵臣菅野大膳・上原兵庫助らはいち早く逃亡してしまったので、平井城を捨てて箕輪に行こうか、岩槻城に籠ろうかと、思案投首《しあんなげくび》の体《てい》であった憲政を、曾我祐俊《すけとし》らの近臣が諫めて長尾景虎のもとへ連れてきたものである。

　案内をうけた景虎は喜んで憲政を府内館に迎え入れた。彼には三年前に援助を求められたときから、関東進出の腹はきまっていたのである。しかも憲政が越後に逃れると、平井城に残った家臣たちは、憲政の嫡男龍若丸を北条氏康に渡して降服してしまった。龍若は小田原へ連行され、翌日首をはねられた。氏康は上野沼田城を堅固に普請し、精鋭を配属して越軍の来襲を待ちうけていた。景虎は亡父の敵と結び、味方を敵とする立場で、関・越一体化の実現に乗り出すことになったわけである。

　憲政は名門によくある凡庸な君主であった。さきには佐竹義昭を頼り、上杉家の重宝・系譜・関東管領職をゆずろうとしたが、義昭は利用されまいとしてか、これを拒絶したという。関東管領の株価は急落し、憲政が考えていたように高くは売れなかったのである。

上杉家家紋　竹に飛雀

だが景虎は「名ヲ重ンズル人」であったから限りなく喜んだ。もちろんそれは景虎が空虚な権威をありがたがったとばかり解釈してはならない。景虎の基盤である越後国人が、まだ管領の権威を大切にしており、伝統的に越後の「士心」は、信濃よりも関東に向かっていたためである。関東平定の士心を動かしたことは、山路愛山《やまじあいざん》の言葉を借りると、「是《こ》れ猶《な》ほスラブ人種統一の運動と云へば、露西亜《ろしあ》人の血を湧《わか》すに足るが如し」であった。そこで景虎は憲政の養子となり、上杉家重代の太刀（天国）、永享の乱に朝廷より下された錦旗、関東管領補任の綸旨、藤原鎌足以来の系図などから、竹に飛雀《とびすずめ》の幕までもゆずりうけ、関東の敵を退治することになった。

景虎は、まず使僧を派遣して、関東の情勢を調べさせた。これは戦国大名のよくやったことで、社会的地位が高く、通行の自由な僧侶という職業が、外交・政治の面で活用されたのである。五月にこの使僧が帰って報告したので、憲政（隠居して成悦）や景虎は、薭生《ひう》の平子孫太郎に出兵を求め、長尾政景に山中の軍道を修理するように依頼している。出陣の日は七月二十日と定められ、その用意をするよう飛脚が各地に走った。とくに松本河内守が押さえていた「山俣」を、平子孫太郎に返却させ、そのかわり孫太郎の抱えていた摂待屋《せったや》を松本に返付させている。山俣が上田討伐の功で安堵された平子の本領であり、平子を出陣させるためには、この問題を解決せねばならなかったからである。

　この出兵は景虎上洛のための牽制作戦と、上杉憲政帰国の援護が目的であったらしい。かなりの激戦で、多劫小三郎も戦没し、その遺領・屋敷を平子孫三郎に与えようとしたところ、宇佐美定満は庄田定賢から本庄・直江・大熊に頼んで、多劫の遺族に返却させている。宇佐美も庄田も平子とともに関東に入ったものである。憲政の帰国が実現したかどうかは不明であるが、こののち川中島の三度の出兵と上洛、また北条《きたじょう》・大熊の叛乱、景虎の隠退騒ぎなどで、関東出撃はしばし中断された。川中島進攻は、もともと高梨政頼の救援つまり国境の安全保障が目的であった。しかし武田・今川・北条《ほうじょう》の甲駿相三国同盟が、相互不可侵の盟約から進んで、共通の敵に対する軍事同盟の性格を強化してくれば、信濃の戦いは関東進攻作戦と不可分のものとなってくる。この点景虎は大きな危険をおかしていた。対外進攻は国内統一事業の延長であって、「士心」を外に向けることは国人統制の王道である。また後年彼が神仏に表白したように、国境防衛のためのやむにやまれぬ軍事行動でもあったであろう。しかし上杉憲政にころがりこまれて、「関東管領の債務」を引きうけ、その失地回復、つまり関東平定の軍をおこしたことは、北条氏康との決定的対立という結果を招いてしまった。このぬきさしならぬ対立が北条を武田と深く結びつけ、妥協が可能であったはずの信越国境紛争を、甲越両雄の宿命的対決にまでこじらせてしまったのである。景虎は今や長期戦の泥沼に足をふみ入れたのであった。

将軍足利義輝にして見れば、長尾と武田・北条とが激突しているのが、無駄に思われてならなかった。長尾も武田・北条も彼を大切に取り扱ってくれたし、彼自身三好長慶・松永久秀のため、近江朽木に追われ、京都奪回の機会をねらっていたからである。そこで永禄元年(一五五八)には義輝は聖護院門跡の使僧森坊《もりのぼう》を甲斐に遣わし、越後へも大館晴光を下して、景虎と武田晴信(信玄)を和解させようと努力している。景虎も信州問題には手を焼いていたので、このときはかなり心が動いたらしい。だが景虎と信玄との対立のかげに、関東の問題がからんでいるかぎり、将軍のはかない希望では、歴史を動かすことはできなかった。

実に上杉謙信の一生のうちに、大軍を率いて京都に攻めのぼる好機はいくつかあった。しかしそのたびに、関東管領山内上杉家の惣領という誘惑があり、彼はまず関東を片づけて、しかるのちに上洛しようと思い直すのであった。関東へ関東へと草木もなびくというのは、故郷忘れ難き上杉=長尾政権の業《ごう》とでも言うべきものであろうか。この甲越和平勧告を機会に、またまた莫大な費用を投じ、行列も美々しく景虎が上洛の途にのぼったのは、やはり山内上杉家の業のためであった。

ふたたび上洛す

永禄元年（一五五八）十一月、景虎は神余親綱を京都に派遣し、帰洛した将軍に、明年上洛の予定であると伝えた。十二月には通路にあたる越前の朝倉義景・近江の六角義賢《ろっかくよしかた》に、書状を送って了解を得ている。そして翌年の四月三日、越府を進発して上洛の途についた。

旗本の武者奉行には吉江景資《よしえかげすけ》・北条高常《きたじょう》が任ぜられ、つきしたがうものは長尾藤景・本庄実仍・直江景綱（実綱）・柿崎景家等五千余人であったという。越前までは陸路か海路かは明らかではないが、『上杉年譜』では陸路をとったとし、越中では松倉城の椎名康胤《やすたね》、加賀では金沢御堂青侍《あおざむらい》、越前では朝倉義景が、この華麗なる一行の世話をしたと記している。その行列は五百名ずつ一集団とし、先陣に二集団、本隊六集団、後陣二集団の備えで、騎士列を乱さず、卒伍号令を守り、男女群集して見物するなかを、二十日近江の坂本についた。

二十一日、将軍の使者大館藤安《ふじやす》が坂本にやってきて将軍の御内書を伝達した。ここで義輝は景虎が千里を遠しとせずやってきた労をねぎらい、早く参洛せよと命ずるとともに、もしこれを快く思わぬものがいても、異議のないように、堅く申し付けたと言っている。その通り松永・三好をはじめ僧侶・公家も、景虎に会うために坂本までやってきた。

二十七日威儀を調えて入洛した。幕府で貢物《みつぎもの》の金・銀・青銅・駿馬・衣服・綿・燭以下を並べると、その見事さに人びとはびっくりしたという。将軍に謁見して太刀・馬壱疋（黄金三百両）を献じ、母の慶寿院には、蠟燭五百挺《ちょう》・綿三百把・白銀千両をプレゼントした。五月一日には宮中を見物し、庭上で盃を下され宝剣を賜った。これは義輝の妻の兄にあたる関白近衛前嗣《さきつぐ》の斡旋によるものであろう。景虎は前嗣に隼《はやぶさ》を贈り、和歌懐紙と「三智抄」を所望している。隼は大鷹または蒼鷹と記す場合もあり、一般に鷹と考えられてきたが、西蒲原郡巻町・南蒲原郡下田村八木鼻・岩船郡山北村・同粟島など越後では数ヵ所に隼が現に生存しているので、当地の特産として隼を贈与したものと考えられる。「三智抄」という歌書はなかったが、懐紙は早速届けられた。近衛稙家《たねいえ》は、田舎大名だと思っていた景虎が、歌道に熱心なのを聞いて、奇特なことだと感心しており、前嗣も景虎をたよりにしてこれから親しく交際したいと申し入れている。坂本の旅宿ではこうした人たちで盛大な歌会が催されたともいう。ただこの青年関白前嗣は京都の情勢を歎き、さきに西国に下ろうとしていた人物であるが、こんどは景虎をひとすじに頼み東国に下る決意を固めた。そこで景虎は血判の誓紙を交換し、関東公方に迎える約束をしてしまった。これがのちになっていろいろと困難な問題を生ずることになる。

このころ景虎は坂本で腫物《しゆもつ》ができた。将軍は大館輝氏を外科・本道（内科）の医師数名とともに見舞に遣わし、豊後の大友宗麟《おおともそうりん》の進上した鉄砲と火薬の製法書を贈った。鉄砲については武田信玄が一歩先んじていたが、これから越軍の装備はにわかに強化されるようになったと思われる。腫物といえば、この六年後に彼は瘧《おこり》にかかり、左脚に風毒腫《ふうどくしゆ》というものができて、一生足が不自由になったという。瘧というからには高熱を発したもので、この病気は、まず関節炎と見られる。しかもこのように高熱を出し、腫物ができ、足をひきずるほどの関節炎は、淋毒性のものではないかという説もある。当時支配階級の道徳は乱れ、淋病はかなり拡まっていた。従って景虎が罹病したとしても不思議ではないが、彼が生涯独身を守り、清僧のような生活をしたというイメージにはほど遠いものにならざるを得ない。しかし二度までも腫物を患い、しかも最初の場合は、比叡山の僧侶や関係者が精進落しをする坂本で病気になったことを考えると、その真相がいずれにあるかは速断できないことである。

だがかなり長期間滞在した景虎は、乱世の花の都で、腐敗した上流階級の遊び仲間になって、お大尽ぶりを発揮したであろうと推察される。ある日景虎は将軍を訪問し、近衛稙家や、前嗣を呼んだところが、その前夜将軍が稙家・前嗣のところへきて、夜の明けるまで酒をのんでいたので、前嗣等は二日酔で参会できなかった。このころ将軍はたびたびやってきて、華奢な若衆をあまた集めて、大酒を飲んで夜ふかしをしていた。景虎も若衆に囲まれて酒をのむのが好きらしいと、前嗣は「証言」している。女色は近づけなかったとは言えないが、男色を好んだということは言えそうである。

このように景虎が坂本と京都との間を往復し、社寺に参詣し、前嗣等と酒をくみかわし、雑談をしている間に、戦国の世はいよいよ末期的様相を呈してきた。下剋上の標本である松永久秀は信貴山《しぎさん》城を築いて堺と奈良の連絡を確保し、摂津芥川城にこもる三好長慶は河内の畠山派と合戦をくり返していた。すでに細川が三好にかわられ、さらにいまや松永が三好にかわり、やがて義輝の身辺に殺し屋（忍者）が出没するという事態が迫っていたのである。

景虎の軍勢と政治力ではこの動乱をどうすることもできなかった。
しかも越後のことはさしおいて、義輝の身辺を警固しようとした景虎にとって、容易ならぬ事態が国の方でもちあがっていた。武田信玄が上洛の留守をねらって信濃より越後国へ乱入してきたのである。「甲越一和」は義輝がくり返し信玄に力説したところであるが、信越国境をめぐる複雑な政情から、とうてい実現できるものではなかった。義輝は信玄をなだめるために、彼を信濃守に任じ、嫡男義信に足利家の通字である「義」字を与え、三管領に準ずる待遇を授けたが、これがかえって越後攻撃の口実となった。つまり信濃守の任国たる信濃は、景虎が侵略しているから、これを排除し、その根拠地を覆滅しなければならない。そこでこの夏は越府を破却する目的で信玄は越後へ攻めこんだのであった。花の都で貴族たちと酒を飲み和歌を詠じていた景虎が、びっくりしたのはいうまでもない。将軍の叱責で信玄は甲府に帰ったが、紛争解決は望み薄なので、景虎もひとまず故国へ引き揚げることにした。

近衛前嗣はさきの約束に従っていっしょに越後へ行こうとした。ところが正親町《おおぎまち》天皇の即位式が行なわれることになっていたので、関白が京都にいなくては式典があげられない。困った義輝は景虎のところへ、前嗣を思いとどまらせるように使者を出した。景虎はこれに対して関白越後下向の噂は偽りだが、前嗣から頼まれれば、そのよしあしは何とも言えないし、まして下向を延ばせとは言えないと謝絶している。前嗣は京都にいる気持はさらになく、血判までして約束したことでもあり、下国の意志は固かった。しかし朝廷・幕府の都合もあり、青年関白の言分ばかりもとりあげられないので、前嗣は追って越後に行くこととし将軍家の顔をたてた。

いろいろの思い出をのこして初冬景虎は京を出発した。近衛稙家《たねいえ》は惜別の情を述べ、自筆の「詠歌大概」一冊を贈っている。では半年以上もの長い滞在で、景虎はどんなふうに成長したであろうか。莫大な費用をつぎこんで彼は何を手に入れたのであろうか。

馬を関東に入る

京都から帰った景虎を迎えて、越府では盛大な祝賀会が開かれ、十月二十八日、諸将は太刀を献じてこれを祝った。その目録が前にふれた「侍衆御太刀之次第」という文書である。これは後世文禄二年（一五九三）に、宇梶氏から原本を借りて、小杉村太郎が渡辺甚九郎に写させたものであるが、記述内容は正確に伝えられていると見て間違いはない。

この文書のはじめに次のように記してある。

範（憲）政様、関東より、弘治三年

八月、越後へ御入国なり、

永禄二年には
屋形様（長尾景虎）御上落（洛）、御下向の上、関（管）領に定めさせらるるに就き、御祝儀有り、

『越佐史料』では「コノ文ハ、後ノ記入ニシテ、景虎管領就職ハコノ時ニアラズ」と注記している。しかし、目録次第書自体が後年の写しであることは言うまでもないが、この冒頭の一節のみがのちの記入であるというのは妥当ではない。この文章を率直に読めば、弘治三年（一五五七）上杉憲政が越後に移り（御館の着工）、永禄二年に景虎が上洛し、帰国して、関東管領になることに内定したので御祝があったと解釈される。つまり景虎の上洛は、私的には上杉憲政の養子に決定していたが、関東管領は公職であるので、山内上杉家の後継者となることに、将軍家の内諾を得るためであった。近江守護六角義賢からも、「御在京のとき、上意により管領になられたのは結構なことです」といってきている。その内諾が得られたから、このとき憲政は関東管領職を景虎に譲ったのである。ただこれは「践祚《せんそ》」であって「即位の大典」ではないだけである。即位は永禄四年の鎌倉鶴岡八幡宮社前の盛儀をまたねばならなかった。

　このことは太刀を献じた顔ぶれからも知られる。上杉・長尾の一門から、外様・譜代・旗

本が列記されていることはいうまでもないが、十一月十三日には、信州大名衆の村上義清・高梨政頼が使者を派遣し、井上・屋代・栗田・須田・市川・河田・島津・真田等十九人の国人が太刀を持参した。さらに永禄三年三月十五日には、大名の佐竹殿が使者を派遣し、秩父・三浦・千葉・佐野・大胡・宇都宮・結城・横山・小山・鹿島大宮司・太田等関東八ヵ国の国人・大名衆が太刀を献じている。これらはみな武田＝北条同盟に圧迫され、対抗している小大名であって、これが祝儀に参加していることは、関東管領のもとに結集し、共通の敵を打倒しようとする意欲を感じさせるものがあろう。長尾景虎はいまや関東武士という、まとまりはないが、多くの味方を得ることができた。

永禄三年三月には、武田に応じて越後の背後を脅かしていた神保長職《ながもと》を討ち、富山城・増山城を落したが、四月帰国すると、憲政はその勢で関東出馬を希望し、長尾政景へも、とりなしを依頼した。また遠く関東からは、佐竹義昭が越山（三国・清水峠を越えて関東に入ること）を要請しており、景虎は筋の通ったことならば、誰にでも合力すると答えている。古河公方・関東管領を奉ずるのが、彼にとっては大義名分のあることと考えられたのである。

関東進撃の大事業のため、景虎は周到に準備を進めた。まず軍の主兵は鑓《やり》隊であるが、この五月には領内の兵士徴発のための調査を実施し、国人たちには、軍役・要害普請を怠りなく勤め、指揮官の命令を厳守することを誓わせている。

だが、ひるがえってあしもとを見ると、連年の出費で越府の町人たちは日を追って困窮していた。このまま大軍を催すときは、都市の機能が麻痺し、関東派遣軍への補給も危なくなるかも知れない。従来彼は新税・臨時税はかけなかったが、それでもこの有様である。そこでむかしからかけている諸役・地子《じし》以下を、五ヵ年の間免除するという大英断に出た。その条例は次のようなものである。

一、寺社領の地子（地代）は、町人は寺社へ納めなくともよい。寺社へはかわりの土地を渡すから、国家安全の祈念、恒例の祭祀、修理造営を怠ってはならない。

一、給人（所領を与えられた家臣）にも、同様に免除分に相当する所領を与えるから、軍役奉公に不足があってはならない。

一、水運については、他国からの舟が自由に出入できるように、船道前《ふなどうまえ》（民間の水運業者）に限らず、役所船の諸役も免除する。鉄役（鉄を積んだ船から徴収する税）も同様であるが、二階堂・青苧《あおそ》の両所だけは船中を改め、物品に応じて課税する。

一、清酒《すみざけ》・濁酒《にごりざけ》の酒役《さかやく》、麴子役《こうじやく》を免除する。

一、地方の雪かき（除雪）の義務は免除するが、宿送り《しゅくおく》（荷物を運搬する労力奉仕）は勤めねばならない。

一、馬方は他国の商人の荷物駄賃について法外な値段をふっかけるということである。そこで馬方への課税は停止し、駄賃は問屋と商人との談合で受渡しをせよ。ただし伝《てん》馬《ま》問屋は課税される。
一、薬の座《ざ》（同業組合）から本所の若林へ出していた代物《だいもつ》は免除する。
一、色々の物品税、りうひんとり（花莚か）の課役は免除する。
一、茶に対する課税は免除する。
一、町人の地子について、適正な代替地を与えたからには、府内を御料所（直轄領）として郡司不入とする。

永禄三
五月十三日
下野守朝信《（斎藤）》（花押）
和泉守景家《（柿崎）》（花押）
丹後守高広《（北条）》（花押）
遠江守藤景《（長尾）》（花押）

この政令には府内の入りくんだ土地所有関係を整理して直轄地とし、他国の商人・商船を招いて都市の繁栄をはかり、しかも伝馬・宿送り・軍役・青苧役など長尾政権の軍事的・経済的支柱は免除しないという巧妙な配慮がうかがわれる。しかしやはり、町人の困窮が第一の原因であって、百姓にも、困窮の土地では三分の一ないし全額の免税の特典を与えたといわれる。これは永禄元年の旱魃・永禄二年秋の長雨による二年つづきの凶作から、この年の大端境期になって、やむなく打ち出した政策と見なければならない。それにしても関東への大進軍がまさに開始されようとするときに、景虎政権の基盤はなんと弱かったことであろうか。相手の北条家《ほうじょう》は早雲以来民力の培養をはかり、とくに氏康の代になってからは、検地の実施（とくに天文十一・十二・弘治元年）、所領役帳の作製（永禄二年）、伝馬制度の整備（永禄元年ごろ）、税制改革に努力し、軍事面でも鉄砲を採用し、乱波《らっぱ》（忍者）をつかって謀略戦を開始していた。武田信玄といい北条氏康といい、どのひとつをとってみても景虎の手に余る相手であった。景虎はさきに上洛し、この年正月、正親町天皇の即位の資を献じ、六月、後奈良天皇の遺勅によって禁裏修理料所を進上するなど、表面的に派手な動きはしているが、膝元に火の車が走っていては、大遠征の前途もまた思いやられるのであった。

一方関東からは切々と入関の催促がきた。安房（千葉県）の里見義堯《よしたか》からも、景虎の出陣があれば北条氏康の侵略が止むからと、北条高広《きたじょう》を通じて申し入れがあった。そして氏康が里見の本城である上総の久留里に出陣すると、八月景虎はついに出陣の覚悟をきめた。

まず桃井・長尾（小四郎）・黒川・柿崎・長尾（源五）の一門・外様・譜代の部将に、きめられた軍役以上の兵力を率いて在府し、春日山要害の普請・人夫徴発・兵士の召集・治安の維持・信越国境の警備にあたることを命じた。これには検見（監察官）として荻原掃部助《おぎわらかもんのすけ》・直江実綱・吉江景資の腹心の旗本がつけられている。庶政とくに府内町人の支配には蔵田五郎左衛門が任ぜられ、命令に背くものは厳しく処断する権限が与えられた。さきの免税措置とあわせて、「アメ」と「ムチ」による支配が進められているのである。そして関八州の諸将に檄《げき》（廻文）を飛ばし、ここに「義兵」をおこして上杉憲政の帰国を実現させるから、管領股肱《ここう》の臣は「義を見てなさざるは勇なきの至り」と思って、北条討伐に加わるようアッピールした。

こうして北条に攻められ小さくなっていた山内上杉家の旧臣は、ぞくぞくと景虎方について立ち上がった。九月上旬越山入関した越軍は、まず沼田城をとり、厩橋《まやばし》城（前橋市）を抜き、名和《(那波)》城を囲み、相模に向かって破竹の進撃を続けた。景虎についた関東武士は、軍師七十六人、甲士十一万三千余人ともいわれた。この情報を得た近衛前嗣（のち前久）は、矢もたてもたまらず、西洞院《にしのとういん》時秀・智恩寺上人等をつれて、九月十九日京都をたって越後へやってきた。景虎は直江実綱に命じて、この貴人を至徳寺に宿泊させた。現職の関白が他国にいるのはこれがはじめてである。

小田原城に迫る

関東八州の名目上の主君で、東《ひがしのく》公方《ぼう》（古河公方）と呼ばれた足利晴氏は、この永禄三年（一五六〇）五月下総関宿《せきやど》でなくなっていた。彼には藤氏・藤政・家国・義氏の四人の男子があったが、このうち藤氏・藤政は関宿城主簗田《やなだ》政信の娘との子で、末子の義氏は北条氏綱の娘との間にできた子である。そこで北条氏康は義氏を公方に擁立し、反北条派の諸将とく

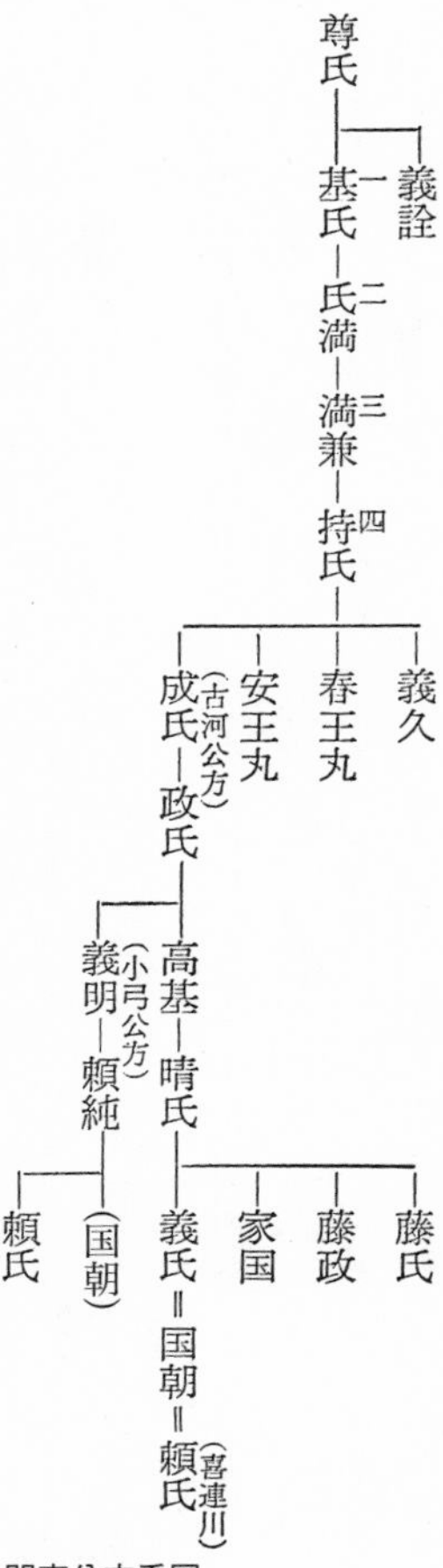

関東公方系図

に簗田政信・晴助らは、嫡庶の順序から藤氏を立てようとしていた。また下野の小山秀綱は藤政を推しており、晴氏没後の古河公方の相続は紛糾をきわめていた。そこへ関東公方の第一候補に、景虎が近衛前嗣を厩橋城に招いたから、形勢はますます混沌としてきた。景虎はこれらの関東諸将に、北条を討ち、古河公方《(義氏)》を追放せよという将軍家の御教書と憲政の譲状を見せて味方につけたという。

ともかく厩橋城を本拠とする上杉軍は、十二月その先鋒を相模に攻めこませた。そして厩橋で憲政・景虎等は越年し、関東諸将の人質をとり、翌四年直江実綱の増援軍も、府内の警備を高梨政頼に頼んで厩橋に到着し、一挙に敵の本拠小田原城に攻め寄せる準備を整えた。いかにも景虎らしい豪快な策である。関東はまさに景虎ブームに沸いていた。北条（古河公

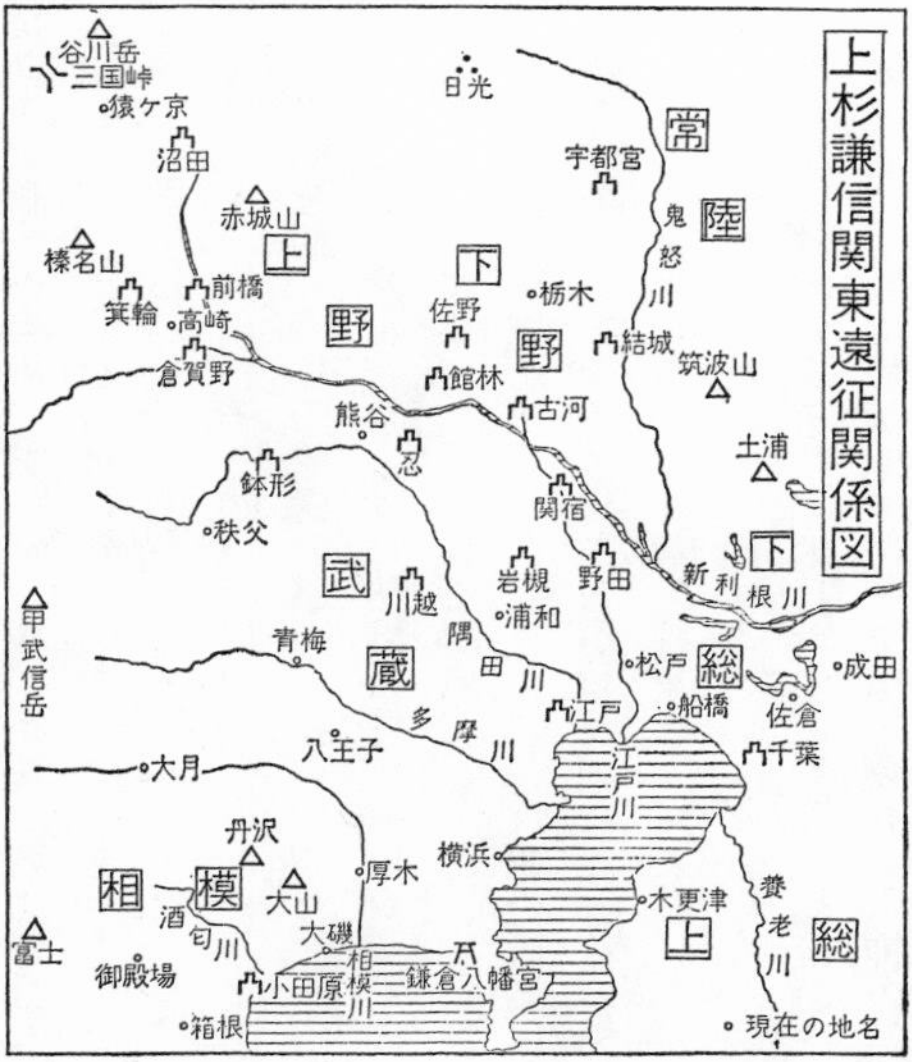

方）についていた太田資正・成田長泰も招かずして景虎側に馳せ参じた。

北条氏康の方では、去年桶狭間《おけはざま》で今川義元が戦死しており、今川軍の救援は小倉内蔵助《くらのすけ》が川越に籠ったほかはあまり期待できなかった。武田の援軍も二百ばかりが小田原城に到着したくらいで、関東勢に越後勢を加えた数万の大軍を隅田川や多摩川の線でくいとめる力はなかった。そこで氏康は松山城・古河城をすて、足利義氏を奉じて小田原城にたてこもり、ここで運命をかけた籠城戦を決行し、甲・武・信・越国境や越中での牽制作戦に望みをかけることとした。武田信玄は善光寺平に進出の勢いを見せ、さらに石山本願寺顕如《けんにょ》に加賀・越中の門徒に越後を突かせるように依頼している。ただし北条氏の領内では、真宗（一向宗）の布教が禁止されているので、一向宗禁制を解除させる交換条件で、援助を依頼したものである。氏康が祖法を変えねばならないほど、景虎入関は大きな衝撃を関東に与え、氏康を苦境に追いこんだのであった。ただしこののち氏康はこの約束を履行しないでしまった。

こうして越後軍八千と関東諸将の連合軍は一路小田原に向かう。二月鎌倉に入り、三月十三日未明を期して小田原総攻撃の火蓋を切った。小田原城兵も、父祖三代の実績にものを言わせ、ここをせんどと必死に防戦した。太田資正を先陣とする上杉軍は、小田原四門の一つである蓮池門にまで肉迫したという。

だが小田原籠城を決意したときの北条氏康の観測はあたった。彼は第一に景虎は血気さかんな若者で、短気の勇者であるが、時がたつとその勇気もさめて、万事思慮するようになること、第二に上杉軍は長い兵站《へいたん》線をもっており、兵馬は疲れ矢種・兵粮は少なくなることを挙げて、こなたより軍勢を出すなといったという。

たしかに景虎の軍勢は「労兵」であった。越後府中に課税を免除して出陣した彼は、総攻撃の直前に、越山の基地である上田・妻有・藪神の三庄つまり魚沼郡に徳政令（貸借関係の破棄）を発しなければならなくなっていた。昨年の洪水で田畑が流されたためである。補給ばかりではない。技術的に城攻めは長くとも十日以上攻めつづけることは困難である。野営に疲れた攻囲軍をめがけて、城中から挺身《ていしん》奇襲がくり返されるからである。景虎は大磯に本陣をおいて約一ヵ月ちかく攻撃を続行したが、武田信玄が笛吹峠へ押し出してきたことでもあり、関東諸将の勧告でひとまず撤退することにした。北条氏邦の戦況報告によると、四月九日ごろ、上杉の「労兵」は小田原近辺に寄りつこうとしないから、一両日中に退散するかも知れないと観測している。たしかにこのころ越軍は囲みを解いて鎌倉に引き揚げたようである。

それにしても越後兵の進撃は猛烈であった。『上杉年譜』では、「諸卒ノ狼藉ヲ戒メ給ヘバ、民屋案ノ外ニ堵ヲ安ンズ、然レドモ小田原近郷ノ屋舎ハ一宇モ残ラズ兵燹《へいせん》ス」と越軍の行動を好意的に叙述している。兵火にかかったのは小田原近在だけかどうか。上杉軍という混成部隊の軍規がそれほど厳正であったかどうかは、おおいに疑問のあるところである。おなじ米沢藩士の自慢話を書いた『藤林年表』は、「植田・刈田ノ時分ハ、必ズ敵地ニ進発アリ。年々更ニ怠ル事ナシ」と、農民の苦痛を敵への打撃とする非情な戦略がとられたことを物語っている。ここ相模国は敵地にほかならぬ。従ってかなり猛烈な暴行掠奪のあとがのこっていることは否定できないところで、越後の「強兵」ぶりを遺憾なく発揮したと思われる。

たとえば厚木市の金光山最勝寺の場合はこうである。この寺の阿弥陀三尊は行基の作という伝承があって、これを長尾景虎が永禄六年（一五六三）四月に再興したことが、再興の意趣を記した願文《がんもん》の包紙に記されている。ところが包みをといてなかの意趣文を読んでみると、驚くなかれ破壊者は景虎であったことが明らかになってくる。

「永禄三年九月長尾景虎は本国（上野）に越山し、上野沼田城に数ヵ月を送り、翌年三月七日、両上杉家を引きたてて当国（相模）に打入り、神社仏閣・小寺庵から山家《やまが》・村里にいたるまで、ことごとく焼払った。さるほどに僧俗男女は大山高峯に身を隠したが、大軍が手分けして入りこんでくるので、身をおくところもなかった。あるものは衣服をはぎとられ、あるいは食糧を一粒も残さず奪いとられたうえに裸にされた。このためたいていのものが飢えと寒さで死んでしまった。本尊の阿弥陀も、頭も手も足もみなこわされてしまった。自分はこれを惜しんで拾い集め、再建のときをまっていたところ、旦那の厚木郷住人溝呂木《みぞろき》出雲守久吉が、末代のため、念仏供養・後生善処・子孫繁昌のために再造彩色されたものである」

永禄六年に景虎が相模の阿弥陀像を再建することは考えられないが、それにしても破壊者であり、仏敵であるものが、逆に再建者として伝えられるのも妙なことである。さしずめ有名人の余得というものであろうか。それとも近世の寺院の謙信公をかたっての商業主義を歎くべきであろうか。

関東管領の栄光

小田原城は扇谷定正・朝良の幕下、大森頼春・藤頼の居城であった。明応四年（一四九五）北条早雲が攻略してから、ここに六十六年、三代の堅固な城郭とともに、城下町は繁栄の極にあった。景虎はこれを焼き払って意気揚々と鎌倉に凱旋した。小田原城を落すことはできなかったが、川越の大夜襲以来、北条氏康に苦杯をなめさせられた上杉憲政等にとっては、城門に迫ったことだけでも、このうえもない満足であった。そこで憲政や、佐竹・宇都宮・小山・那須の諸将は、景虎が正式に関東管領に就任し、関東武士の棟梁となることを強く望んだ。もとより内定していたことではあるが、苦労性の景虎のこと、一応辞退したうえ、憲政の病気がなおるまでということで就任を受諾することになった。

表向きはこのように懇望され推戴されたわけであるが、ここにいたるまでには、関東公方の後継者の決定をめぐって、諸勢力の暗闘と裏面折衝がつづけられていた。景虎は近衛前嗣擁立の腹であるが、これが関東の実情にそぐわないものとして、足利藤政を推す小山秀綱、藤氏を戴く簗田晴助などから詰めよられたのである。関東の政情に暗い景虎も、いまや古河公方が如何に伝統的強みをもっているか、関白を公方にする約束がいかに軽率であったかを思わないわけにはゆかなかった。そこで厩橋城で関東公方を夢みている前嗣には悪いが、公方は関東諸将と協議して決めるという最大公約数で話し合いをつけたものである。

景虎がいつ関東管領に就任したかは、史料の不足で明らかにできない。ただ永禄四年閏三月十六日以前ということは確かである。しかしこの吉日は景虎にとって忘れられない輝かしい日となった。守護代の末子に生まれて禅寺に預けられ、ティーンエージャーのときから戦闘に従事し、一時は隠居しようとまでした彼は、いま東国武士の最高の栄職につくことができた。得意満面、隠しても隠しきれない嬉しさを顔に浮かべていたことであろう。

鎌倉の鶴岡八幡宮は安倍頼時父子討伐のため関東に下った源頼義が、石清水八幡宮をここに勧請《かんじょう》したのに始まる。頼義の子源義家がこれを修補し、右大将源頼朝が小林郷の北山に新しい宝殿を営み、国家擁護の宗廟として崇敬した。つまりそれは中世封建国家の最高権威であったといえる。頼朝以来九代の将軍、基氏以来九代の公方、ならびに上杉管領家は、みな鶴岡に拝賀のため社参している。景虎の関東管領就任も、まずこの神殿に参って八幡に報告しなければならなかった。

この日景虎は将軍から許された網代《あじろ》の輿に乗り、朱柄《しゅへい》の傘、梨地の持槍、毛氈の鞍覆の引馬とともに、直江・柿崎・斎藤等に前後左右を守らせながら、参道を行進した。鳥居のもとで輿を降り、神前に礼拝し、庭上にならぶ関八州の諸士も頭をたれて祈念したという。拝賀を終えて宝前で上杉家の家督を継ぎ、景虎を憲政の一字をもらって政虎と改めた。この年の冬、彼は京都の将軍家から管領職を認証され、一字をもらって輝虎と称している。

このあと五月一日、政虎は鎌倉で宝生《ほうしょう》・金剛《こんごう》の能を催している。諸将の協議で足利藤氏が公方に立てられ、管領が決定して公方が未定であるという変則的事態もなくなった。思えばこのころが、関東における謙信ブームのクライマックスであった。表面的には鎌倉府が再建され、「関左平均《かんさへいきん》」（関東平定）が成就したかのごとき錯覚を人々に与えた。

しかし世はまさに戦国であった。足利義氏を公方に擁する北条氏康は、三代にわたる撫民の実績の上に立って反攻に転じていた。関東管領とはいっても、つまるところ越後の大名が他国に侵入してきたものにすぎない。いつまで鎌倉を確保できるかということは、越後・上野からの補給が続けられない以上、関東諸将の向背によって決定されることになる。この点について、晴れの舞台の謙信には、諸将統御に必要な認識と力量の不足がめだっていた。北条氏は興るべくして興ったのであって、関東動乱の根は深い。謙信が突如入関して反北条派を糾合したところで、事態の根本的解決になるわけではなかった。

謙信が小田原へ怒濤の進撃を続けているとき、武田信玄は側近に次のように予言したという。

「景虎入道弓矢剛強の働きは、生得《しょうとく》の武篇《ぶへん》にして、金山鉄壁をも物とも思はず。され共《ども》ただ一剋《とき》の雌雄を計り後度の手段なし。北条家たやすく責ほさるまじ。或は氏康のため吉事《よきこと》の強みと成べし。上杉譜代の諸将は、一旦景虎に帰伏すとも、景虎短慮にして、人をなづくる道なく、我身の勇を外に現はし、仁を内におこなふ心なし。制道手荒くあてがふて、恨みをうくる事少からず。いく程なく諸将みな疎みはなれ、氏康に従ふより外《ほか》の事有べからず」

小田原城攻撃のときも、上杉勢の続いているなかを、金覆輪の鞍をおいた馬を乗り入れ、朱の采配で下知したが、その有様は人を虫けらとも思わぬ風情であった。関東の諸侍は舌を振るい、剛強の働きもさることながら、指揮ぶりが大将らしくもない軽忽《けいこつ》ぶりで、行末もいかがと思って疎んじはじめたという。

鎌倉の放棄と越軍の退却については、例のごとく『上杉年譜』は、「関東ノ諸将両年在陣ノ労苦ヲ慰問セラレ、何《いずれ》モ在所ニ帰城ノ暇《いとま》タマハル」と帰休説を主張している。だが大敵を眼前において軍団を解散するというのはどういうことであろうか。謙信を手痛くやっつけている『鎌倉管領九代記』では、鶴岡八幡宮での拝賀のとき、頭をすこしあげた成田長泰の顔を、謙信が扇子で二つほど叩いたため、長泰が暇も告げず手勢を引きつれ、居城の忍《おし》に帰ってしまった。これを見聞きした関東諸将も、謙信をきらってつぎつぎと脱落してゆき、そこを小田原勢に攻め崩されて、上州平井城へ退却したといっている。「味方にも敵にも早く成田殿、ながやす刀きれもはなれず」とよんだ関東人もある。

いずれも俗書のこと、どこまで信頼できるかは疑問で、成田長泰の人質（幼児）も、六月十日には厩橋城に遊んでいた。しかし六月はじめに、謙信は腹痛をわずらっており、関東将士の士気も沮喪《そそう》したことは間違いない。このころ彼は病気と闘いながら、追いすがる北条軍を振り切ろうと、必死の撤退作戦をやっていたものであろう。そしてようやく上野の厩橋城に引き揚げ、休む間もなく六月二十一日ここを出発して、二十八日越府に帰りついた。七月二日長尾政景以下帰陣を祝賀し、三日・四日は慰労と祝賀をかねて能が催されたという。

まことに嵐のような関東進撃であった。北条氏康はよくその鋭鋒を防ぎきった。この年八月、謙信がふたたび越山するという噂が流れ、足利義氏は下総磯部の勝願寺（真宗本願寺派）を加賀松任《まっとう》の本誓寺に遣わして、一向一揆の越後攻撃を依頼しているが、もう心配はいらなくなっていた。武田信玄は、川中島を見下す位置に、海津城《かいづ》を築いて高坂弾正を置き、越後を突く態勢を整えていた。忍の成田長泰も北条側に寝返った。これから北条氏康の捲き返し作戦が開始され、上杉軍は攻勢から守勢に転じ、一歩一歩と後退するのであった。

血涙川中島

川中島合戦始まる

川中島合戦が有名になったのは、甲州流軍学の信条となった『甲陽軍鑑《こうようぐんかん》』が広く読まれてからである。近世初期には軍学者と称するものが多く現われて、争って軍記を編纂して仕官または教授の手段としていた。『甲陽軍鑑』はその筆頭に位置するもので、甲州浪人小幡景《かげ》憲《のり》が、もと山県昌景の部卒であった山本勘介の子（妙心寺派の僧侶）の集録したものをもとに、高坂弾正昌信の名で、信玄の戦術・軍法を記したものである。通俗書としてまったく無視してしまうことはできないが、山本勘介が信玄の大軍師に仕立て上げられるなど、信頼できぬ要素も多く見られる。

この武田信玄側の『甲陽軍鑑』に対して、上杉家では、宇佐美定祐を中心に、「上杉軍学」が案出されてきた。『越後軍記』・『北越軍記』などがその産物である。とくに『川中島五箇度合戦之次第』（『川中島五戦記』）は甲・越両雄の決戦が五回あったとして、後人に深い影響を与えたものである。ところがこの戦記は、寛文九年（一六六九）林春斎が、幕府の命で『続本朝通鑑《ぞくほんちょうつがん》』を編纂したとき、米沢上杉家に家伝の提出を依頼したときに作られたものである。このとき藩主綱憲《つなのり》は幼少であったため、後見人の畠山義真《よしざね》・吉良義央が、竹俣義秀・宇佐美定祐と協議し、伝説を綜合して作製し、それだけでは信頼度が低いので、あたかも慶長二十年（一六一五）に、すでに集録してあったものとしてさし出したのである。従ってその記事は、『甲陽軍鑑』に対抗し、上杉家にも昔から一流の兵学のあることを知らせる趣旨で作られ、架空の合戦を捏造《ねつぞう》したもので、信用の置けるしろものではない。

明治の啓蒙史学の泰斗田中義成《よしなり》博士は、『史学雑誌』第一巻の第一号で左のように喝破している。

「『甲陽軍鑑』虚を前に伝へ、『川中島五戦記』妄を後に加へ、末書《まつしょ》相承《う》け訛《か》を滋《じ》し、謬《びゅう》を累《かさ》ね、ついにその説をして蜃城海市（しんきろう）と異ならざらしむ」と。

たしかに『日本外史』や『野史《やし》』が、この誤まられた歴史的事件を大々的に宣伝したことから虚構の彷徨《ほうこう》はさらにはげしくなり、ほとんど日本人の常識と化するようになった。だが川中島で武田・上杉の激戦が行われたのは、『川中島五箇度合戦之次第』には一言半句も記載されていない永禄四年（一五六一）九月十日の戦闘であった。上杉謙信が関東から帰国したすぐあとのことである。このほかにも川中島出陣は、すでに見たように天文二十二年（一五五三）・天文二十四年（一五五五）にあり、弘治三年（一五五七）・永禄七年・永禄八年（一五六四・六五）とたびたびくり返され、景勝の時代にもつづいている。しかしそれらは、あるいは「まえがき」であり、あるいは「あとがき」にあたるものであって、永禄四年の戦いこそは川中島を争った大会戦なのである。それにもかかわらず上杉側では何故これを黙殺したのであろうか。問題の本質は、ここに隠されているように思われる。

ところで、この点に入る前に、すこし年代をさかのぼって、川中島紛争をもう一度ふりかえって見よう。

天文二十二年八月の第一次川中島合戦は、川中島南部で武田軍の進撃を食いとめるために戦われた。ところがひとたび馬を返した武田信玄が、善光寺平の攻略に腰をすえてとりかかったため天文二十四年七月の第二次川中島合戦がおこることになる。

このとき謙信（景虎）の本陣は善光寺境内の東の城山と呼んでいる岡（横山城）に置かれた。信玄は善光寺の南約六㎞の大塚（更級郡更北村）に陣をとり、両軍は犀川をへだてて対陣した。このとき善光寺別当は大御堂主の里栗田（寛明）と小御堂主の山栗田（永寿）の両家に分かれていたが、栗田寛明は長尾に属し、栗田永寿は善光寺の西の旭山要害（長野市）にたてこもって、武田方の最前線基地となっていた。信玄はここに軍兵三千人・弓八百張・鉄砲三百挺ほど送りこんで防備を固めた。種子島にポルトガル船が漂着して鉄砲を伝えてから、まだ十年あまりしかたたないのに、かくも多量の鉄砲を前線に用意した武田信玄の先見

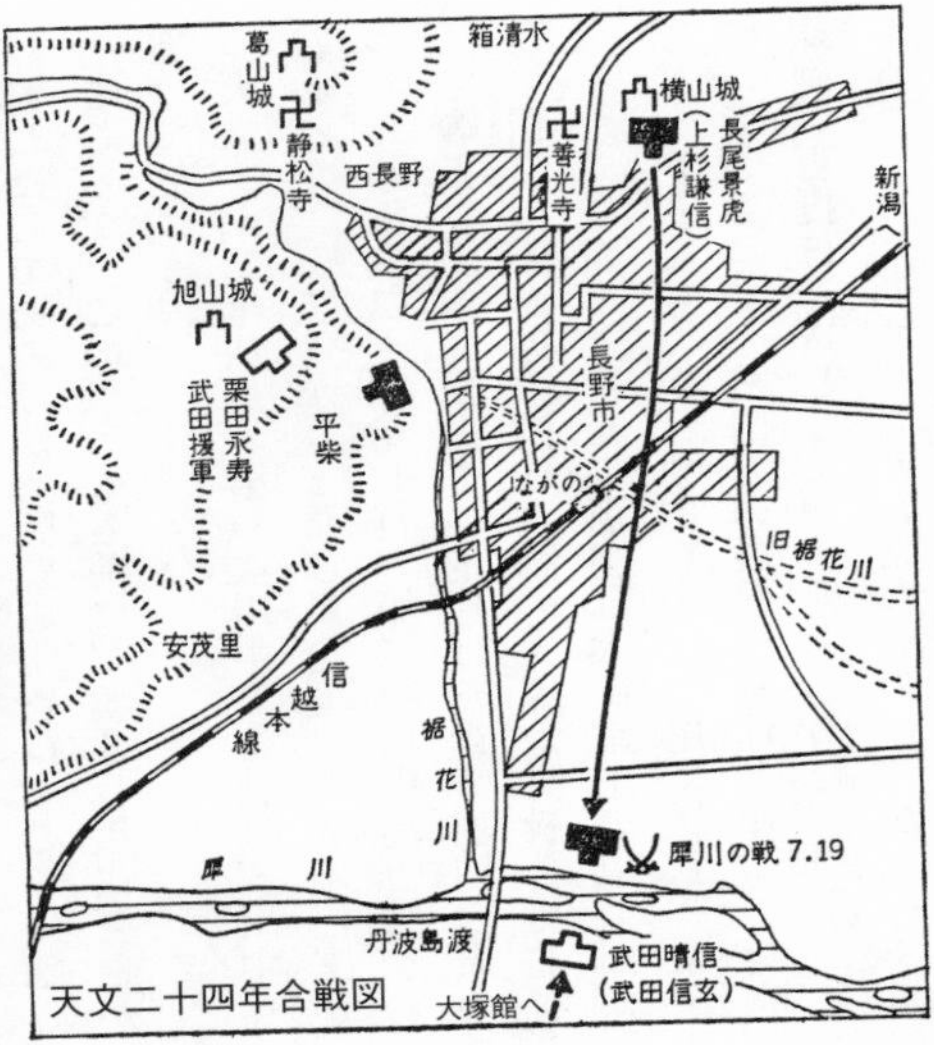

天文二十四年合戦図

の明には、やはり敬服せざるを得ないものがある。上杉謙信軍の装備は、これから二十年後の天正三年（一五七五）でも、軍役としては三百挺あまりの鉄砲しかなかった。それだけに、この旭山城を拠点として善光寺平を制圧しようとする信玄の意気込みを推察することもできよう。

越軍は旭山と大塚の敵軍が合体するのを阻止するため、旭山口を押さえて犀川に防衛線をしいた。七月十九日には両軍が交戦し、越軍が退却しているが、これは犀川以南の川中島に出撃した越軍が追い返されたものであろう。犀川は千曲川に比べて緩流であるが、たがいに渡河すれば後方との連絡補給がつけにくいので河をはさんで対陣の状態のままで動きがつかなかったと思われる。対陣数ヵ月に及んだのも無理のないところであった。

駿河の今川義元は、同盟の実をあげるために、一宮出羽守の軍勢を武田の応援に派遣していたが、信玄の依頼で講和の斡旋にのり出した。甲・越両軍ともに、長陣に疲れはてていたから、この講和は閏十月十五日にまとまった。講和条件は旭山城を破壊することで、そのねらいは善光寺を非武装緩衝地帯とすることにあったと考えられる。つまり謙信は一歩後退したが、彼についた北信諸士の安泰が約束されたわけである。

この和睦は、信玄と謙信が神文誓紙《しんもんせいし》を交換することで成立した。神仏に誓って軍を引いたわけである。かつて山路愛山は「古《いにしえ》の兵法《ひょうほう》は山伏道《やまぶしどう》に毛の生《は》へたるやうなるものなり」といった。謙信も信玄もいわゆる「御幣《ごへい》かつぎ」で、出陣のときはいつも神職・僧侶に勝利を祈禱させ、雲気を占い方角を考えているから、この時代の軍学は修験道的なものだというのである。

戦争における勝敗の決は天祐神助《てんゆうしんじょ》にあるという迷信にもとづき、神仏を頼み吉凶を論ずるのは、この時代には一般に見られる。例えば、毛利元就《もとなり》などは厳島合戦が終わると死人を船に乗せて取りすてさせ、負傷者も陸へ渡し、血の流れたところの土をみな削り、社壇廻廊を潮で洗い清め、七日間神楽を催して神をなぐさめたという。いかにも神仏に対する畏敬と信仰とが、戦国武士の行動の基底に強く作用しているように見える。

しかし作戦の必要から、神かけて誓ったことはしばしば破られた。神仏は手段であって、勝利が目的なのである。神文誓詞・血判の効力は一時的で、激動する乱世に、それに最高の価値を認めることは自殺的行為である。大名は神仏に寺社領を寄進し、建物を築造し、祭祀をあつくしているから、自分だけには有利にとりはからってくれるという確信があった。川中島合戦の和睦で撤兵するときは、謙信（天文二十四年）も信玄（永禄七年）も、善光寺を自国の府中にもち帰った。おのおの敵の手に、霊験あらたかな善光寺如来を渡すまいとしたのであろう。このとき謙信は川中島を放棄したのであるから、大御堂の本尊以下を府内近郊の浜善光寺に移した。この如来堂の門前には信濃からの移住民が住みついて浜善光寺の起源となった。のちこの一光三尊の善光寺如来像は、会津そして米沢に移り、謙信廟の左右に毘沙門天とともに安置された。このほか上杉家には金銅五鈷《ごこ》（善光寺銘）・金銅鈴（仁治二年銘・貞応三年銘）・善光寺如来宝印・金牛仏舎利塔《こんぎゅうぶつしゃりとう》などがあるが、いずれも里栗田家とともにこのとき越後へきたものである。神仏に武士を守らせるという考え方の露骨な現われといえる。

飯山城危うし

信玄は、弘治元年の和約をはじめから守る気はなかった。彼はすぐつぎの目標を葛山城《かつらやま》に向けた。葛山は善光寺の裏山つづきで約四㎞ばかりのところにある山城であるが、ここは戸《と》隠《がくし》から善光寺へ出る路をおさえる要点である。戸隠から越後へ出ることもできるから、この地点をおさえることは、善光寺と戸隠の二要点をおさえて、越後ににらみをきかせることにもなるわけである。

葛山衆の中心は裾花《すそばな》渓谷に鎌倉期以来勢力をはっている落合一族である。信玄は落合氏の菩提寺である静松寺《じょうしょうじ》の住持を通じて、一族の切りくずしをはかり、落合遠江守・同三郎左衛門はこれに応じた。謙信の隠退さわぎのときに、信玄は着々と謀略戦を進めていたわけである。

越府の重臣大熊朝秀の叛乱と甲府逃亡で、謙信は信玄の敵意をはっきりと思い知らされた。弘治三年（一五五七）正月、彼は信濃更級郡八幡社に祈願文を捧げ信玄の非を鳴らしている。この願文の趣は、武田晴信（信玄）という「佞臣《ねいしん》」が信州に乱入、諸士を滅ぼし神社・仏閣を焼いた。自分は信玄になんの恨みもないが、「隣州の国主」であるから、近年信濃を軍事的に援けてきた。信玄は国務を奪うという侵略的目的で、理由もなく、罪もない諸家を乱した。「神は非礼を受けず」という。伏して願わくば精誠の趣旨をうけ、照鑑《しょうかん》を垂れて頂きたい。景虎の一団扇《だんせん》で、信濃に望み通りの平和を回復し、天下に家名をおこしたい、というのである。

この翌月、準備成った信玄は突如葛山城におそいかかり、落合備中守以下、死守する城兵および女・子供までも滅して、簡単に城を落した。静松寺の僧が内応して水の手を断たれたものだという。長沼城にいた島津忠直《ただなお》は、これに恐れて大倉城に退いて守りを固めた。謙信は葛山城襲撃の報告をうけると、ただちに後詰《ごづめ》のため信濃に出陣した。大軍をいつも前線に待機させることは、当時の農兵的要素の点からも、補給の点からも困難であったので、前線の要害に武器や食糧を十分入れておいて、敵襲の場合は「狼煙《のろし》」その他の方法で後方基地に連絡し、後詰の大軍が到着するまで城をもちこたえるのが、そのころの戦争のやりかたである。謙信は二月十六日、出陣の途中で色部勝長に葛山落城を知らせ、出陣を要求しているから、謙信の出動も迅速であったが、それより一歩早く、信玄は城を攻略してしまった。

色部勝長への催促状のなかで、「雪のなかのことで大変でしょうが、夜を日に継いで御着陣なさるように待っています。信州の味方が滅亡すれば、わが越後の防衛も安心できません」と彼はいっている。まさに信玄の行動は、北越の雪を計算に入れてのことであった。とくに関山・田口は名にし負う豪雪地帯である。ここを大軍が通るには、人夫や兵士で雪を固め、あるいは雪割りをしなければならない。下郡や魚沼の軍勢が府中へ到着するのも容易なことではない。謙信の心ははやっても、信玄の大軍を撃滅するのに、必要にして十分なる兵力の急速な集結は、物理的に困難を極めていた。

そうこうしているうちに武田軍は下水内《しもみのち》方面に進み、飯山城を攻めたてた。ここは中野城を放棄して退いた高梨政頼の守るところである。越後上郡を守る信州最後の城にほかならぬ。政頼は謙信に矢のように援軍の催促をした。そこで謙信は三月二十四日春日山を出発、四月十八日越境し、怒濤のように進んで武田軍を駆逐した。

謙信はれいのごとく善光寺に陣をしいた。武田方の山田城・福島城を奪い、二十四日旭山要害を再興して兵を置いた。謙信は「いかんとも武略をめぐらし、晴信引き出し、一戦を遂ぐべき覚悟に候」と、出羽庄内の味方に決意のほどを表明しているから、速戦即決主義をとっていたようである。当時は兵員・馬匹・武器の補充がきかないから、よほどのことがなければ、勝敗をかけた決戦をしないのが普通である。謙信はよく冒険に出るが、これは正義と神仏の加護がわれにあると思っているためであろうが、決戦になればかならず勝つという確信が彼の胸にあることを示しているようである。そうとすれば単純な頭の軍人にありがちな「必勝の信念」を、彼も持ち合わせていたことになる。

ところが信玄は、「善陣は戦わず、善戦は死なず」、「いまだ備え定まらざるところ」は撃つが、敵が「少衆たりといえども、備え厚きは思慮すべき」ものと考えていた。彼の攻城戦は水の手を断ち、兵粮攻めにするのが特徴である。このときも休戦交渉をもちかけるなどして、越軍の気勢をそいでいる。謙信は五月十日小菅《こすげ》元隆寺に願文を捧げ、明日から進撃しようと述べている。この十二日には香坂《こうさか》の近辺に放火し、翌日坂木・岩鼻まで深入りして一、二千の甲州勢を捕捉しようとしたが、逃げられてしまった。いずれも前哨戦であろう。信玄の所在は杳《よう》として知れないままに、越軍はまた何ヵ月かを北信ですごさねばならなかった。

八月二十九日、上野原で両軍の衝突があったが、これも主力部隊の決戦とは思われない。今度の越軍は坂木・岩鼻までがもっとも南下した線で、おおむね飯山から善光寺の線で行動している。つまり二年さきの合戦よりもさらに後退しているわけで、高梨援護の作戦範囲をあまり出るものではなかったといえよう。上野原の位置も不明であるが、上水内郡岩槻村か、下水内郡常盤村で国境からそれほど離れたものではあり得ない。岩槻村とすれば、葛山城を奪回しようとしたときの戦であろうが、これも成功したかどうかわからない。

こうして越軍が攻略目標を見失っている間に、板垣らを遣して小谷《おたり》城を攻略させ、ついで信越国境に迫って糸魚川を脅した。また越軍の主力が北信に釘づけになっているのを利用して、西上野に出兵している。それは上杉憲政の属城を攻撃して、北条氏康との同盟の実をあげ、信濃東境の安全を確保するためのものであり、謙信の入関は、ここでまた延期せざるを得なくなる。

こうして九月、謙信はむなしく越府へ帰陣していった。越後軍が撤退したあと、武田軍はゆうゆうと善光寺・戸隠社付近を確実に勢力範囲に収めてしまった。しかも将軍義輝は謙信を上洛させるために、信玄に長尾攻撃をやめるよう説得していたが、信玄は休戦の条件に信濃守護職を要求し、翌永禄元年（一五五八）将軍家から正式に信濃守護に任命された。この職は小笠原長時の没落以後空虚なものになってしまっていたが、信玄がそれを入手したときは、別の意味をもつことになる。つまり越軍を信濃から駆逐する大義名分を信玄は手に入れたのであった。

鞭声粛々夜河を渡る

一挙に小田原城を攻略しようとする企図は失敗したが、上杉謙信は関東管領として鶴岡八幡宮に拝賀の式をとりおこない、得意の絶頂にあった。それが拠点の厩橋から、越府に帰ることを余儀なくさせたものは、武田信玄の信濃進出である。謙信は二年前の上洛中にも越後へ乱入され、将軍の命令でようやく引き揚げさせているので、信玄の北信出陣はよほど警戒していたものらしい。もちろん関山―古間街道は、ふつうの国境のように峠を越える必要はなく、荒川上流の峡谷に沿う坦々たる道路であるから、常にここから府城を突かれる危険があったのである。ましてこの永禄四年（一五六一）の場合は、信玄は海津城を築いて善光寺平を制圧し、ここに彼の寵童《ちようどう》であった高坂弾正昌信（春日源助）を入れていた。中立地帯はこの前進基地の設定によって蹂躙され、甲州勢は信越国境の鰐ヶ岳城に押し寄せてきた。

関東平定どころではなくなった謙信は、こんどこそは武田と決戦するために大動員を行った。信玄は今川氏真・北条氏康・神保良春（越中）・加越一向一揆などと結んでいるので、謙信は佐竹義昭と結んで北条をおさえ、岩代《いわしろ》の蘆名盛氏、羽前の大宝寺義増の援軍を依頼した。謙信自身が越後勢の総力をあげて信濃に出陣するので、国内の警備が手薄になるからである。

府中の留守部隊の指揮者には長尾政景が任命された。これは弘治三年の出陣の時に、先鋒隊長としての手腕を買われたためである。これに謙信の腹心の蔵田五郎左衛門がつけられ、庶政と監察にあたることになる。蔵田五郎左衛門は、伊勢神宮の御師《おし》蔵田左京亮の一族である。五郎左衛門も永禄五年に伊勢へ謙信の代参に行っているから、御師の出身であることは間違いなかろう。その弟の与三は、北魚沼郡上弥彦《かみやひこ》社の神官を勤めている。ところが五郎左衛門の父の清左衛門は、上杉家雑掌神余昌綱とともに、大永五年（一五二五）青苧座の本所三条西実隆を訪れ、青苧役の減少を請願している。この青苧役は、長尾政権の重要財源であったから、蔵田氏は上杉政権の内政の枢機に参与するようになり、府内取締り・倉始末・春日山普請・大手門の警固など行政・財政面の能吏として活躍するようになったものであろう。後世の官僚の起源は、戦国大名が武力よりも才能を重んじて、蔵田のような人物を登用したところにあるといってさしつかえない。

ところで、信濃出陣でもっとも配慮すべきは府内・春日山の防禦《ぼうぎょ》であり、府内を危機に陥れる可能性のあるものは、西方の敵、一向一揆とその同調者たちである。そこで会津と大宝寺からの援軍は、それぞれ西浜と能生・名立に陣を取らせることとし、越中方面に火急の事態がおこらないうちは、府内に待機させることにした。また越中諸士が一向一揆に同調することも考えられるので、越中の人質はとくに気をつけて油断のないように見張り、斎藤朝信・山本寺定長の両将を越中に出張させた。越中派遣軍は、蔵田に世話させ、長尾政景にその陣備《じんそなえ》を命じている。

　謙信はすでに八月十四日会津・大宝寺の援軍到着を待たず、信濃へ出発していた。その企図を秘匿するため、越中出陣というふれこみであった。長尾政景への指示は八月二十九日、信濃陣中より出されたものである。信州側でもいち早くこの情報をキャッチし、甲府に急報、信玄はただちに一万六千余を率い、八月十八日甲府を出陣、二十四日川中島についた。先鋒の矢軍《やいくさ》はすでに八月二十日から開始され、武田の国境守備軍はしだいに後退して海津城によっている。旭山城の小柴見宮内《こしばみくない》も越軍に応じ、謙信軍一万八千は善光寺を基地とし、さらに妻女山《さいじょ》（西条山）に進んで海津攻略の態勢を固めた。従って今度の川中島の戦は、従来の北信小領主の山城の争奪ではなく、武田の拠点たる海津城攻略にポイントがあり、後詰としての信玄の本隊を撃破できれば、謙信は善光寺平を制圧できるはずであった。信玄も海津救援が目的であるから、弘治会戦のように所在をくらまして決戦を回避することはできなかった。武田信玄に先手をとられ、一歩一歩と国境線まで後退した上杉謙信は、どうしてもここで守勢より攻勢に転じて、勝機をつかみたいところである。ここに謙信のあせりがあり、冒険的作戦となったわけである。

　ここでいちおう両軍の陣容を見ておこう。海津にたて籠る甲州勢は高坂弾正の手のものであるが、これに布施大和守・落合伊予守・日方大蔵助・室賀《むろが》出羽守・真田《さなだ》幸隆《ゆきたか》・保科《ほしな》弾正・海野《うんの》常陸介・望月《もちづき》石見守《いわみのかみ》・栗田《くりた》淡路守《あわじのかみ》・小田切刑部大輔・八代安芸守・仁科上野介・根津山

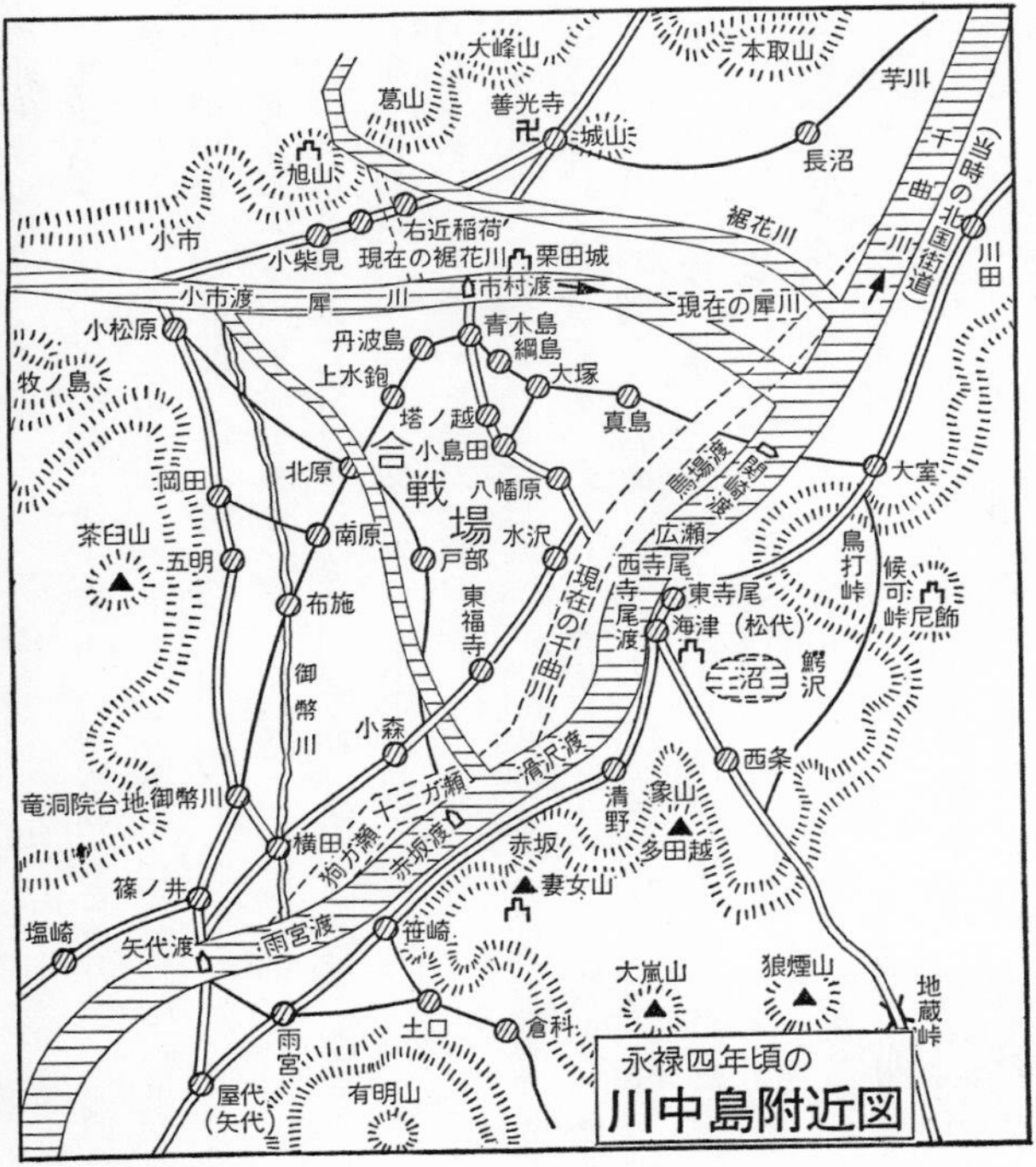

大峰山
本取山
芋川
葛山
善光寺
城山
長沼
旭山
千曲川
（当時の北国街道）
裾花川
川田
小市
右近稲荷
小柴見
現在の裾花川
栗田城
小市渡
犀川
市村渡
現在の犀川
小松原
青木島
丹波島
綱島
牧ノ島
上水鉋
大塚
塔ノ越
真島
合戦場
小島田
北原
八幡原
馬場渡
関崎渡
大室
岡田
南原
広瀬
水沢
鳥打峠
茶臼山
五明
戸部
現在の千曲川
西寺尾
東寺尾
候可峠
尼飾
布施
東福寺
西寺尾渡
海津（松代）
沼
御幣川
鰐沢
小森
西条
竜洞院台地
御幣川
滑沢渡
十二ガ瀬
清野
象山
狗ガ瀬
赤坂渡
横田
赤坂
多田越
篠ノ井
妻女山
塩崎
矢代渡
雨宮渡
笹崎
大嵐山
狼煙山
地蔵峠
土口
倉科
雨宮
屋代（矢代）
有明山
永禄四年頃の
川中島附近図

城守などの信州侍が召集された。甲州軍の本隊は武田信繁（信玄弟）・小笠原若狭守・坂垣弥次郎を惣奉行とし、山県昌景・馬場信勝・飯富《おぶ》虎昌《とらまさ》・甘利富忠・内藤昌豊《まさとよ》・諸角昌清《もろずみまさきよ》・跡《あと》部《べ》勝資《かつすけ》・穴山信君《のぶきみ》以下、駿河口・関東口の守備隊もおかず、信玄分国の総力をあげての大軍であった。これに今川氏真の援軍朝比奈・岡部、小田原より石巻・九島・村岡等が加わっていた。

上杉軍の先陣も信州勢である。当時の慣習では、降服すればすぐ忠誠の証拠を示すために前線へ出されるから、川中島戦場でもっとも血を流したものは、風にそよぐ葦《あし》ならぬ信州川中島の武士たちであった。まして村上義清・高梨政頼・井上昌満・須田満親・島津忠直等は本城を奪われて越後を頼ってきたものであるから、失地を回復しようとするかぎり、先陣をうけたまわるのは当然のことであった。これに河田対馬守・本庄美作守・荒川伊豆守・柿崎和泉守・北条《きたじょう》安芸守・安田掃部助・大関阿波守等の譜代的国衆が二陣にひかえていた。遊軍には、本庄・黒川・水原・加地・新津・中条・色部・新発田の揚北の外様国衆があり、謙信の本隊は山吉・黒金・山岸・安田・琵琶島・進藤・桃井・北条（高広）・松本・長尾ら譜代と一門を中核に編成されていたという。

この両軍の決戦は、九月十日八幡原《はちまんばら》で行われた。海津と妻女山とから大兵力を展開できるところは、ここしか考えられない。そしてこの会戦が、竜虎あいうつ川中島の激闘で、「鞭《べん》声粛々夜過河《せいしゅくしゅくよるかわをわたる》」の頼山陽の詩で世に喧伝されたものである。しかしその戦況は、ほとんどわからない。川中島合戦の話はすべて『甲陽軍鑑』から出ており、しだいに尾鰭《おひれ》がついて物語が完成したものである。『甲陽軍鑑』には、あんがい史実を伝えるものもあり、高坂昌信の記したものが基になっていると見なされる部分もあるが、戦争記事は軍学書であるだけに、作為・誤謬・誇張が多く、そのまま信用することはできない。そこでここでは、ほかに史料もないので、『甲陽軍鑑』の記す概要を一応述べておくにとどめたい。

八月二十四日、川中島についた信玄は、妻女山の西方の雨宮《あめのみや》の渡しを占領してここに陣を布いた。上杉軍の退路をたち切ったのである。越軍は袋の中に入ったようになって動揺したが、謙信はすこしも心配そうな顔をしなかったという。信玄はいつまでも山上の敵と対陣していても仕方がないので、六日目に敵前を横断して、二十九日広瀬の渡しから海津城へ入った。

信玄は、ここで飯富虎昌・原信勝の意見を容れて決戦の覚悟をきめた。総勢二万の軍隊を二手にわけ、一万二千を妻女山に向け、九月十日卯刻（午前六時）を期して攻撃をかければ、謙信は勝っても負けても千曲川を渡ってくるであろう。そこを信玄の本隊が待ちうけて、はさみ討ちにしようというのである。

妻女山から、海津城に炊煙のぼり、ただごとならぬ気配のあるのを見た謙信は、侍大将を集めて敵情を判断し、夜のうちに川を越えて、日の出とともに敵陣に突入すると決心を伝えた。越後の軍法では一人で三人の食事を調えることになっているので、こちらの炊煙はそれほどめだたない。こうして謙信は、九日亥刻（午後十時ごろ）妻女山を下り、ひそかに雨宮の渡しを越えて対岸に移った。

明くれば九月十日、朝霧のはれやらぬかなたに、八幡原に出た甲州勢は越後の大軍が布陣しているのを発見し、驚きまたあわてた。越軍の先陣信州勢がまず鬨《とき》を作って前進し、甲州勢との間に乱戦がはじまった。太刀の鍔《つば》音が激しくなり、汗馬が行きかい、あるいは組みつき、あるいは落重《おちかさな》って、首を取るもの、取られるもの、秋の霜よりなお厳しかったと伝えられる。双方ともに武名を重んじ、「義は泰山よりも重く、死は鴻毛《こうもう》よりも軽し」と覚悟して、一歩も退かずに奮戦し、血は馬蹄《ばてい》に蹴《け》かけられて紅葉の雨に灌《そそ》ぐが如く、死骸は野道に横たわって、尺寸の余地もない。このように『上杉年譜』はオーバーな表現をしている。

だが激戦であったことはたしかで、上杉謙信感状では武田勢数千騎が、近衛前嗣の手紙では、八千人が討ち取られたことになっている。これでは武田勢が皆殺しになったことになるが、死傷実数をその何分の一かに見つもっても、たいへんな数である。信玄の方では、志駄義時・庄田定賢・左近《さこんじ》司治左衛門をはじめ、雑兵を含めて、三千百十七の首帳《くびちょう》であったとしている。ともかく信玄の弟信繁は戦死し、嫡子義信は負傷した。諸角豊後守・初鹿野《はじかの》源五郎も討死した。義信の旗本を切り崩し、信玄の旗本へ上杉軍が攻めかかったとき、白巾で頭を包んだ武者一騎、月毛の馬に乗り、三尺ばかりの刀で信玄に切りかかった。甲州勢はこれを輝虎（謙信）と伝えたが、『上杉年譜』では荒川伊豆守長実であったと記している。この武

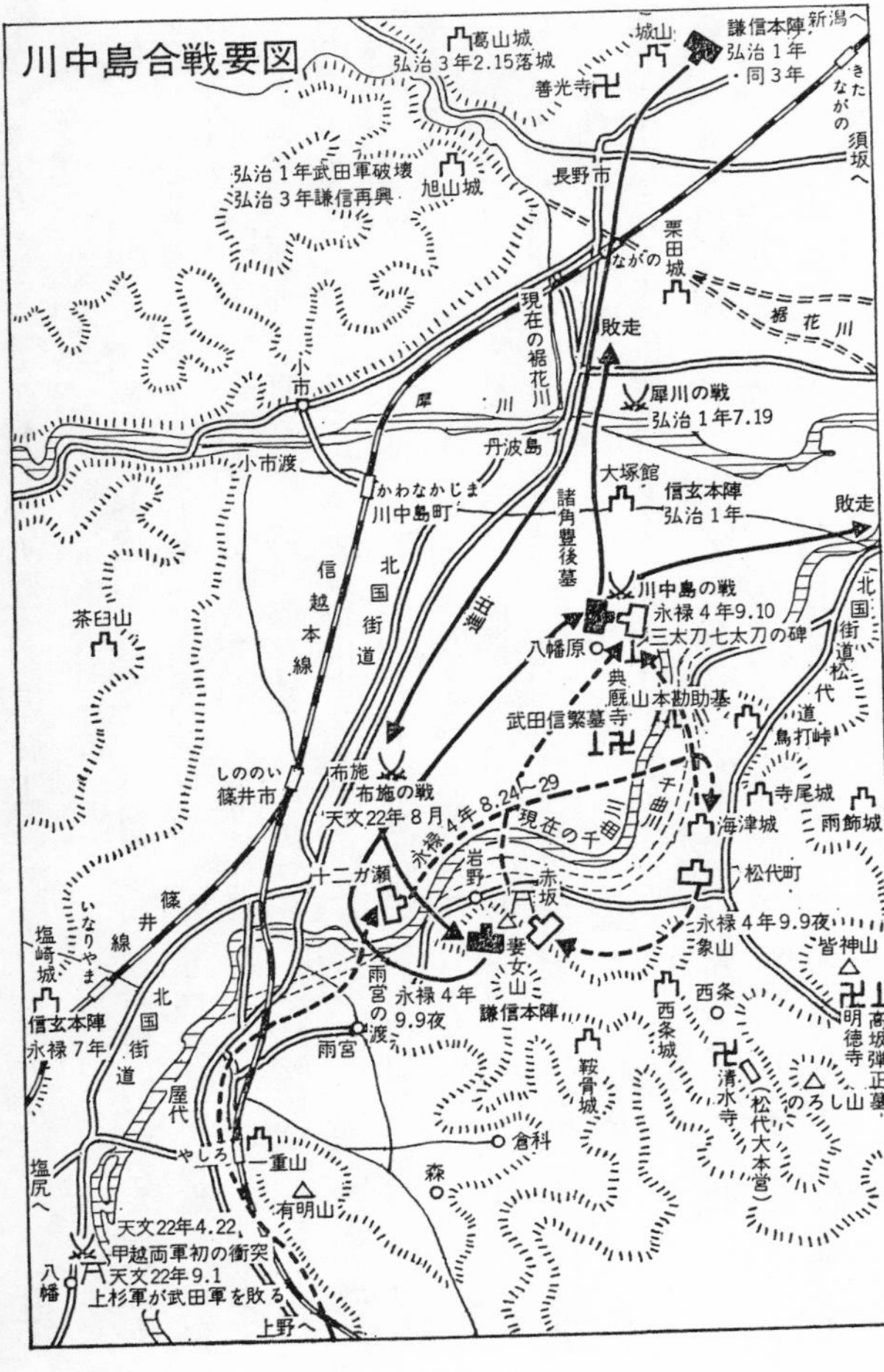
川中島合戦要図
葛山城
弘治３年2.15落城
城山
謙信本陣
弘治１年
・同３年
新潟へ
善光寺
きたながの
須坂へ
弘治１年武田軍破壊
弘治３年謙信再興
旭山城
長野市
ながの
栗田城
裾花川
現在の裾花川
敗走
小市
犀川
犀川の戦
弘治１年7.19
丹波島
小市渡
大塚館
かわなかじま
川中島町
諸角豊後墓
信玄本陣
弘治１年
敗走
信越本線
北国街道
進路
川中島の戦
永禄４年9.10
三太刀七太刀の碑
八幡原
茶臼山
典厩寺
山本勘助墓
武田信繁墓
北国街道松代道
鳥打峠
しののい
篠井市
布施
布施の戦
天文22年８月
永禄４年8.24～29
千曲川
現在の千曲川
寺尾城
海津城
雨飾城
十二ガ瀬
岩野
赤坂
松代町
篠井線
いなりやま
永禄４年9.9夜
象山
皆神山
塩崎城
妻女山
謙信本陣
雨宮の渡
永禄４年
9.9夜
西条
西条城
高坂弾正墓
明徳寺
信玄本陣
永禄７年
北国街道
雨宮
鞍骨城
清水寺
(松代大本営)
のろし山
屋代
倉科
やしろ
一重山
塩尻へ
森
有明山
天文22年4.22
甲越両軍初の衝突
天文22年9.1
上杉軍が武田軍を敗る
八幡
上野へ

者のため信玄は、腕に二ヵ所かすり傷を負わされたという。

戦況は、はじめは意表に出られた甲州勢が押され気味で、本陣まで切り込まれたのであるが、妻女山にまわった別軍であろうか、小山田勢らが上杉軍の横合いから攻撃をかけ、このため戦勢は逆転した。小山田は甲斐郡内の領主で、当主備中守昌辰《まさたつ》は都合があって参陣せず、手勢ばかりがきていたが、これで側面攻撃に成功したので、近国に武名をとどろかしたと、甲斐妙法寺住職は記している。これから上杉軍は、甘糟《あまかす》長重を殿軍《しんがり》として退却し、犀川を越えて善光寺に去った。ついで本取《もとどり》（髻）山の麓で首実検《くびじっけん》を行ない、恨みをのこしつつ越後に帰ったという。武田軍の損害も大きかったので深追いせず、八幡原に凱歌をあげて軍を撤した。

『甲陽軍鑑』はこの戦を次のように結論づけた。「合戦卯の刻に始まりたるは、大かた越後輝虎の勝ち、巳の刻（午前十時）に始まりたるは、甲州信玄公の御勝ち」と。だが合戦の結果から見ればどうであるか。善光寺平は一体どちらの手に入ったのであろうか。

血染の感状

永禄四年九月の戦いで、上杉政虎（謙信）の出した感状を「血染《ちぞめ》の感状《かんじょう》」と呼んでいる。別に血液がついているわけではないが、この感状を手に入れるために、一族・被官が多く死

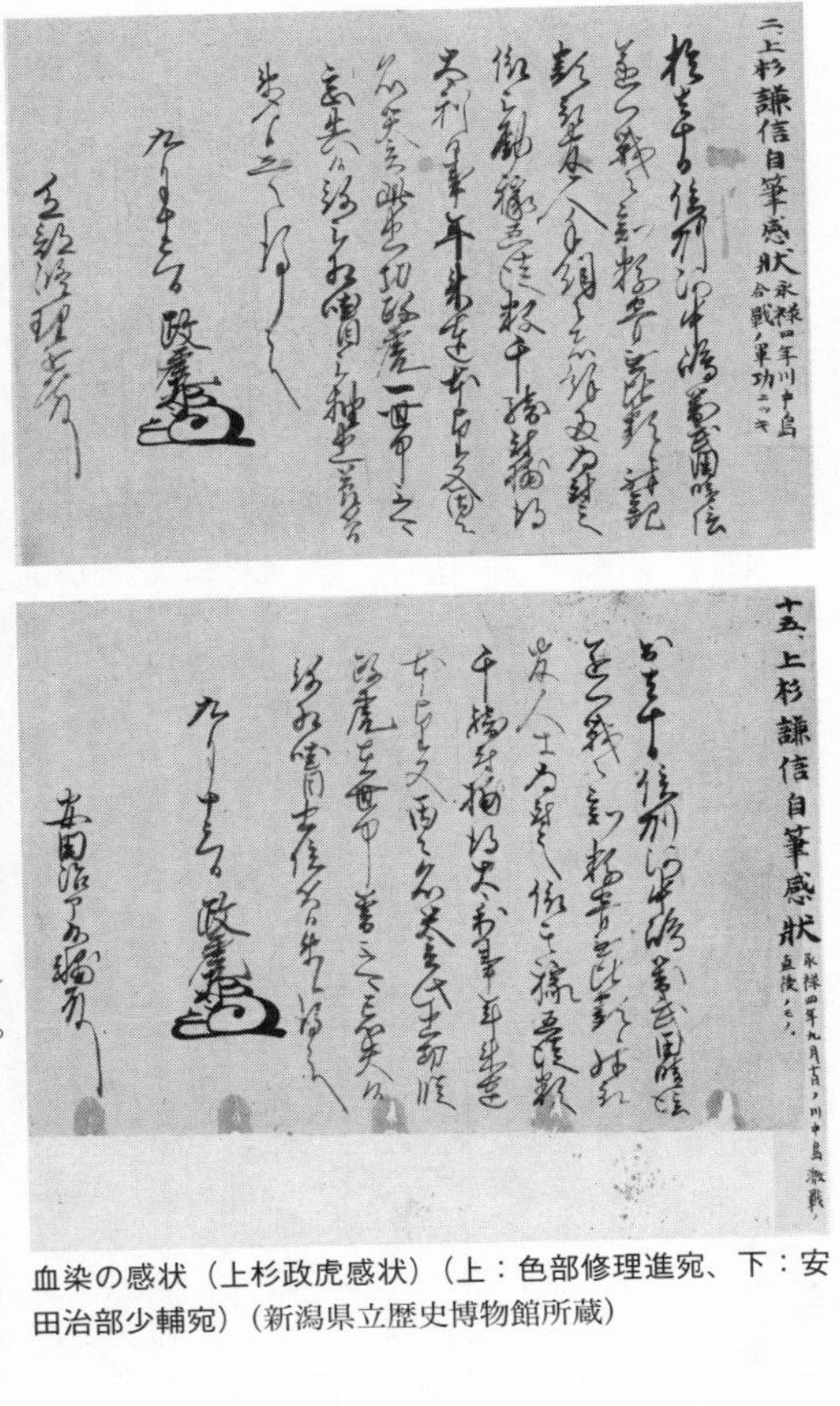

血染の感状（上杉政虎感状）（上：色部修理進宛、下：安田治部少輔宛）（新潟県立歴史博物館所蔵）

傷したのであるから、実感のこもる呼称であるとも考えられる。

血染の感状は現存するものは三通である。長岡市の反町十郎氏所蔵〔現在は新潟県立歴史博物館所蔵〕にかかる色部修理進（勝長）宛と安田治部少輔（長秀）宛のもの、および大阪市の垂水博夫氏所蔵〔現在は新潟県立歴史博物館所蔵〕の垂水源二郎宛のものである。このほか『歴代古案』に松本大学（忠繁）宛のもの、『上杉年譜』に中条越前守（藤資）宛のものが載せられているから、かつては原本が米沢藩士の家に伝えられていたにちがいない。これらはいずれも九月十三日、つまり謙信が本取山麓で首実検をしたころ発給せられ、隊長格に与えられたもので内容も同じである。なお九月十二日に本田右近允（『上杉年譜』）、九月二十二日に岡田但馬（『歴代古案』）に与えているが、これは日付がちがうだけでなく、内容も簡単で個人的色彩が強い。

軍記に名高い川中島合戦の感状といえば、やはり偽物ではないかという疑いが起ってくる。元来、感状のような祖先の軍功を示すものは、系図と同様に作為される場合が多いし、上杉謙信を藩祖とする米沢藩では、名門の由緒を誇っていただけに、偽作の可能性も十分に考えられる。安田文書と色部文書の感状が形状（四半切紙）・書風・文体・様式・花押など全く一致しても、両方とも米沢藩の名門であるから、この疑問の解決とはならないわけである。

しかるに大阪府の垂水博夫氏が、右の両状と全く一致する第三の政虎血染の感状を所持しておられたことから、三通とも実書であることは疑うべくもないものとなった。垂水氏は鎌倉期のはじめ、相模国河村郷から越後国衙領荒川保地頭職に補せられて入部した河村氏の子孫である。河村氏の所領は荒川と女川の漁業権と舟運権で、荒川保民が、修験者の開発した

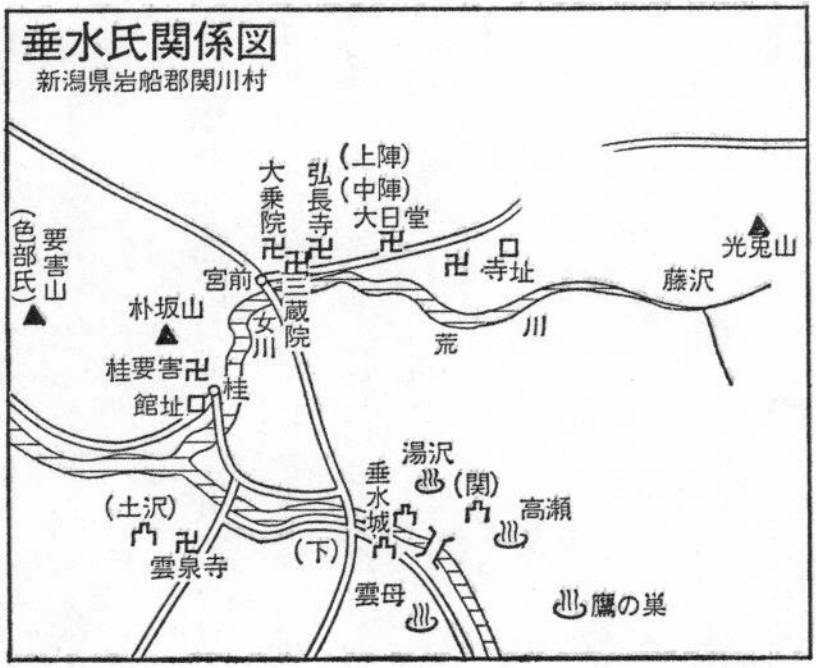

垂水氏関係図
新潟県岩船郡関川村

金山の採掘と鉱石の運搬に従事したため、金山をも支配していた。居館は桂地区の西方約一㎞のところで、五輪塔婆が菩提寺と見られる観音堂址に散乱している。この一族か、あるいは惣領家かも知れないが、室町期に垂水に居城を構え、荒川上流に沿った八ヵ村を支配したものが垂水氏である。垂水氏は永禄四年の感状に姿を現わすほか、御館の乱で上杉景虎に一時味方したが、のち景勝につき、慶長二年までは、たしかに垂水に住んでいた。佐渡金山の奉行として活躍した河村吉久は、その金山採掘の技能と色部長真《ながざね》との関係から見て、この河村の一族と思われる。慶長五年の関ヶ原の役（越後では上杉遺民一揆）ないし慶長八年の河村吉久の追放から越後河村氏の消息は文献より消えるが、大坂の陣で加賀藩の本多家に仕えた河村五左衛門の活躍が見られる。垂水博夫氏はこの河村家の嫡統なのである。従って垂水家文書の謙信感状は、『甲陽軍鑑』の世に出たときは、すでに金沢にあったものであって、それが米沢伝存の感状と一致することは、この三つ（従って五通）が偽作されたものでないことを示しているといえる。

そのうえ米沢上杉家では、永禄四年九月十日の会戦を、中条・色部・安田・松本ら重臣が感状を所持するにもかかわらず、否定する態度を露骨にしているのである。これは、この決戦の敗北と『甲陽軍鑑』の流行に対する反感にあるように思われる。

それについてこんな話がある。

江戸幕府の御用学者、林春斎が『続本朝通鑑』を編纂していたときのことである。春斎は酒井修理大夫の屋敷へきてしきりにグチをこぼした。信州川中島で謙信と信玄との合戦の次第を上杉家へ尋ねたところ、紙数四十枚ほどの記録を提出してきた。さきに述べた『川中島五箇度合戦之次第』のことである。しかるにその説と、『甲陽軍鑑』とが、年号月日、合戦の様子もまるで相違しており、『続本朝通鑑』にはどう書いたらよいか分からないので、幕府当局へ伺いをたてた。いろいろと話し合ったが、旗本のお歴々にも信玄の家来の子孫があり、上杉家の書出しのとおり通鑑に書けば、『甲陽軍鑑』はみなウソになり、甲州流軍法にキズがつこう。軍鑑そのものは近ごろの偽書であっても、年久しく習い置いた甲州流軍法までムダになるようではいけない、といいたてたので、上意を承わって、『甲陽軍鑑』と「上杉家書出」を並記すると春斎は話したという。南光坊天海も『甲陽軍鑑』を読んで、謙信と信玄の太刀打ちの年月・場所がちがっている、天文二十三年八月十八日の合戦を、山の上からたしかに目撃したと語ったという。外様大名たる上杉家をはばかったのであろうか、政治が真実をゆがめている傾向が見られる。それをゆがめたのは滅びた武田家ではなくて、永禄四年九月十日を否定しようとする上杉家であった。さればこそ、米沢家中に伝えられた感状の史料的価値は高いのである。

感状を感情的にならないで冷静に見てゆこう。安田文書の感状は次のようになっている。

於去十日信州河中嶋対武田晴信
遂一戦之刻粉骨無比類候殊被
官人等為討之依其稼凶徒数
千騎討捕得太利事年来達
本望又面々名誉此忠功段
政虎在世中曾不可忘失候
弥相嗜忠信簡要候謹言
九月十三日　政虎（花押）

安田治部少輔殿

訓　読

去る十日、信州河中島に於《おい》て、武田晴信に対し一戦を遂ぐるの刻《きざみ》、粉骨比類なく候。ことに被官人等これを討たせ、その稼により、凶徒数千騎討ち捕り、大利を得ること、年来の本望を達す。また面々の名誉、この忠功の段、政虎在世中、かつて忘失すべからず候。いよいよあい嗜《たしな》み、忠信簡(肝)要《きんげん》に候。謹言。

九月十三日　　　　　　　　　政虎（花押）

安田治部少輔(長秀)殿

人情味のあふれた異色ある感状である。九月十日に謙信の受けた感動が、そのまま文面に表現されていると見てよい。ここで彼は声を大にして「凶徒（武田軍）数千騎を討ち捕り、大勝利であった」といい切っている。

ところが、信玄が土屋豊前守に与えた十月十一日付の感状では、この合戦が思うように勝ったから、水内郡の和田・長池を与えるといっている。そこには感動はなくて恩賞が明記され、当該地域が上杉の勢力範囲から信玄の手に入ったことを具体的に示しているようである。さらに信玄は十月晦日《みそか》に京都の清水寺成就院に、伊那郡面木郷を寄進する書状を送っている。その中で、今度越後の侵略軍をむかえ討ち、敵三千余人を討ち捕り、人々の怨みを、もうすぐみんな晴らすことができる。市川・野尻の両城にまだ残党がのこっているが、来年の雪どけのころには落城するだろうから、さらに万疋（百貫）の土地を寄進すると述べている。

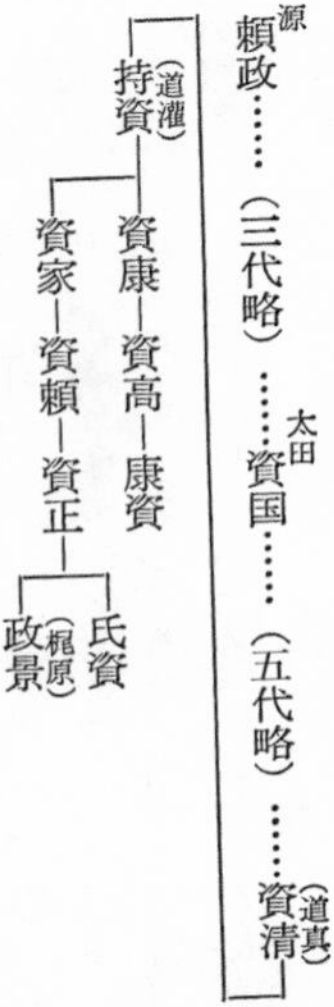

太田系図

このように両方とも自軍の勝利を宣伝してはいるが、信玄の方が具体的に所領を給与したり、寺領を寄進したりしているのに、謙信の方は情緒的ではあるが、内容は空虚である。しかも謙信の当面の目標たる海津城攻略は成らず、野尻・飯山など国境線をかろうじて維持するにすぎない有様になってしまった。戦闘そのものは、たがいに相手に決定打を浴びせることができなかったから、互角であったであろう。だが武田の占領下にある北信へ攻めこんだのは謙信であるから、甚大な損害を蒙って、なんの得るところもなかった彼の方が分が悪いということになろう。米沢藩でこの戦を正史に記録したくなかった気持もなんとなく分かるように思われる。

関東では、北条氏康はこの機に乗じて反攻に転じた。十月早々松山城に攻めよせ、岩槻城の太田資正（道灌の曾孫）には、三好長慶と同様に幕府の相伴衆に推挙する条件で味方に誘っている。資正はこれに応じなかったが、古河城の近衛前嗣は気が気でなかった。当時彼は足利藤氏・上杉憲政とともに古河城にいて、藤氏が関東公方と呼ばれたのに対し、越後公方と呼ばれていた。北条軍の張陣があり、いろいろデマが乱れ飛ぶと、矢も楯もたまらず、しきりに謙信の出馬を求めた。川中島戦から二ヵ月もたたないのに、謙信はまた関東へ長途の遠征をしなければならなかった。すると信玄は、十一月碓氷峠を越えて上野に出兵し、山峰ついで国峰を略し、十二月北条氏康とともに松山城を攻めようとして、要衝倉賀野《くらがの》城を攻撃したのであった。成田長泰・佐野昌綱をはじめ小山・小田等の上杉属将も、あいついで北条方についた。謙信は館林城や佐野城の攻略にまたエネルギーを消耗せねばならなかった。そのうえ古河城の近衛前嗣・足利藤氏・上杉憲政の三人の間でも波風がたっていた。古来からの公方―管領という形を無理に維持しようとするのが、すでに時代錯誤であったのかも知れない。謙信は事情を察して藤氏を簗田政信らに任せ、前嗣と憲政を厩橋城に迎え、翌永禄五年三月、関東を片づけて帰国するとき、これを越後へつれて帰った。若い前嗣は面白くないので、謙信のひきとめるのも聞かず京都に帰ってしまった。貴族に弱い謙信もさすがにこれには腹をたてたという。もう何もかも企画どおりにゆくものはないような謙信のそのころであった。

甲・越のどろ仕合い

関東における謙信は、信越国境の防備の手を抜いても、北条氏の関東平定を遅らせようとしているかに見えた。歴史の大勢に逆行する彼の動きと立場は、年月がたつにつれて、困難になってきたのもやむを得ないところである。永禄五年（一五六二）春、彼が帰国すると、九月信玄はまた西上野に入り、箕輪城以下を攻めたて、これと巧みな共同作戦をとって、北条氏照は古河に迫った。近衛前嗣（前久）を関東から追い返して安心していた足利藤氏は、あわてて里見義堯のところへ身を寄せることになる。信玄はさらに進んで松山城を攻め、翌永禄六年二月城将上杉憲勝をくだした。冬季の越軍の行軍の困難を見越しての進攻作戦である。

深雪をおかしてようやく謙信が松山に到着したときには、北条氏康も武田信玄も撤退してしまっていた。謙信はこれから小田・小山・佐野の諸城を降服させ、古河城を回復して藤氏を帰住させたが、一方信玄は、すばやく信州にまわって飯山城を攻落し、また信濃国中の人夫を動員して飯縄《いいづな》山麓に道路を作っていた。謙信が驚いて国に帰ると、たちまち武田・北条連合軍は上野の上杉属城を攻め、北条氏康は古河の藤氏を捕えて、伊豆に幽閉し、義氏を古河公方とした。このため十二月、謙信は雪を冒して関東に出陣、翌年四月まで各地を転戦せねばならなくなる。

このように謙信は三国峠や田口・関山の豪雪を踏んで、関東―越後―信州の間を行きつもどりつせねばならなかった。彼が入関すれば、氏康は鋭鋒を避けて、謙信の兵站《へいたん》線を延長させ、人馬を疲れさせた。そしてひとたび猿ヶ京を越えて去れば、上杉方の諸将を寝返らせ、または属城を攻めたてた。果てしなきドロン・ゲームのくり返しを、謙信は怒り、いらだちながら、根気よくやっているようであった。

永禄七年の春にも、謙信の留守をねらって、武田軍は野尻城を落城させた。城主以下を討ち取った武田勢は、国境を越えて越後に侵入し、村々を荒しまわっている。

野尻湖といえば、上信越高原国立公園のなかにある有名な観光避暑地である。湖中に弁天島という島があるが、戦国時代ではここも要害であった。

この野尻城の陥落と甲州軍の越後侵入の飛報は、当時関東にあった謙信に大きなショックを与えた。春日山と府内を守っていた蔵田五郎左衛門と萩原伊賀守にあてて、彼は春日山要害の普請と下の倉（直江津市蔵屋敷か）にいれてあるものを、ことごとく実城《みじよう》（本丸）にあげて倉庫につめておくように命じた。武田軍がすぐにも府内に殺到するかも知れないと考えたからで、「城を枕に討死する覚悟が定まっておれば、みんなの支度の品々を山上へあげよ」といっている。城下の居館「土井ノ内」・「蔵屋敷」・「中屋敷」などに住むものも城へ籠らせよというのだから、よほど「焦眉の急」と思ったにちがいない。留守をしていた長尾政景・直江景綱・長尾藤景は勿論、やがて柿崎景家以下数名を帰国させるから、いずれも実城につめるように申しつけている。大門・大手門もこのときに築造されたようで、春日山城の城郭としての体裁は整ったのであるが、それだけ謙信は最悪の事態が迫ってきたと考えたのである。

謙信が苦しくなれば、信玄は好調の波に乗って意気ごみもちがってきた。このころ利根川から西部の上野を制圧して、倉賀野城攻略の態勢をととのえていたが、一方会津の蘆名盛氏を味方に誘い、越後へ侵入させた。蘆名の将小田切弾正忠は、四月阿賀野川に沿い菅名《すがな》庄へ進み、雷《いかずち》・神洞《かんど》に拠った。越後国内でもかなりの内応者もあり、鵜浦《うのうら》・金上・松本など会津勢もぞくぞくと到着した。同月信玄は蘆名と共同作戦で越後を攻略しようと申し入れている。四月末慌しく帰国した謙信は、かろうじて会津勢五百余を討ちとって追い払い、野尻城を奪いかえしたのであった。

将軍義輝はこの情勢を心配し、大館藤安を派遣して上杉と北条との和睦を進めた。そこで関東戦線が八方ふさがりの謙信は、五月にひとまず関東での停戦を命じ、川中島侵入の計画を立てた。越後の飯塚八幡宮には、武田信玄を滅ぼし、旗を甲府にたて、信玄の分国を手中に収めんことを祈り、また六月、越後一の宮である弥彦神社には晴信（信玄）の悪行を列挙し、輝虎が「筋目」を守っていることを力説した願文を捧げている。自分勝手な論理にすぎないが、信玄の非行を神前に暴露し呪詛するほどに、彼は信玄憎しの一念にこり固まっていた。長尾政景が殺されたのはこのようなときである。もともと川中島合戦は国境紛争で、それが謙信の関東出陣を牽制する役割を果たしていたが、いまや甲・越の対立抗争こそが主たる目的にかわったのである。

あたかもこのとき、飛騨の三木《みつぎ》良頼《よしより》と江馬《えま》時盛《ときもり》とが争い、時盛が信玄の援助を仰いだので、良頼は時盛の子輝盛とともに謙信を頼ってきた。信玄の大軍が安房峠を越えて飛騨を制圧すれば、越中がたちまち混乱するので、謙信は越中諸将に三木良頼を援《たす》けさせている。そして七月下旬春日山を立ち、八月三日犀川を越えて思い出の川中島に布陣した。

今回は敵地を突破して佐久郡に進み、情況によっては、碓氷峠を越えて西上野に出る覚悟であった。八月一日には更級郡八幡宮に長い願文を捧げている。信玄が出てきたら興亡をかけた一戦をやり、出てこなければ佐久郡に在陣して国中を上杉領にするつもりだから、武蔵・上野の境で北条氏康を押さえてくれと、佐竹義昭にも彼は依頼している。

信玄は深志のほうから塩崎まで出陣してきたが、陣所をかくしたり、衝突を回避することにつとめた。すでに信濃を確保できた彼には、決戦は損しても益はないからである。そこで謙信もうかつに攻撃することもできず、奪回した飯山城を修築して武田軍の侵入に備え、十月一日春日山へ帰った。もはや信濃で謙信側に立つものは、番城の飯山城だけとなったわけである。

永禄八年（一五六五）になると、謙信の攻勢をくじくことに成功した信玄は、北条氏康と結んで関東で大攻勢に出てきた。二月に諏訪上社と新海大明神に、上野の箕輪城を十日以内に経略したいと祈っている。この予約は、昨夏謙信が「当秋中甲府に旗を立」てることを神に誓ったのとちがって、多分に実現の可能性のあることであった。また三月には本願寺顕如と対上杉軍事同盟を結び、越中方面では信玄とともに軍事行動をすることを協定した。そして五月安中《あんなか》口から上野に進み、翌月要衝倉賀野城を攻略してしまった。

この落城を、城主倉賀野直行が若輩のための油断だと謙信は歎いているが、つまるところ

「後詰」がなかったためである。北条と上杉とを和睦させようとした将軍義輝は五月殺されており、謙信は朝倉義景・大覚寺義俊からしきりに西上を促され、関東諸将からは、さかんに「越山」を求められていた。しかし謙信は柏崎に滞陣したまま、信州方面が心配で、どうにも動きがつかなかった。心は三つ、身は一つなのである。

彼は河田長親や上田衆を沼田城の松本景繁のもとに送り、里見義弘に常陸・下野の軍とともに北条を攻撃させたが、こんな机上の作戦ではなんの役にもたたない。また信濃に出陣して信玄をおびき出すから、厩橋城の北条《きたじょう》高広や富岡重朝等に小幡・安中まで追撃せよと指示しているが、こんな子供だましの手に乗る信玄ではなかった。上野の危機も刻一刻と近づいてきた。

そもそも謙信が立脚している柏崎町が不安定であった。彼はここが越後の中央で、関東・信州・越中の三正面作戦に好都合でもあり、昨年の会津勢侵入のこともあって滞在したのであろうが、大軍に駐屯されて困ったのは町人である。そこで永禄七年（一五六四）柏崎町に制札を出し、商売用の牛馬荷物に対する新税を禁じ、青苧役の徴収を厳しくし、町人の帰住を奨励し、盗賊・火付人を密告したものには褒美を与えることを約した。さらに無道狼藉の現行犯の逮捕・殺害までも承認し、ひとたび荒廃した柏崎町を直轄領として再興の方針を明らかにし、町民を安堵させている。だが最後にこの制札に名をかりて町人が「強儀《ごうぎ》」（無法）をやれば重罪に処すると、例のごとく「アメ」と「ムチ」の政策を強調している。

ところが二年たって見ても、柏崎の経済力はすこしも立ち直っていない。かつて万里集九がこの町を訪れたときは、この港町の繁栄に目を見張ったものであった。戦国大名の鉄の統制下に入っては、自由なる都市の空気も消え失せたのであろうか、柏崎町人は「無力」のため、「上下之償《つぐない》」の免除を願い、永久に「御用」を免じ、いよいよ「御介法」を加えてもらうことになった。さきの越山の基地魚沼郡の徳政といい、柏崎の諸役免除といい、都市も農村も連年の戦争で疲れ切っているのであった。

ところで武田信玄の攻略目標である箕輪城は、榛名山《はるなさん》の東南麓にある西上野の最重要拠点である。長野業正《なりまさ》が先年なくなってから、ハイティーンの業盛《なりもり》があとをついでいた。それでも、永禄九年（一五六六）また攻撃をうけると、わずか千五百余の城兵で、二万の武田軍を相手に必死の防戦をした。手を焼いた信玄は得意の包囲作戦に切り換え、九月二十九日甲州軍の総攻撃で、ついに力つきて落城した。業盛はいまはこれまでと、「陽風《はるかぜ》に氷肌《むめ》も桜も散り果てて、名にぞ残れるみわの郷《さと》かな」の辞世を残して果てたという。ときに年十九歳であった。あの謙信入関のときは、太田資正とともに長野業正が上杉幕下の双璧であったが、太田資正はすでに二年前、北条についた息子の氏資のために、留守中に岩槻城を乗っとられて、本城を失っていた。いままた箕輪城が見殺しにされたのであるから、謙信の関東における勢威は下降する一方であった。

謙信は飯塚八幡宮に、分国の味方が叛《そむ》かないように祈っているが、たしかに佐野昌綱以下関東諸将の表裏は甚しかった。業をにやした謙信は、小田氏治を降したときは、結城・小山・由良以下関東諸将に百騎・二百騎と軍役をかけて、統制を強化している。しかもこのとき、捕虜の売買も行なわれた。二月十六日開城ののち春中人身売買が行なわれ、二十銭・三十銭ほどしたという。しかし信玄は長野業盛の遺臣二百騎を召抱え、箕輪城代内藤修理の配下にしたが、こうした占領地行政の面でも、謙信はとかく感情的になりがちであった。

このころ義輝の企画をついだ足利義秋（義昭）は、しきりに上杉と北条を和解させて、上杉を上洛させ、三好義継・松永久秀等を討とうと画策していた。北条は武田との同盟を重んじて単独講和には乗気でなかったが、いたるところで敗勢にあった謙信は、氏康に誠意があり、自分が損をしなければ、北条と講和し、上洛の軍を起してもさしつかえないと思っていた。むろん武田信玄に対しては「信州・甲州を当秋（永禄九年）中に一軒も残さず焼払い、旗馬を甲府に立て、即時に晴信父子を退治する」とあいかわらず強がりを見せている。

越相講和のことは厩橋城将北条《きたじょう》高広・上野家成、金山城主由良成繁《なりしげ》などが北条方と交渉していたが、ついにまとまらなかった。恐らく謙信の方で管領風を吹かせたのではあるまいか。しかもこの講和に期待をかけていた謙信は、由良成繁を問責したため、成繁・国繁父子は北条《ほうじょう》氏康についてしまった。おまけにかつての味方であった上野家成・北条輔広《きたじょうすけひろ》・高広に密使を送る始末であった。謙信はこれを「佞人表裏」とののしり、討伐のため、永禄九年十二月関東に出陣したが、翌十年（一五六七）になると、佐野昌綱がまた叛き、佐竹義重の参陣を求めても、いろいろ条件をつけ、逆に武田信玄に通じてしまった。おまけに厩橋城将北条《ほうじょう》高広までが北条方に寝返り、越軍の前線はいっきょに沼田まで後退してしまった。沼田城にいた上越国境地帯の人質は、二年前に上田に移され、長井には後備陣地が構築されていたが、ここにいたっては、上田衆の総力をあげて沼田城（松本・小中・新発田）へ派遣するのが、謙信のせいいっぱいの応急対策であった。

信越方面でも同じことである。国境付近の市川新六郎までが、この永禄十年に武田方につき飯山城は孤立した。田口—古間街道を進む敵は、関山城を新たに築いてくいとめねばならなかった。飯山城のほか、越軍の防衛陣地は、ついに国内に後退してしまったのである。永禄四年小田原城下に殺到した、あのときの上杉ブームは、川中島八幡原の敗戦を転機に、わずか数年でここまで崩れ落ちてしまった。

戦局の転回

永禄十年（一五六七）になると、戦国時代も大詰に近づき、戦乱が大規模になるとともに、めまぐるしい情勢の変化に対応して、外交戦が火花を散らすことになった。巧妙な武田・北条の共同作戦のまえに、後退を余儀なくされていた上杉謙信は、いま局面の一大変化によって、ようやく多正面作戦から解放される機会をつかむことができたのである。

今川義元の死後、駿河・遠江・三河の太守今川家も、しだいに勢威が衰えてきた。そこで信濃平定を成就した武田信玄は南進政策に転換し、永禄十年冬嫡男義信を自殺させ、その妻（義元娘）を今川氏真のもとへ送り返した。謙信を久しく苦しめた三国同盟の一角は崩れ去ったわけである。今川と北条とが、甲斐の山国へ送る塩を国境で止めてしまった「塩留《しおどめ》」は、その報復措置であった。

謙信が敵に塩を送ったというのも、このときのことであろうが、これもやはりできすぎた話である。一年前には謙信は、信州・甲州を一軒のこらず焼払うと神仏に誓っている。遠江・駿河・伊豆・相模の塩が甲斐に入らなくて、甲斐の人びとが苦しんだことは事実であろう。しかし塩がなくては生活できないから、おなじ武田分国である信濃から移入することが当然考えられる。信濃も甲斐と同様山国であるが、ここへは「塩留」がなされていないのである。信玄は永禄八年から織田信長と結んでいたから尾張・三河・美濃・伊勢の塩が信州へ入る可能性が考えられるし、越後西浜の塩は姫川街道を通って、ずっとのちまで信濃に移出されていた。謙信はまだ北条氏康と交戦中であったから、「塩留」の協定が成立するはずはないし、西浜の製塩業は、信州移出を停止されれば、潰滅的打撃を受けることであろう。この点から、敵に塩を送った美談は、今川・北条の塩留によって姫川街道を塩荷が通ったのではなく、越後根知谷では塩留をしなかったから、従来通り塩商人が信州に塩を運び、それが甲府に送られたと解すべきであろう。歴史には、結果からいえば、こんな皮肉な事象もよくおこるのである。

　ところで武田信玄にねらわれた今川領国は、第二次世界大戦勃発当初のポーランドの姿そのままであった。信玄はまず、富士川を境界にして駿河を分割しようと北条氏政にもちかけた。北条がこの提案を拒否し、氏康の妻の実家であり、娘の婿である今川氏真を援助することになると、信玄はこんどは徳川家康と協定しようとしている。この場合当然予想されることは、今川氏真・北条氏政が、上杉謙信と結び、甲・相・駿三国同盟が解体したかわりに、越・相・駿の三国連合が成立し、南北合従して甲斐を包囲するということである。昨日までは信玄は謙信を東西に奔走させて苦しめたが、今日はわが身で、三正面（越後・西上野・駿河）作戦で南北に戦力を分散させられるおそれがあった。しかし信玄は巧妙な外交戦略で、上杉陣営を分裂させ、逆に謙信を包囲した。会津の蘆名盛氏、陸奥・羽前の伊達輝宗、越後の本庄繁長、越中の椎名康胤と一向一揆、常陸の佐竹義重、これらが上杉謙信を敵として武田信玄に結ぶはずであった。遠い敵を味方につけることに、信玄は特異な才能を持っていたといえる。

　越中の椎名は、長常と為景の同盟が謙信と康胤にまでつづいていた。本庄繁長にいたっては、越後の外様国衆では中条藤資についで優遇された名家である。だがこのころ、繁長は羽前に攻めこみ、越後の北辺を脅かしていた庄内大宝寺の武藤義増を制圧し、庄内地方を併合して北国の雄族に成長していた。この大宝寺城はのち最上義光《よしあき》により鶴岡城と改められている。謙信はこの武藤義増と結び本庄氏を押えたのであるから、繁長の大宝寺征服は、謙信に対する立場をいちじるしく強化させたといわねばならない。

永禄十一年春、謙信は越中に出陣して、椎名・神保・土肥等の本願寺に通じたものを討った。守山城を陥れ、一向一揆と結ぶ能登を平定して人質の畠山義春を能登の国主に擁立しようというのである。しかし武田信玄の計画は、この年の正月、謙信が沼田にいたときから整えられていた。蘆名の部下小田切弾正忠が、揚北衆をさそって四月越後に乱入することになっており、能登・加賀の方でも本庄繁長が三月十三日に府中をぬけ出し、本庄城で挙兵したニュースはつつぬけになっていた。知らぬが仏は謙信陣営だけである。ところがこのとき、本庄が中条藤資を味方に誘うと、中条はその手紙を封も切らずに越中にいる謙信のもとに送った。このため謙信は二十五日放生津の陣を引きはらって、あわただしく国に帰った。中条の注進がなかったならば、揚北は動乱の渦中にはいり、信玄の大軍は国境を越えて府中を占領したかも知れない。謙信が主力を率いて放生津にいたばかりでなく、根知・不動山など越後西部に軍勢が配置されてあったからである。「かくのごとき忠信、輝虎一世中忘失あるまじく候」と中条藤資に心から礼をいっているのも、もっともなことであった。

謙信にとって幸いなことに、本庄の一族鮎川（大場沢）も謙信に忠誠を誓っていた。帰国した謙信は、これを見届けて越中へ参陣していた城主鮎川盛長を本城へ帰してやった。また小田切孫七郎等が本庄繁長に応じたのは、主君の蘆名盛氏が無用だといったのを、勝手に独走したものであった。従って蘆名の援軍も到着せず、中条・色部・黒川などの揚北衆が本庄の敵にまわったから繁長は孤立し、中郡への進撃どころか、本庄城に籠城せざるを得ないことになった。武田信玄は本庄繁長応援のために、七月飯山城を攻撃しはじめた。しかし謙信はすでに四月、このことあるを予期して安田景元・岩井備中等の援軍を特派しており、信玄軍は本庄城への「後詰」としては、あまり効果のあるものではなかった。

　武田信玄は飯山より転じて、長沼に陣をとり、関山街道から越後を攻略しようとした。謙信はただちに山本寺定長・長尾景信の一門を派遣して防備を強化し、飯山衆が大敵を防いだのだから、これに負けないようにと激励している。

　謙信軍は、いままで見てきたように、一門（Ⅰ）・外様国衆（Ⅱ）・譜代的国衆（Ⅲ）・旗本衆（Ⅳ）・新参衆（Ⅴ）の五つに区分できるが、この越後の危急にそれがどのように活用されているかをすこし見ておこう。

飯山城　桃井伊豆守（Ⅰ）　加地安芸守（Ⅱ）　新発田尾張守（Ⅱ）　五十公野《いじみの》右衛門大夫（Ⅱ）　安田惣八郎（Ⅲ）　上倉下総守（Ⅲ）　奈良沢民部少輔（Ⅲ）　上堺彦六（Ⅲ）ほか四名　吉江佐渡守（Ⅳ）　横目十数騎（Ⅳ）　岩井備中守（Ⅴ）

関山城　長尾十郎（Ⅰ）　山本寺伊予守（Ⅰ）　竹俣三河守（Ⅱ）　平子若狭守（Ⅲ）　宇佐美平八郎（Ⅲ）　山岸宮内少輔（Ⅲ）　下田《しただ》衆（Ⅳ）　横目十数騎（Ⅳ）　須田左衛門大夫（Ⅴ）　須田順渡斎（Ⅴ）　関山宝蔵院衆徒（Ⅴ）

上田城　栗林次郎左衛門（Ⅲ）金津新兵衛（Ⅳ）高梨修理亮（Ⅴ）山崎専柳斎（Ⅴ）
根知城　上条弥五郎（Ⅰ）河田対馬守（Ⅳ）河田窓隣軒（Ⅳ）旗本衆（Ⅳ）
不動山　庄田越中守（Ⅳ）小野主計頭（Ⅳ）旗本衆（Ⅳ）
春日山　山吉豊守（Ⅳ）河田長親（Ⅳ）栃尾衆（Ⅳ）本庄宗緩（Ⅳ）

飯山城は永禄七年に武田から奪回して以来、高梨の手から離れて上杉謙信直属の番城《ばんじょう》（支城）となっていた。関山城・上田以下の番城も一門・譜代・旗本（馬廻）で固めるべきものであるが、それでも外様がかなり動員されている。越中派遣軍と本庄城攻囲軍が信越国境におれば、もっと外様は多くなるだろう。危険な最前線の城郭へは、地元勢のほかに有力な外様国衆を派遣し、これに信頼できる一門・譜代を組み合わせて駐屯させ、本城（春日山）や要地は旗本で固め、そのうえ横目《よこめ》（目付役）の旗本を十数騎前線に特派して監察にあたらせる。これが上杉軍のやり方である。

とにかく、こういう防衛体制で、関山城は守りおおせた。信玄は駿河進攻作戦のため、ひとまず信越国境を去ったようである。九月になると、大宝寺（武藤）義増は本庄配下から離れて謙信に和を求めてきた。謙信は甲州からの軍使を抑留し、城塞三ヵ所を破壊し、老臣土佐林禅棟を重く用い、子息満千代に家中の子息をつけて府内に差出すことなどの条件でこれを承認した。

ちょうどこのころ、織田信長は足利義昭を奉じて京都に進んでいた。謙信こそは義輝や義昭からたびたび上洛を促されたのであったが、武田・北条の敵をひかえて果さず、ついに信長によってそれが実現されることになった。謙信は織田信長が美濃の稲葉山城を陥れたとき、いち早く祝意を述べた。いま京都を眼前にしている近江の信長から書状を受け、内輪の争いと本国の防備にエネルギーを消耗しているわが身をふりかえったとき、ひとしお感慨深いものがあったのではあるまいか。

一方武田信玄も本庄繁長の援助に懸命であった。はるばる兵糧を本庄城にまで送りこんでいる。謙信は鮎川に鉄砲の玉薬を送り、沼田城衆に会津方面の旅行者を検査させ、武田と本庄との密使連絡を断った。そして十月二十日府中を出発、二十一日柏崎、二十三日出雲崎につき、二十七日新潟出発と定めて、栗林政頼に上田勢を率いて新潟へ参着するように指示している。海路で進んだものであろう。上田勢のほか、三条・栃尾の軍勢が謙信の本営を構成していた。

十一月七日から本庄城への攻撃が始まった。この本庄城（村上要害）は村上市のはずれの牛が臥したような山（臥牛山《がぎゅう》）の頂上にある。花見時には全山が桜花でうずまり、石塁に花吹雪が舞うという風情のある城址であるが、一方は山岳つづき、西は日本海、南は深田が広がり、三面川《みおもて》が郭《くるわ》をめぐって堅固な要害でもあった。繁長はここを修築して、一族・郎党・地下人を集めてたてこもり、武田の後援を信じて戦意は旺盛であった。「越後の軍勢はみんなこちらに在陣しているから、沼田どころか、上田庄まで進撃しても大丈夫です」と信玄の急速な出馬を要望している。これは信玄が、十二月五日沼田城を攻撃するというのに対する返事であるが、この書状をもってきた使者は、城が重囲にあるために、猿沢にひそんだまま、期日におくれてしまった。繁長の返書は十二月二十四日に出されたが、このとき信玄は徳川家康との密約にもとづき、沼田城ではなくて、駿河に侵入していた。信越国境が雪でとざされているあいだに、駿河・遠江を攻略しようというのであろう。こんどは大雪が上杉を助けることになった。そして本庄繁長は完全に信玄に利用され、上杉軍重囲のなかに冷酷にも見捨てられたのである。

今川氏真の同盟者である北条氏康・氏政父子は、氏真の逃げた掛川城へ兵船三百余艘を送りこんで援けるとともに、上杉に対して講和を申しこんできた。いまや沼田城の脅威はまったく去り、本庄城は深雪のなかに孤立してしまった。そこで蘆名盛氏・伊達輝宗が斡旋にのり出し、謙信も「越山」を急いでいたので、ともかく永禄十二年（一五六九）二月末本庄を許す気持にはなっていた。だが本庄も籠城をつづける実力はあり、謙信は冬季の長期滞陣に悩む揚北諸将から誓紙と人質をとり、地下鑓《じげやり》（農兵）を徴集するなど、戦闘行為はさらに一ヵ月も続けられた。しかし北条と上杉との講和が成立し、信玄が興津《おきつ》城から甲斐に敗退して大勢が決すると、ついに蘆名・伊達の仲介で和睦することになった。講和条件は本庄領を削って鮎川に知行を与え、繁長の子息千代丸（顕長）を人質として府中に出仕させ、そのほか家中のものも人質を出すことで、繁長の生命と本領とは安堵されたわけである。のち元亀二年（一五七一）繁長はこの事件にからんで鮎川清長を討伐し、このため本庄を没収され、出羽庄内に遷されているが、また詫《わび》を入れて本領を返してもらっている。彼の実力が上杉政権にとって無視できないものであったからであろう。

征馬西に進む

和して同ぜず

永禄十二年夏のことである。関東街道を北へ進む中間《ちゅうげん》をまじえた三十名ばかりの一行があった。団長格の人物は年のころ五十ばかり、ずいぶんと丈夫そうな僧侶で、また酒好きのようであった。これは北条氏康が上杉謙信と講和するために、はるばる越府へ派遣した天用院《てんよういん》の一行で、天用院その人は氏康の家中の石巻《いしまき》下野守の実弟であった。これに「同宿」一人、介添《かいぞ》え一人、中間八、九人、遁世者一人がついている。このほか北条氏照の使節枕流斎《ちんるさい》の一行五人ばかりがおり、枕流斎は三十歳あまりで、魚類を食べる。さらに北条氏邦の家臣で天用院の案内をつとめる志津野一左衛門、勝田八右衛門一行五人、小川夏昌斎《かしょうさい》一行六人、これが使節団の陣容である。

五月十八日、一行は塩沢についた。直江景綱・河田長親からのいいつけで、使節を柿崎で正式に出迎えることになっている進藤家清は、ここで使節一行の様態をくわしく観察し、府中へ報告に及んでいる。それによると氏康からの進物は酒樽、由良成繁からは具足で、この土地での接待ぶりは上々である。荷物運送の馬を十疋ばかり用意し、荷物を肩に担《かつ》いで運ぶ宿送りの人夫は五十人ばかり用意されている。道路・橋・舟渡し場なども念を入れて、つぎつぎに、先から先へと準備をさせてある。沼田城の松本景繁から進藤らが出迎えることを知らされた天用院は、もてなしが過分であることをくり返し申し述べていた。

十九日には下倉、二十日は小千谷、二十一日は北条《きたじょう》につき、ここで二十二日も逗留して疲れを休める予定になっている。二十三日は柏崎、二十四日は柿崎につき、ここで進藤家清が迎えに出て、府中へ案内する日程である。

上杉謙信は閏五月三日ごろに使節を引見し、神に誓って血判を押し、講和をととのえた。この日「甲（山梨県）に向かい出馬の儀、その意を得しめ候」と北条氏照に報じているから、この天用院の使命は対武田軍事同盟の締結にあった。それにしても道中の気のくばりようといい、ものものしい使節団の編成といい、上杉も北条もこの調印式を重視したことはたいへんなものであった。それはここにいたるまで、いくつかのつまずきがあり、花も嵐もふみこえて、この日を迎えたからにほかならない。

関東管領として反北条派の中心に立っていた謙信が、その北条と和を結ぼうというのであるから、事態はむずかしくなってくる。武田の攻撃を受けた今川氏真から越・相・駿三国連合の提案がなされると、謙信は関東諸将にも意見を求めたが、佐竹義重・太田資正は今こそ北条を討つべき好機であると主張している。しかし北条氏康は長年の上杉との交戦に疲れ、いままた武田と事を構えていたので、強く越・相講和を望んだ。かつて謙信が将軍から和睦を勧告されたときとは、上杉と北条の力関係は大きく変化していたのである。氏康は子供の氏邦（鉢形《はちがた》城主）に沼田城と交渉させ、永禄十二年正月には北条氏照の使僧が越後に行っている。二月にも北条氏政の誓書が沼田城にもたらされ、西上野・信州への上杉軍の進撃が求められたが、謙信はまだ氏康を信用してはいなかった。沼田城の松本景繁が本庄繁長攻囲中の謙信を説得にでかけ、直江・河田・山吉と誓詞血判をかわして、ようやく彼も受諾の腹をきめたのである。将軍家の御内書に弱い彼の性格もあった。

四月北条氏邦の新田城で講和談判が行なわれたが、両者の主張にはなお大きな開きがあった。上杉側は足利藤氏の古河帰還、上野・武蔵の領有を主張し、北条側は藤氏が死んだことでもあり、義氏の擁立、伊豆・相模・武蔵の領有を主張して譲らなかった。つまりこのときは武蔵一国の帰属が争われたが、武田信玄が興津城を捨てて甲府に帰ると、北条方は講和を急ぐ必要もなくなったから、上野半国の分割、謙信の信濃出兵、北条高広《きたじょう》の赦免を求めてきていた。謙信としては太田資正の岩槻城・松山城、簗田晴助の関宿城、広田直繁の羽生城、成田長泰の忍城なども見殺しにはできないし、上野は上杉の本国であるから、分割領有などは認めるわけにはゆかなかった。

この両者の間隙をついて信玄は足利義昭や織田信長を動かし、越・甲の和睦を希望し、徳川家康と北条氏康とを手を切らそうと努力していた。信長は信玄と結ぶとともに謙信と提携しており、信長の盟友家康は信玄の出方を警戒して、上杉との同盟を申し入れていたからである。戦争は戦闘そのものよりも戦略的色彩を濃厚にしてきており、上杉謙信はいまや各勢力に対し、キャスティング・ボートを持っているように見えた。

天用院の来越で、関東管領職を承認し、上野一国と武蔵岩槻城までを上杉領とし、北条氏政の子を人質におくる線で話し合いがついた。具体的なことは、そののちの情勢で決定せられてゆくが、六月謙信は広泰寺昌派《こうたいじしょうは》を小田原に遣わして誓書を送り、北条氏康・氏政父子から氏政の次男国増丸《くにます》を養子つまり人質にもらいうける確約を得た。もちろん両者とも誓詞血判を交換している。このとき輝虎（謙信）から氏康への贈り物は、昆布一合・鱈《たら》一合・干鮭十尺・酒樽三荷で、氏康はいずれも相州にはない珍物で、とくに酒は有難いと礼をいっている。この天用院と広泰寺の使節交換で講和は成立し、北条高広もゆるされて上杉軍に帰参した。

しかし複雑な関東の情勢や越府と小田原との距離は、そのまま越・相同盟の将来を暗くするものであった。軍事同盟の本質は「同陣」（統一的軍事行動）にあるが、西と南に大敵をかかえた上杉軍の戦力には限界があり、つねに北条からの出陣要求に応じ切れるものでもなかった。たとえば広泰寺昌派に氏康が誓詞血判を渡した一週間後に、信玄は富士口から第二回目の駿河侵入を敢行した。北条からはただちに信州口への出陣を求め、遠山康光に小川夏昌斎をつけて、打合せのため越後へ派遣した。遠山は「老足」で炎天下の山路をゆくのは大変なので、辞退はしたが、「御屋形様御恐怖」のときなので、しいていやだとは言えなかった。是非なく使者を引受けた彼は金山城から沼田城までの伝馬五十疋を由良成繁に依頼している。このように北条にとっては喉から手が出るほどほしい「後詰」であって、そのために講和したのであるが、このときは信濃へ出兵しないうちに、信玄は帰国してしまった。

秋になると、こんどは越後側から、謙信の西上野出兵につき、北条に「同陣」を求めてきた。北条氏政はこれに対して、「西上州の平定なら本国をカラにして出陣する必要はない。謙信が碓氷峠を越えて信州に攻めこむのが確かなら同陣しよう」と返事している。

武蔵諸城の帰属も論議の種であった。深谷城主上杉憲盛は越後につき、また謙信は松山城を盟友太田資正（三楽斎）に返すことを希望していたが、北条は五月の天用院来越のときから、領主上田政広に返すことを主張していた。「同陣」以前に解決すべき問題は山積していたのである。国増丸を養子に送る件も、氏政が幼児をふびんに思ってなかなか実現しなかった。北条としてはかなり譲歩した講和条件のつもりであったが、謙信はさらに武蔵・下野の領有を要求したらしく、氏政はこれを勝手な理屈として憤慨し、誓詞血判で氏政と浮沈をともにすると言ってきた由良成繁父子に、上野一国を与える約束までしている。

ところが上杉・北条連合軍が碓氷峠を越えるかどうかで、一ヵ月以上も空費している間に、武田信玄は安房の里見義弘をさそい、逆に碓氷峠を越えて九月西上野に入り、北条氏邦のこもる武蔵の鉢形《はちがた》城に攻め寄せた。ついで甲斐の都留《つる》郡から小仏《こぼとけ》峠を越えてきた小山田《おやまだ》信《のぶ》茂《しげ》の軍と合体して、滝山城に北条氏照を攻め、十月二日小田原城に迫って城下に放火した。北条氏は小田原に軍勢が少なくて反撃できなかったが、武田勢も本城に押し寄せて示威すれば足りるのだから、二日ばかり陣取って、三日目の夜撤退していった。十月五日、津久井筋を甲斐郡内方面へ赴こうとしたのを、北条氏照・氏邦らが三増《みませ》峠で攻撃したが、氏政の本隊到着が一日おくれたために信玄をとりにがしてしまった。それも上杉軍の加勢がなかったためだと、氏康は謙信にコボしている。

謙信は越中に出陣中であったが、急を聞いて引き返し、十一月十四日塩沢につき、深雪をついて越山し、沼田城についた。この晦日、上杉の使者進藤隼人と須田弥兵衛が鉢形城から小田原に向かっている。

この入関によって、謙信は足利義氏を公方に戴くことに同意し、北条との戦をつづけていた太田資正は、子息梶原政景を小田原へ人質に入れ、岩槻城を返還してもらって和を結び、佐野昌綱も謙信に従った。北条国増丸養子の件は、条件を緩和し、翌元亀元年（一五七〇）氏政の弟氏秀を送ることに変更した。はじめ武田信玄の養子になっていたが、甲・相断交で小田原に帰された人物である。謙信はこれに自分の前名の景虎を名のらせ、長尾政景の娘（謙信の姪）を妻にした。しかし「歴史は、小説よりも奇なり」である。景虎が輝虎の養子になってまだいくばくもたたないうちに、越・相の同盟は破れ、北条はふたたび武田と結ぶことになるのである。

甲・相和を復す

いったい武田信玄を相手とする上杉と北条の同盟には無理が多すぎた。関東管領の栄光が謙信の脳裡にあるかぎり、北条氏康との現実的な歩み寄りは困難であった。謙信は好んで「藤原輝虎」という署名を用いるが、こんなところに古い権威に固執する成上がり者の背のびが感じられはしないだろうか。こうしたタイプの武将は、苦境に立てば立つほど観念的になり、現実を見失う危険が多いのである。上野沼田城をかろうじて持ちこたえていた謙信にすれば、北条との講和では上野半国で手を打っても損はないはずであった。厩橋城が返されれば望外の喜びとすべきである。それが、北条が実力でとった武蔵まで手に入れようとするから、弱みにつけこまれたと北条方が不信感をもつようになるのである。

北条氏は関東の平定が念願であって、駿河の問題は親戚の好《よし》みを重んじているから出兵しているまでである。政治地理的には西進する武田と利害の衝突はなく、むしろ関東平定を阻止する上杉謙信・佐竹義重・里見義堯こそが本来の敵であった。越・相同盟は北条家からすれば、一時の気の迷いであった。

謙信の方からでも、すでに信濃北部は離れているのであるから、武田信玄と和を結んで、越中・能登へと進んだ方が賢明であったかも知れない。信玄は内陸作戦で、信濃から上野へ部隊を移動させることは比較的容易であったが、謙信はそのたびに、豪雪を踏んで関山から沼田まで遠廻りしなければならなかった。この元亀元年（一五七〇）十月にも、信玄が上野に出撃してくるというので、四月関東から帰り、九月に越山した彼は、景虎を信・越国境のおさえに府内に残して、せっかく越山したが、武田軍はすぐ退却してしまった。このとき風雪のはげしい上越国境の山路を越えてきたために、謙信は軽い中風にかかり、手がふるえて花押をすえることができず、印判を使用している。ところが信玄は、十一月またまた上州出陣の情報を流すのであった。

ともかく上杉と武田の対立は越中・飛騨に伸び、謙信は上野から越中まで、難路悪路を越えて奔命に疲れはてていった。このとき北条氏康は病にかかり、元亀二年十月、五十七歳で波瀾に富んだ生涯を終えたが、上杉は頼りにならないから、旧好を重んじて信玄と和睦するように遺言していた。もちろん箕輪城代内藤昌豊《まさとよ》（武田方）と厩橋城代北条高広とが、信玄の老臣跡部勝資に越・相・甲三国の和睦（三和）を申し入れていたが、信玄は考えるところがあるからといってこれを許さず、十二月二十七日、北条氏政との間に誓詞をかわした。この交渉には信玄の妻の老女小宰相（大熊朝秀の妻）が活躍し、すべて秘密のうちにととのえられた。北条の一族や家老たちも二十七日になってはじめて聞かされたほどであった。遠山康光や由良成繁のように、越・相講和に努力したものへは、もっとおくれて報告がとどいた。由良は面目を失って不満をもらしたので、氏政はしきりに弁解につとめ、恨まれてもしかたがないといっている。

講和条件は、関八州（西上野は武田領）は北条領とし、武田方から干渉しないという不可侵協定を骨子とするものである。これに加えて上杉陣営の情報交換、北条から上杉への絶交状の写しと、上杉からの絶交状の提示、氏政の弟の氏規《うじのり》・氏忠を甲府へ人質に出すこと、今川氏真の追放が求められている。いかにも信玄らしい着実な条件と言えよう。

謙信はこのときも厩橋城で越年したが、正月早々この知らせを聞いた。そして閏正月、信玄が沼田と厩橋との連絡を絶とうと兵を動かしたので、上野の石倉城を破壊し、出陣してきた信玄と利根川をはさんで対陣した。三月にも謙信が利根川の西岸に砦を築いたと聞いて、また信玄は出動している。ともに決戦がなされないままに引き揚げているが、これは越・甲和約の噂を打ち消し、信玄が氏政との盟約の実のあるところを見せようとしたためである。

また八月、信玄は駿河の葛山衆に、関東出陣のものは、きまった軍役以上の人数を出し、長柄の槍は三間《げん》（六ｍ）、持槍は二間（四ｍ）で、立派な旗差物《はたさしもの》に、軍馬を選び、鉄砲を備えることを命じている。謙信との同盟よりも、信玄の方がずっと頼りになることを、氏政も認めたにちがいない。

あたかもこのとき、将軍を奉じた織田信長は畿内を制圧して、石山本願寺と戦っていた。

天下の耳目《じもく》は信長の一挙一動に注がれており、信玄も謙信もそのほかの戦国大名も、目を京洛の地に向けはじめていた。「東将軍」（関東公方）を戴くことは、それほど重要なことではない。問題は大軍をもって京都に入り、天下に号令することである。「甲・相復和」の目的は、信玄の西上にあたり、「後顧の憂い」を断つことにあったことは間違いない。長い関東の動乱の果てに、歴史の重心はようやく西に移ってゆくのであった。

風にそよぐ葦

越中は長尾為景によって平定されたが、一向一揆はそれぞれの村落の道場＝門徒団を基礎にもつもので、武力で鎮圧できるものではない。ここに平定というのは反長尾勢力の討伐で、本願寺教団との協調のことである。そこで越中の諸士は「風にそよぐ葦」のようなもので、長尾と一向一揆の二大勢力にはさまれ、安定した武家政権＝戦国大名の成長が阻まれていた。

永禄初年（一五五八）には富山城・増山城の神保長職《ながもと》（宗昌）と松倉城・金山城の椎名康胤とが、おのおの近隣の小領主を従えて対立していた。東部の椎名家は能景・為景・謙信と三代にわたる長尾の与党で、謙信の従弟長尾小四郎景直は康胤の養子であった。椎名氏が長尾＝上杉家をバックにしていたのに対し、中郡《なかごおり》を勢力範囲とする神保氏は、西郡《にしごおり》に圧倒的優勢を誇る本願寺教団に接近し、武田信玄と結ぶ傾向があった。

永禄三年（一五六〇）三月、武田に誘われた神保長職（慶宗の子）は、一揆と結んで松倉城の椎名康胤（上杉方）を攻めた。謙信は急いで大軍を越中に動かし、三月三十日富山を攻め、逃げる長職を追って増山城をも手に入れた。長職は合掌造りや麦屋節・コキリコで有名な五箇山《ごかやま》にかくれてしまう。五箇山は一向一揆の金城湯池であるから、反上杉派の巨頭神保長職は、一向一揆の勢力を背景に、越後からの侵略に立ち向かったと考えられる。

こうして呉服山以東は椎名＝上杉の勢力のもとにおかれた。あの永禄四年の川中島合戦のときは、加越一向一揆の攻撃を阻止するため、魚津を前線基地として河田長親を置き、長尾景直・鯵坂長実《あじさかながざね》・山本寺孝長・庄田隼人・川隅三郎左衛門等を諸城に配置し、越中国人からは人質をとっていた。越中もまた上杉政権の生命線であり、そのために強烈な軍事支配が行なわれたのである。こうした他国人の支配から脱却したいと願うのも、また国人層に共通するところで、椎名康胤にしても、いつしか占領軍から独立する機会をねらうようになっていた。

そこへ永禄十一年の信玄の巧妙な謙信包囲の戦略である。椎名康胤は本庄繁長と呼応し、いまこそとばかり一向一揆・武田信玄と結んだ。すると今度は、五箇山から神保長職が増山城へもどり、謙信と結んで椎名と戦った。こうした国人相互の反目と去就とが、上杉の越中支配を可能にさせたり、困難にさせたりするが、つまるところ越中に戦国大名を成長させなかったのである。この神保が上杉方についたのは、長職の家臣小島職鎮《もとしげ》・神保覚広《ただひろ》が手引きをしたためで、この両人は長く謙信に忠誠をつくし、越中経略を助けることとなった。

椎名の叛乱に激怒した謙信は、三月境川を越えて越中に入り、松倉城を攻め、十五日神通川を渡って射水《いみず》郡に侵入してきた。椎名についたものは、勝興寺・瑞泉寺をはじめとする本願寺門徒のほか、能登の畠山義隆の守護代温井《ぬくい》景隆《かげたか》などがあり、謙信は能登を亡命していた畠山義綱をもとの国主にすえようという名目であった。しかるに本庄繁長叛乱のニュースが、放生津で守山城を攻撃中の謙信のもとに届いたため、二十五日早朝、彼は放生津の陣地をひき払って国に帰った。

しかし翌永禄十二年、越相連合が成立すると、八月謙信は境川を渡り、金山城の根小屋《ねごや》（要害のふもとにある居館）を焼き払い、松倉城を巣城（外郭を破壊されて孤立した本城）にした。しかし椎名康胤等の防備はかたく、滞陣八十日に及んでも成果があがらなかった。康胤はホーム・グラウンドでもあり、何よりも一向一揆と結んでいるかぎり土民の支援があったからである。そこへ信玄が上野に出兵したという知らせがあり、疲れた人馬を率いて越山しなければならなかった。富山城には河田長親が留められたが、ここもまもなく一揆軍に奪われたようである。

元亀二年（一五七一）、謙信は関東出撃の背後をつかれないためにも、椎名をそのままにしてはおけないので、また大軍をひきいて越中に入った。まず富山城を奪還し、呉服山から東は、松倉城を除いて、みなその威風に従った。石動山《せきどう》天平寺の衆徒も、増山城の神保長職も謙信に応じ、謙信は富山平野の新庄城を陥れ、また神通川を渡って放生津に陣した。庄川(六渡寺川《ろくどうじ》)を越えて守山・湯山を攻略する手はずである。ところが庄川の水かさが増し、一揆が土堤《どて》を堰切《せきき》って右岸に洪水を起させたため、謙信の破竹の進撃もここで足踏みを余儀なくされた。しかし今度は能登七尾城も味方で、減水を待って守山城を攻略、中郡を平定して馬を帰した。まさにこの越中でも、シーソー・ゲームのくり返しであった。

翌元亀三年(一五七二)五月には、加賀・越中の一向一揆が攻勢に出てきた。いうまでもなく武田信玄の西上作戦に呼応したものである。本願寺顕如はとくに椎名康胤の援助を指令し、一向一揆は北陸道を東進して日宮城《ひのみや》にせまった。ここは神保覚広・小島職鎮の守る上杉王国の最前線基地である。彼等は急を新庄城や越府に告げて救援を求め、謙信は直江景綱を出発させた。しかし援軍がまだ到着しないうちに、河田長親・鰺坂長実等の新庄城から出撃した「後詰」は、呉服山で敗れ、さらに退くところを神通川の渡し場で潰滅的打撃をうけ、ほうほうのていで新庄城へ逃げこんでしまった。これを見た日宮城は一揆に城を明け渡し、職鎮らは石動山にのがれた。

謙信は八月越中に入り、新庄城に籠った。一揆軍は富山城を拠点に、神通川をはさんで激戦がくり返され、攻防実に五ヵ月間に及んだ。一揆は勝興寺顕栄《けんえい》・瑞泉寺顕秀《けんしゅう》等の越中教団に、加賀金沢御坊の杉浦壱岐法橋《いきほっきょう》の率いる軍勢や、金山の椎名康胤も神保長職も加わっていた。越後の侵入者に対する国をあげての反抗と見るべきかも知れない。信玄の作戦は図にあたり、上杉軍が釘づけになっている間に、彼は美濃・遠江・三河に大規模な軍事行動を起した。浜松城の徳川家康が必死にこれを防いでいた。

この信玄の大遠征のために、上杉謙信と織田信長とは急速に結びつけられることになる。この元亀三年十一月、信長ははっきり信玄と断交し、二十日謙信と同盟を結んだ。謙信も信長も一向一揆を敵とする立場から結びつきはあり、徳川家康と謙信はすでに同盟していたが、武田信玄の西上が、足利義昭と結んでの織田勢力排除を目ざすことがはっきりして、信長は相互援助の軍事同盟にふみ切ったのである。このとき信長は、謙信の使者長与一景連《ちょうよいちかげつら》の目の前で熊野牛王《くまのごおう》(誓詞の用紙)をひるがえして血判をおし、信長の子息を人質として越後へ送る約束をした。これは相質《あいじち》つまり人質交換ではないから、信長の方が低姿勢であったわけである。信玄の西上が、義昭や浅井・朝倉・本願寺という強敵をかかえた信長を、いかに危地に陥れるものであったかが知られよう。

そこで謙信が一向一揆と越中で対陣していることは、信玄を有利にするだけであるので、信長は上杉軍が越中を引きあげ、信濃・上野に出陣することを要請し、翌元亀四年(一五七三)正月、謙信と瑞泉寺との間に和議がととのった。一向一揆側でも近江から北進してくる織田軍のために、越中から加賀・越前へ軍勢を割かねばならなかったし、上杉軍には江馬輝盛が飛騨から加勢にかけつけ、十月椎名以下の国人も降服していたからである。しかし武田信玄も大事の瀬戸際である。越中門徒を激励してふたたび蜂起させ、謙信の帰国の途中、また富山城が奪われた。そこで謙信も引き返してこれを討ち、ようやく神通川から東を制圧し、富山城に河田長親をおいて、四月関東出馬のため国に帰った。このとき惑星武田信玄はすでに亡くなっていたのである。

西部戦線異状なし

武田信玄が死んだのは四月十二日のことだった。遺言でそのことは秘密にされ、謙信はまだこれを知らなかった。四月二十四日には、関東の小田守治《もりはる》にあてて、信長・家康といっしょに、信玄を滅ぼし、北条氏政を蹴倒そうといっている。ところがその翌日、飛驒の江馬輝盛のところから、富山城の河田長親のところへ情報がはいった。「信玄の儀、甲州へ御納馬候。然る間御煩いの由に候。又死去なされ候とも申し候。いかが不審に候」というものである。これには巷説《こうせつ》のことで実否は分かりかねるという但し書がついているが、織田方では甲州征討の陣触れをしたという風評を記しており、信玄病死の噂はかなりひろまっていたにちがいない。あれほどの大遠征が突然中止されたのであるから、信玄の健康を疑うのは当然であるとも言える。四月晦日には、河田長親は美濃・遠江へ出したスパイの報告を綜合して、「信玄はたしかに死んだという噂でもち切りで、少なくとも病気であることは確実です」と越府に報告した。

六月になると謙信は信玄の死について確信をもった。上野白井城の長尾憲景に、信長・家康は駿河に進むであろうし、関東平定もようやく実現の見通しがつき、越中も日を追って思うままになってきたといって喜んでいる。もちろん軍記物の世界は別である。こんな謙信の気持を素直に記したのでは、名将も形なしである。好敵手を失った彼は、湯漬の箸をすて、「さてさて残り多き大将を殺したるものかな。英雄・人傑とは、この信玄をこそ言はめ。関東の弓矢柱なくなり、惜しきことなり」とハラハラと落涙し、三日間府中の武士の家の音曲を禁止したという。事実は逆で、謙信は得たりとばかりに越中に軍事行動を起した。

七月神保長職（増山）、神保氏張《うじはる》（守山）を降してたちまち越中を平定し、八月十日には加越国境の朝日要害を攻撃し、宿願の加賀進攻にとりかかっていた。一方織田信長も朝倉を滅ぼして、越前豊原に本陣をおき、羽柴秀吉・明智光秀らを加賀に侵入させ、手取川以南の能美・江沼二郡を制圧していた。そこで追いつめられた加賀・越中の一向一揆は、総力をあげて朝日山を防衛し鉄砲をそろえて越軍を悩ました。本願寺は紀伊の根来《ねごろ》寺周辺の鉄砲メーカーを門徒としており、これが送られたものと思われる。敵前をかけまわって、鉄砲でうたれる越兵も少なくないところからすれば、この新兵器は一向一揆のほうがすぐれていたらしい。十六歳の吉江与次（中条景泰）などは、謙信の制止もきかずに危険をおかすので、引きもどされ、押しこめられてしまった。死なせては両親に申しわけないと思ったからで、ここに謙信の人情将軍ぶりと、越軍のはやり立っている有様を見ることができよう。

しかし北条氏政がまた上野に進出して、関東は風雲急を告げる有様になった。一向一揆もにわかに片づけられるものではないし、越中も一応平定したことでもあり、謙信は加賀一揆とひとまず和睦して八月二十一日帰国した。しかも信玄死亡のためか、根知谷に侵入していた武田軍も退却し、信越国境で攻められるおそれはまずなくなっていた。このころは関東戦線だけであると謙信は考えたにちがいない。ところが謙信が越中をひきあげると、増山城の神保長職が一向一揆とともにまた兵を挙げ、九月五日神保民部大輔（覚広か）を攻め殺し、椎名康胤を攻撃してきた。神保氏の謙信に対する最後の抵抗であった。謙信は重ねて越中に出馬し、勝興寺を占領し、滝山要害を陥れ、一揆に縄をかけて河田長親のところへ追いこみ、生命だけは助けた。そこで、長職もついに能登畠山義隆にすがって降参してきた。十二月処置をすませた謙信は越府に帰り、翌年（天正二年・一五七四）春関東に馳せ向かい沼田城に入った。

戦国の政情は複雑怪奇の一言につきる。謙信は朝倉義景と同盟して一向一揆と戦い、信長は本願寺を攻撃しながら、武田信玄と同盟し、しかも盟友徳川家康は上杉謙信と同盟して武田と戦っていた。朝倉が本願寺と握手し、謙信が信長と同盟して、この情勢はやや整理されてきたといえる。それでも信長が浅井・朝倉を滅ぼそうとしたとき、朝倉義景から、浅井長政の助命について謙信にとりなしを依頼しており、謙信も浅井のことは信長に任せるが、朝倉を助けてくれるように頼みこんでいる。戦国諸侯はそれぞれの立場で複雑な結びつきがあるのである。

だが天下の大勢は統一への大道を進んでいた。戦国大名は小さな遺恨によって行動するよりも、政略的に大きな束にまとめられてきていた。織田信長の陣営と反織田連合の二つである。謙信は武田信玄が反織田連合のチャムピオンであったために、信長の陣営についていた。しかし信玄すでになく、上杉領が織田領と境を接しようという時期ともなれば、信玄にかわるチャムピオンとして、反信長陣営に期待されてくるのも自然のなりゆきである。

謙信は信玄の死を聞いたとき、城の堀を深くするように家臣に命じた。家臣が不思議に思って、宿敵がなくなったのに、なぜ防備を固める必要があるのか、と聞いたところ、彼は信玄なきあと天下の耳目が自分に集まるからだ、と答えたという。これは無論つくり話にすぎないが、まさしく謙信は天下人と対立する立場におかれたのであった。

霜は軍営に満つ

天正二年（一五七四）の謙信は、あるいは北条氏政と戦い、あるいは織田・徳川と呼応して武田勝頼を圧迫した。この春信長は狩野永徳の画いた洛中洛外図の屏風を贈った。これはいま米沢市の上杉神社の秘庫に蔵せられている〔現在は米沢市上杉博物館所蔵〕。関東の戦

上杉本 洛中洛外図屏風（左隻第3・4扇（部分））（米沢市上杉博物館所蔵）

況は一進一退であるが、やや上杉に分があり、越中・信濃の見通しは明るいので、謙信もようやくホッとした気分であった。明年の正月には、永禄二年（一五五九）に養子にした喜平次顕景に官途《かんと》を与え、上杉弾正少弼景勝と名乗らせることにもなっていた。そこで彼は天正二年十二月十九日、頭を剃って法体《ほったい》となり、高野山宝幢《ほうとう》寺清胤《せいいん》を師として、護摩灌頂《ごまかんじょう》を執行《しぎょう》し、法印大和尚に任ぜられた。かねての宿願を果したわけである。翌三年六月には、使僧を高野山に遣し、剃髪の「お披露目」に黄金百十両を寄進し、一院を再興して菩提所にすると申し入れている。

　こんな謙信のところへ、六月十三日付の手紙が二通やってきた。一つは織田信長からのもので、この五月二十一日に長篠の戦で快勝したことを報告し、美濃・信濃の境の岩村城を攻めるから、信濃・甲斐に出兵してくれといってきた。もう一つは織田信長と戦って石山籠城をしている本願寺顕如が、越後浄興寺にあてて、謙信の救援を依頼したものである。前者はなんの不思議もないが、後者は敵が味方を討ってくれといってよこしたものである。不可思議な依頼状はさらにつづいてきた。九月八日越前北庄惣老・石田惣老・木田惣老など、信長に追われて加賀に逃げた人々が、謙信の出馬で「還国之望」をとげたいと河田長親に申し入れてきたのである。

この北庄惣老等連署書状は、『謙信年譜』は「九月八日」とし、『武州文書』三「府内下」では「七月四日」としている。新潟県の古代・中世（近世は未刊）の史料を網羅し、厳密な校訂と考証を加えた高橋義彦編の『越佐史料』もこれに従い、「月日九月八日トアルハ（謙信年譜）編者ノ杜撰《ずさん》ナランカ」と言っている。しかし『謙信年譜』は『歴代古案』により、『歴代古案』は米沢藩が家中の古文書を集めたものである。宛名の河田豊前守（長親）は越中富山城で上杉軍の総指揮官であるから、ここへ北庄惣老等が願い出ることは当然であり、しかも河田家は米沢藩士で、その子孫は今も『河田文書』を保存しておられる。これが『歴代古案』に採録されたのであって、むしろ『武州文書』の方に転写の誤りを考える必要がある。信長が越前へ攻めこんだのは八月十五日であり、それまで越前は本願寺の分国であった。七月四日に加賀への亡命者が謙信に援を求める必要はないのである。

こうした一向一揆側からの援助要請は、上杉謙信が織田信長の対抗馬になってくれるという前提に立っている。むしろ彼しかその任にあたるものはないと、思いこんでいるとみた方が適切かも知れない。戦国大名の盟約は、事情によってたびたび逆転するし、越・尾同盟の破局が客観的に認められていたと考えてさしつかえなかろう。

謙信と同盟したばかりの信長は、天正元年、すでに関東に出馬して、武田・上杉・北条等の「凶徒」を征伐すると、安国寺恵瓊《えけい》に語ったという。天正三年越前を平定したときは、「若狭・能登・加賀・越中皆以て分国として存分に属し候」と伊達輝宗のところへ報じている。外交上の誇張ばかりでなく、謙信に対する腹の底は見えすいていると言わねばならない。信長がこのころ安土城を構営したのも、謙信と大坂の本願寺との連絡を遮断するためと考えられる。しかも神保長職の子長住《ながずみ》は当時浪人の身であったが、信長はこれに妹を与えて召抱えていた。いわずと知れた越中進攻の折りに活用するためである。謙信は好むと好まざるとにかかわらず、信長の天下統一阻止者の役割をせおうことになった。

ところで能登の七尾《ななお》城では、天正二年七月に守護畠山義隆は毒殺され、幼児義春が城主となったが、もう末期的症状を呈していた。長綱連《ちょうつなつら》・温井景隆・平高知《たかとも》・遊佐盛光らは上杉と結ぼうとし、三宅長盛・遊佐続光《つぐみつ》らは信長に通じていた。畠山義隆も長続連《つぐつら》（綱連の父）に殺されたものである。そこで天正四年、謙信は遥かに毛利輝元と通じて信長と断交し、人質になっていた畠山義則（上条政繁）を七尾城へ送り返すためと称して、能登に進んだ。

五月足利義昭はまたまた上杉・武田・北条三氏の講和をはからせ、本願寺を通じて加賀一向一揆と上杉との講和をもすすめた。天正元年武田・本願寺と上杉とを講和させるために、義昭の使者が越中の謙信のところへきたときは、謙信も一笑に付し、使者でさえも本気で主張している風でもなかった。だが今度はデスク・プランではなくて、本願寺も上杉も実現を期待できる客観情勢の変化があった。謙信は加賀の反上杉派の巨頭奥政堯《まさたか》に馬を贈り、ついに一世紀近い、長尾＝上杉政権と本願寺教団の争いに終止符を打ち、信長を敵として軍事同盟を結ぶことになった。

福井県武生《たけふ》市といえば、そのむかし府中と呼ばれたところである。その近郊の味真野《あじまの》には、前田利家・佐々《さつさ》成政・不破光治のいた小丸城があった。この城の塀があったと思われる場所から、昭和十年達筆な「お家《いえ》流」で文字をほりつけた瓦が出土した。小丸城の築造年代から見て天正四年のものと考えられる。文面は五月二十四日に一揆がおこり、前田利家が千人ばかりいけどりにした。その成敗は、釜に入れて煮殺したり、磔《はりつけ》にかけたりした、というものである。まさしく本願寺の挙兵に応じ、上杉謙信の来援を信じて、越前門徒が織田の圧政のもとに蜂起したものである。だが上杉と加賀一揆との和約はまだ具体的に成立していなかった。蜂起はみごとに失敗してこの虐殺となった。そしてこの犠牲のうえに、上杉と加賀一向一揆との講和が生まれたのである。

そこで謙信は、九月また越中に入り、上杉・織田に首鼠《しゆそ》両端を持している七尾城へ、柏崎の妙楽寺を使僧に同盟を申し入れた。しかし長綱連が織田派につき、義則の入城を拒否したため、謙信は能登に進撃した。長綱連は、笠師《かさし》番頭《ばんとう》・徳昌寺・上向寺などに一向一揆を起させたが、上杉軍の精鋭の敵ではなかった。だが畠山氏が心血をそそいだ名城であるだけに、容易に陥れることができず、翌天正五年三月、北条に備えて一応帰国した。

ところが長綱連が熊木《くまき》城・富木《とぎ》城を奪回し、穴水《あなみず》城（守将・長景連）に迫ったことを聞き、閏七月また能登に攻めこんで天神河原に陣した。このとき七尾城では伝染病が流行し、城主義春も叔父の二本松伊賀守も、多数の将卒も死んでしまった。綱連は弟の連龍《つらたつ》を信長のもとにやって援軍を求めさせたが、信長軍は加賀一向一揆に阻止されて、七尾に近づくことができなかった。そこでかねて上杉に通じていた遊佐続光・温井景隆がクーデターを起し、綱連一族を皆殺しにして七尾城を開城した。ときに九月十五日、南からの織田軍に備えて石動山にいた謙信は、河田長親・鯵坂長実の西部軍管区司令官に城を受領させた。

この七尾開城のことを知るよしもない織田信長の軍勢は、一向一揆の農兵を蹴散らし、命運つきなんとする七尾城へ急進撃を続けた。この数万の大軍が湊川（手取川）を越えたという情報を耳にした謙信は、休む間もなく、十八日加賀に進んだ。上杉軍と織田軍のはじめての決戦である。ところが織田軍は七尾落城の悲報を聞いて落胆し、そのまま引きあげようとしたところへ、攻めかかられたのだからたまらない。ただでさえ川を背にして戦うのは不利であるのに、おりから手取川は洪水で、そこを撤退中に突入されたから、信長は謙信との最初にして最後の会戦に完全に大敗した。

上杉に逢うては織田も名取川《なとり》（手取川）
　はねる謙信、逃《にぐ》るとぶ長（信長）

狂歌の好きな日本人はこんなときにも一首を忘れなかった。討ちとられるもの千余人、手取川に溺れるものは数も知れなかった。謙信は、この勝利を、年来の仏や神への信心の賜物と喜び、加賀勢とともに越前坂井郡にまで進撃している。

能登に帰った謙信は、新しく手に入った要害の修築にかかり、九月二十六日、本丸にのぼって四方を観望した。このときの感想を関東で戦っている盟友につぎのように知らせている。

「ここはいままで聞いたとおりの名勝の地である。加賀・能登・越中のかなめの地形といい、要害と山・海が相応じ、七尾湾に浮かぶ島々の姿といい、とうてい絵に描こうと思っても描きつくせぬだろう」

七尾城の本丸にのぼった人の、だれもがいだく感慨であるが、戦陣の間に、なお風流を愛するもののふのプロフィルを示していると言える。またこのとき畠山義隆の未亡人（三条家息女）と幼児の面倒を見ることにし、僧侶の身として似つかわしくないかも知れないがと前置きして、彼女を北条《きたじょう》景広（高広の子）の妻にしようと縁談をもちかけている。幼児は自分が預かって育てるというのである。決して武骨いってんばりの田舎大名ではなかった。

『日本外史』（頼山陽）によると、謙信は九月十三夜の名月を愛《め》でて酒宴をもよおし、つぎの詩を賦《ふ》したという。


霜《しも》は軍営に満ちて秋気清し。

数《す》行《こう》の過《か》雁《がん》月三更《こう》。

越山幷《あわ》せ得たり能州の景。

遮莫《さもあらばあれ》家郷の遠征を憶《おも》うは。


あまりにも有名な詩であるが、『常山紀談《じょうざんきだん》』や『武辺噺聞書《ぶへんばなしききがき》』ではこれと少しちがっているから、山陽が字句を修正したものであろう。

ところが謙信が一生の間につくったという漢詩はこれだけである。ここらにすこし疑問が残らざるをえない。まして九月十三夜は七尾開城の二日前で謙信が登城するはずはない。本丸にのぼった二十六日には、月はもう欠けてしまっている。やはりこの詩は後世の人が謙信の心境に仮託したと見なすべきであろう。

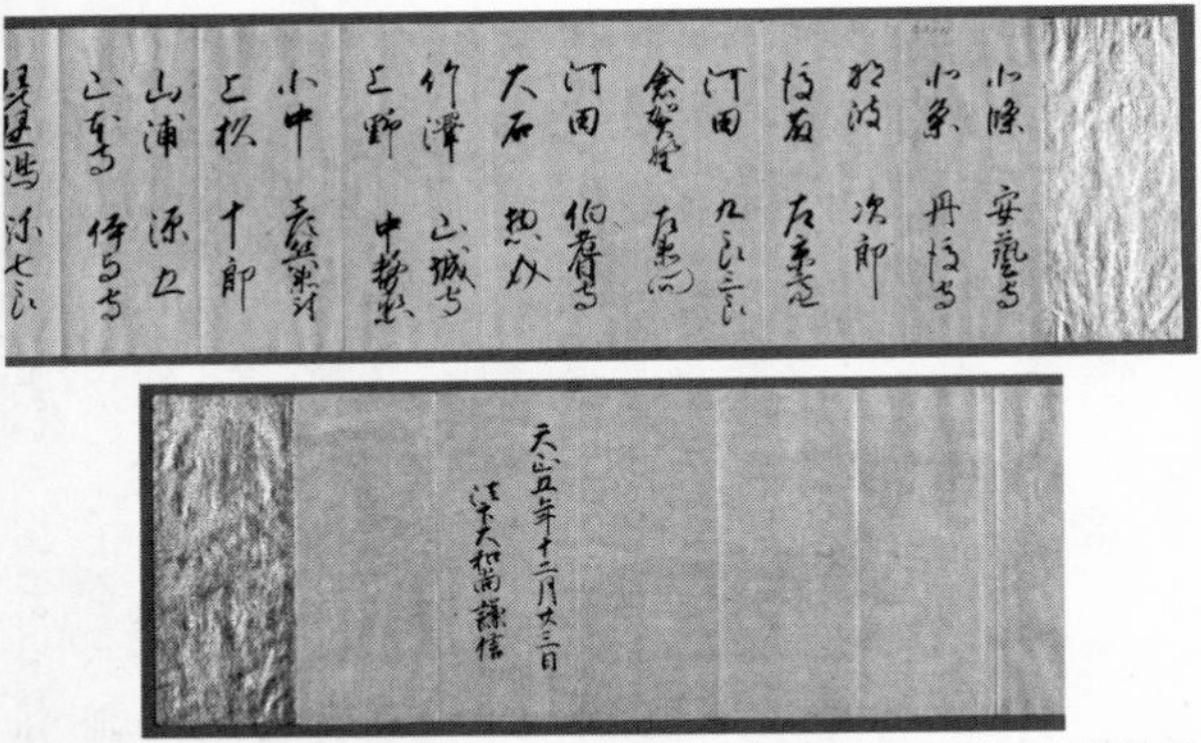

上杉家家中名字尽（部分）（上：冒頭、下：末尾）（米沢市上杉博物館所蔵）

最後の動員令

天正五年（一五七七）十二月に帰府した謙信は、たいへん御機嫌であった。れいの畠山未亡人を府内へつれてきて、これを婿殿に予定している北条《きたじょう》家に預け、景広の母がまんざらでもない様子を見て、厩橋城にいる父の高広に結婚の承諾を求めたりしている。この二十三日謙信はこんど新たに服属したものをも含めて、自分の配下の将士の名簿を作成した。すべて八十一名である。東は関東から、西は加賀におよぶ広大な地域の将士の姓名を書きつけてゆく彼の胸には、ここまで漕ぎつけたかずかずの苦難の思い出が去来したことであろう。吉江・直江・山吉・山岸等は譜代の重臣でよく謙信をもりたててくれた。揚北衆の筆頭であった中条藤資はすでになく、つい三年ばかり前に、吉江家から後嗣に入れて、中条景泰としたばかりである。上野中務丞（家成）というのも世話をやかせた男であったが、関東ではよく働いてくれた。そう言えば北条安芸守（高広）一族も、二度まで武士の意地で背いたが、厩橋城守備の力量は高く買わねばならない。

世話したと言えば、山浦源五（国清）がある。信玄が死んでから飯山城主にして故郷近くに知行を与えたが、その父親の村上義清が救いを求めたところから信越国境の激戦となったのであった。あの永禄四年の苦戦のときは色部も松本もずいぶん死傷者を出したものだった。村上義清は大名分だから、府内の西方に居住して、亡父禅門の冥福と国家安泰を祈る供養塔などを建立したりしていたが、山浦上杉氏の名跡をつがせて、一門の待遇を与えてある。川中島の山河はまだ回復しないが、信玄ももう亡くなったし、いずれは味方の手に入ることであろう。

二度の上洛もよき思い出であった。永禄二年のときは、近江で河田長親を召し抱えたが、これは拾いものだった。青年将軍として、内政でも、戦争でも抜群の働きを示してきた。とくに越中戦の泥沼から能登平定までもってきた功績は高く評価せねばならない。これに協力してくれた鯵坂・長沢をはじめ、土肥・小島・寺崎・石黒・神保の働きも認めねばならない。

こんど臣従した遊佐美作（続光）・遊佐右衛門尉（盛光）・三宅備後（長盛）・平加賀守

（高知）・温井備中（景隆）・畠山大隅などの手合いはどうであろうか。主君を殺したほどの連中だから、また反乱を企てるかも知れない。加賀金沢御堂の下間《しもつま》侍従法橋（頼純）・七里《しちり》三河法橋（頼周）・坪坂伯耆守や江沼郡の藤丸新介（勝俊）それに越中の瑞泉寺・勝興寺は、信長と本願寺が戦っているかぎりは上杉の忠実な味方であろう。祖父能景以来の仇敵が、情勢の変化とはいえ、よくわが方についてくれたものだ。恐らく謙信の感懐はこれだけで尽きるものではないであろう。

ではこれだけの将士名簿が、なんのために作成せられたのか。たんなる謙信の自己満足であり、回顧趣味にすぎないものであろうか。この答えは二月十日付で関東のある盟友（太田資正らしい）に出された謙信の書状が、もっとも明快に出してくれる。

「結城晴朝《はるとも》がたびたび関東出撃の催促をしている。その気持はわからないではないが、昨秋まで能登がよんどころなき情勢であったため、もっぱらその処置をやっていた。まえに何度も申したように、能登・越中・加賀を思うように処理し、越前も過半は手中に入った。このように西部方面が片づいたので、この上は関東に入るために、正月十九日陣触《じんぶれ》をして、油断なく支度するよう申しつけた。麦秋に敵地を攻撃するのが適当であろう」

つまり将士名簿は動員令の台帳なのである。謙信政府の出した令書によって、二月になると続々と応諾書が到着した。二月九日には小島職鎮《もとしげ》が「御書頂戴」するや、ただちに、「忝《かたじ》けなく存じ奉り候」と返事を出したし、一月二十八日に発送した令書を九日に受けとった越中の河田長親・吉江景資は、三十日発の書状では吉江だけで触状を出すように指令されたので、部将たちに触れを廻して請書《うけしよ》を集め、十二日に越府へ送付している。

この動員は、『北越軍記』では、雪どけを待って上洛するためであるとしているが、これは明らかに関東に出陣しようとしているのである。謙信はこの入関を最後に政界を隠退しようとして、この大規模な動員を行なったのかも知れない。この二月に京都から画工を呼び寄せて、自分の法体姿の肖像画をかかせている。この寿像はちょうど謙信が頓死《とんし》したその日に完成したもので、裏書をした師の清胤は、謙信が辞世の句も作っていたので、「かねて死期を知り給ふか、不可思議」と偶然の一致に驚いている。これは遺言により、上杉景勝が菩提所である高野山無量光院に納めたが、惜しくも明治二十一年の火災で焼失してしまった。従って謙信画像は、東京大学史料編纂所でこれを模写したものが、謙信の風貌を窺う手がかりとして重要なものになっている。

これで見ると謙信は人情家らしいが、目つきは鋭い。謙信に会ったことがある僧侶が、彼は川田駿河という武士に似ていると話した。この駿河は「猿眼のように、目つらだましい恐ろしき」人であった。また吉川元春の使者佐々木定経が越府で謙信に対面したときは、謙信は読経中であったが、壇上から山伏の姿で、太刀を「シッカト刺堅《さしかた》めて立出」た姿を見たとき、音に聞えた「大峰ノ五鬼、葛城高天ノ大天狗ニヤ」と身の毛もよだつ思いであったという。鼻筋通り、大がらな相貌であったのだろう。身長も坐像であるからなんとも言えないが、大天狗と思ったというのであるから、かなりの大男であろう。上杉神社に蔵せられる謙信着用とされる衣服からいっても、このことは論証されるとのことである。

さて出陣の日は三月十五日と定められていた。その二日前、くわしくいうと天正六年（一五七八）三月十三日未刻（午後二時前後）、謙信は突如帰らざる客となった。死因は脳出血、享年四十九歳である。不識院殿真光謙信と法諡《ほうし》した。

彼は見たところ、さほど体質強健であったとは思われないし、またよく病気をした。関東戦線で謙信が病死したというので、北条方が躍りあがって喜んだという話もある。とくに寒気の中を上越国境を越えるとき、軽い中気《ちゆうき》にかかったことがある。一生を戦争でくらしたような人物であるが、とくに四十をすぎてからは、関東・北陸にかけて数百里を転戦した。この身体の酷使が、初老をすぎた年齢にこたえたと言えよう。この年の二月ごろから、なんとなく不安の色があったが、三月九日午刻（十二時ごろ）厠《かわや》で昏倒、人事不省となったものである。社寺への祈禱も、名医の良薬も効果なく、病床にあること五日、十三日に逝去となった。太陽暦に換算すると四月十九日、脳溢血の多発する時候でもあった。そのうえ謙信は酒好きであったらしい。「後影」を作るのに、信玄は不動明王にかたどったが、謙信は上に、雲に「独鈷《どつこ》」の乗ったものを書き、下にはさし渡し一尺ほどの朱盃一つを書いたばかりで像はなく、「この盃はすなわちわが後影なり」と語ったという。この大酒癖が死期を早めたとも言える。

四十九年一睡夢《（夢中酔）》　一期《（生）》栄花《（耀）》一盃《（杯）》酒

これがかねて用意していた辞世の句であった。謙信の遺骸は甲冑を着せ、甕に納めて密封し、十五日大乗寺良海を導師として葬った。慶長三年（一五九八）上杉景勝が会津へ移ると、その八月石郭を掘り起し、甕棺を輿にのせて会津に移した。米沢でも御堂に奉安し、のち本丸の東南に祠堂を建て、三月十三日の命日には歴代藩主の参拝がなされたよしである。

ちなみに謙信の死の直後、春日山城の吏僚が在庫金を調査して景勝に報告した。これによると「利平之金」（貸付金）・「買金」（買入れ金）・「所々より参る金」（運上贈答）は計千百二十六枚一両三分余、「土蔵在金」（積立用）は千五百八十八枚四両三分余で、合計二千七百二十四枚六両三分（二万七千二百四十六両三分）の金があったことが知られる。この莫大な金の産出と蓄積で、あの大遠征が可能になったわけである。こうした莫大な遺産と家臣と領土をめぐって、景虎と景勝の争い、つまり「御館の乱」がおこり、越後はまた動乱の巷となるのである。

棺をおおうて定まらず

謙信の急死は、おおくの宿題を後継者に与えた。脳溢血で人事不省のままなくなったのだから遺言などもなかったと思われる。後継者そのものが、確定しないままであった。

謙信は、一生涯妻をもたなかったから、実子もなかった。北条氏康の七男氏秀（景虎）、長尾政景の次男喜平次（景勝）、畠山からの人質上条政繁《まさしげ》（義則）などの養子ばかりであった。景虎の妻も、政繁の妻も景勝の姉妹である。景虎の方は、自分の前名を与えたくらいだから、いちおう後継者に考えたものであろう。北条と上杉との同盟が破れても、謙信は彼を北条のもとへ返そうとはしなかったし、むしろ氏政が、景虎に相談しないで、武田と握手したことを非難しているほどである。畠山義則（義春）は上条上杉家を相続して上条政繁と名のり、一門の待遇を与えられているから、これははじめからあとつぎにする意図はなかったようである。

ところが姉（政景未亡人）の子景勝は、その母親といっしょに府内へ引きとったので、よく可愛がっていたようである。本庄繁長討伐のために府内を留守にしたときは、わざわざ景勝のために、自筆の習字の手本まで与えた。とくに自分が国主に就任したときにもらった弾正少弼の官途を、故将軍義輝の意をくんだとして、景勝に与えたことは、これを有力な後継者と考えたことを物語っている。

天正三年謙信は、これまで個別的に家臣に割りあててきた軍役（出陣のときに負担すべき最低限度の兵員・装備の量）を、中条与次の就封を機会にまとめて、「軍役帳」を作成させた。これは一門・外様・譜代・旗本の順で記載されており、一門の筆頭に「御中城様」つまり景勝が最大の兵力を抱えているのが見られるが、三郎景虎の名はどこにも見えない。上杉氏が北条氏と交戦中であるから、純粋な人質として春日山にいたと、ふつうには考えられるところである。しかし畠山氏と交戦中でもあるのに、上条政繁は百名近い軍役を負担している。政繁が上条家をついだからというならば、景虎は謙信の最初からの養子である。彼の人質としての役割はすでに終っており、その不幸な生いたちについての謙信の同情と養子という身分が残っているのである。そこで私はこう解釈したい。つまり景勝は「中城《ちゅうじょう》」（二の丸）を預けられ、上田衆を中核とする大兵力をもっていた。そして景虎は「実城《みじょう》」（本丸）または管領家の後継者であるから、北条家からつけられた遠山康光以下の直轄兵力をもってはいるが、部将として軍役を割りあてられなかったのである。恐らく謙信は弾正少弼を景勝に名乗らせた点から、越後国主（春日山城主）の地位を景勝に、関東管領のポストと上杉憲政の所領分を景虎に譲って、七尾城に対して畠山義則（上条政繁）を表面にたてたように、小田原城との交渉を考えていたのであろう。前管領上杉憲政が景虎と行動を共にしていることは、この間の事情を考えさせるものがある。

春日山要害に対する居館も、実城に対して「土井の内」があり、中城に対しては中屋敷（御中屋敷）がある。直轄軍も、謙信の「馬廻衆《うままわり》」は明らかに景勝の兵力とは区別されていた。

謙信がなくなるとき、直江景綱未亡人が枕辺近く伺候して、高声で「御跡目御相続はいづれに候か、景勝公に候か」と聞いたところ、もうものも言えなかったが、「うるはしき御様子にて」、ただうなずいたので、なみいる諸臣はみな喜悦の眉を開いたと言う。たいへんな遺言もあったものである。これから景勝と景虎、そして越後の諸将は、謙信の本葬儀をそっちのけにして、領国を真二つに割って動乱に突入した。「御館の乱」がこれである。

景勝は、遺言によると称して春日山の実城を占拠し、中城に入ってきた景虎に鉄砲をうちかけた。黒金・宮島・栗林・樋口といった上田衆がその中核であった。景虎は御館の上杉憲政のところへ移ったが、これには北条《きたじょう》・神余・本庄（栃尾）・河田（重親）をはじめ、桃井・長尾（古志）・山本寺の一門や、蘆名・北条《ほうじょう》・武田がついていた。景勝は上田城で北条氏政をくいとめたが、織田軍が越中を攻撃しており、武田勝頼の大軍が春日山に迫ると、ついに莫大な黄金を贈って武田と講和し、景虎を討つことができた。天正七年三月十七日上杉憲政は殺され、二十四日景虎も鮫《さめ》ヶ尾《お》城で滅びた。そこで勝頼の妹菊姫が景勝の妻になり、四半世紀にわたる上杉・武田の争いもついに終止符をうった。そのため北条と武田の手切れとなり、勝頼は天目山への道を踏み出すことになる。

だが、反対派を掃蕩した景勝は、謙信の「大いなる遺産」を活用して、知行制を確立し、家臣統制を強化した。武田の滅亡で危機に立ったが、天正十年織田信長の死によって川中島四郡を回復し、翌年羽柴秀吉と握手して、豊臣幕下の有力大名となることができた。そして、新発田重家・大宝寺・本庄繁長を討ち、越・信・羽にまたがる大名領国を完成したのである。

解説

山田邦明

井上鋭夫氏の名著『上杉謙信』は、人物往来社の「日本の武将」シリーズの一冊として、一九六六年（昭和四十一年）に刊行された。当時井上氏は四十三歳、新潟大学の助教授だった。井上氏は一向一揆の研究者として知られているが、新潟大学に赴任されたこともあって、新潟県出身の戦国武将上杉謙信の研究にもかかわり、一九六四年（昭和三十九年）には『謙信と信玄』（至文堂）を上梓されている（二〇一二年に再刊、吉川弘文館）。上杉謙信と武田信玄の事績を時間軸に沿って跡づけながら、二人の特質をまとめあげたコンパクトな名著だが、その二年後に上杉謙信についてより詳しく叙述した『上杉謙信』を書き上げたのである。

『上杉謙信』というタイトルなので、謙信一代の伝記であると思われるかもしれないが、本書の構成を全体的にみてみると、謙信が登場するまでの歴史を叙述した部分がきわめて長いことに気づく。ちなみに本書の章立てを紹介すると、「戦国の越後」「長尾氏の勃興」「守護領国の発展」「下剋上」「上杉謙信登場の前夜」「春日山城に入る」「国内統一」「関東進撃」「血涙川中島」「征馬西に進む」という形になっているが、謙信が主役になるのは「春日山城に入る」の途中、一二一頁のあたりである。全体で二八〇頁ほどなので、四割以上が謙信以前にあてられていることになる。

越後は広大な国で、一国をまとめあげるのは容易なことではなかった。国府（府中）は西部の頸城《くびき》郡にあり、室町時代には守護の上杉氏が府中にいて政務を進めたが、越後の各地には国人や国衆とよばれた領主たちが並び立っており、ことに北部には「揚北衆《あがきたしゅう》」とよばれる伝統的な国人たちがいて、強い独立性を保っていた。越後守護上杉氏や、その重臣で守護代もつとめた長尾氏は、府中の政治を担いながら、国人たちに対する関与を強めようと腐心するが、やがて上杉氏と長尾氏が対立し、長尾為景《ためかげ》が上杉房能《ふさよし》を討つという大事件が起きる。主君を討ち取ったわけで、「下剋上」の典型例といえるが、為景は京都の幕府関係者と結びついて自身の立場を確保し、守護（上杉定実《さだざね》）の権力を奪ったうえでこれを推戴して、国内の統治を進めた。為景の政権はしばらく安定していたが、やがて反対勢力が決起して越後は内乱状況になり、為景は死去して子の晴景《はるかげ》があとを継ぐ。晴景は守護を復権させるという方法で内乱を収めるが、不安定な状況は続き、弟の景虎（のちの上杉謙信）が越後中部のまとめ役として送りこまれ、やがて景虎が兄にかわって家督を継いで春日山城に入る。謙信登場に至るまでの越後の歴史はこのようなものだが、こうした複雑な政治史を、井上氏はかなりの紙数を費やしながら、ゆったりとまとめあげたのである。

政治過程の叙述にあたって、まずは越後の統治者である上杉氏と長尾氏のことからはじめ、府内政権と下越後の国人たちの動向を軸として記述が進むが、具体的事件をていねいに述べながら、歴史の大きな動きにかかわるだいじな指摘もされている。室町時代の応永末年、守護代長尾邦景《くにかげ》と反対勢力の争いをきっかけに、下越後を舞台として大規模な戦乱が起きるが、結局は勝敗がつかずに終わってしまう。結果はふりだしに戻ったわけだが、「現象的に結果が出なかったということは、本質的に無意味であったということではない」（三九頁）としたうえで、次のように述べる。「成果はただ一つある。上杉家をいただく長尾邦景が、半独立状態にあった揚北にまで勢力をのばし、越後国人にたいする支配を強化してきたという、もっとも重要な事実がこれである」（同頁）。表面的な現象の下に流れている歴史の大きな動きに目を注ぎながら、ことがらの本質を見極め、歴史的事象を評価していこうという姿勢が確かに認められるのである。

長尾為景の「下剋上」を扱った部分の叙述にも、こうした視角がみられ、ここはもっとも読みごたえのあるところになっている。守護代であった長尾為景は、主君にあたる上杉房能を討ち取り、自身が擁立した上杉定実が反抗すると、これを捕らえて幽閉した。いわゆる

「下剋上」を成し遂げた人物といえるが、彼は守護の定実の存在を抹消することなく、守護の権限を温存しながら国内の統治を進めていった。為景に臣従しない上杉一族・長尾一族や、揚北の外様国衆を統轄するためには、守護の権威を利用する必要があったということだが、こうした事情を示しながら、「上杉氏にまさる強大な軍事力を背景に、古めかしい権威に新しい化粧をほどこしながら、政治＝社会の再編成が進行していった。独立意識の強い外様国衆の領主権は、ここに国主権のなかに吸い取られてゆくことになる」（一〇一頁）と、事態の大きな流れを跡づけている。守護の職権を温存しなければならないという限界もあったが、時代は着実に前に進んでいるというわけである。

しかし政治現象は一方向に進むものではなく、紆余曲折を経るのが一般的である。先にみた一文のすぐあと、井上氏は次のように続ける。「しかし守護上杉定実も人間である。為景に利用されることに生きがいを見出しているはずはない。また守護のあるかぎり、守護の権威を利用しようとするものがでてきても不思議ではない。為景の盟友長尾房長《ふさなが》、定実の実家の上条定憲《じょうじょうさだのり》、為景の統制強化に反撥する揚北の強豪、これらはついに連合して、府中に向かってまき返しにでてきた。そして晩年の為景は、ついに運命の女神に裏切られ、苦悶のうちに世を去ることになった」（一〇一頁）。

為景のあとを継いだ長尾晴景（謙信の兄）は、朝廷の権威を仰ぎながら揚北の国人たちとの和睦を成し遂げ、内乱を終息させた。この晴景の事業をどう評価すべきか、井上氏は次のように語る。「ともかく、こうして強敵と和睦した晴景の外交的手腕は見事というほかはない。だがはたして手ばなしでほめちぎれるものであろうか。そこには大きな見えざる代償が払われていたのである。ほかならぬ守護上杉定実の「復活」であった」（一一六頁）。このあと定実の発給文書（新知行の給与にかかわる文書）がみえるようになることから、守護権の復活という大きな変化を認め、「これは明らかに、為景が一生をかけて手に入れた新恩給与権の放棄であり、歴史の歯車が永正十年以前に逆転したことを示すものであった」（一一六―一一七頁）と、ことがらの意味づけをしている（ちなみに永正十年は為景が定実を幽閉した年で、三十年前にあたる）。

長尾為景は守護の上杉房能を滅ぼし、上杉定実も幽閉したものの、守護という存在は残存させて、これを利用しながら越後の統治を進めた。このことは国人統制において有効に機能した側面もあったが、反対勢力が守護を戴いて決起することを可能とした。守護とそれにつらなる勢力の動向によって為景は苦労を重ね、晴景も守護を復活させることでようやく国内の安定を保ったのである。越後の政治過程は、古い権威を克服して新たな体制を築いてゆくという動きと、これに反発する動きのせめぎあいの中で展開し、ジグザグした線を描きながら進んでいったものと思われるが、井上氏はこうした足跡を冷静に見つめながら、歴史的事象とその意味を、生き生きした文体で、わかりやすく表現されたのである。

上杉謙信は長尾為景の子で、はじめは長尾景虎といった。若年で越後の中部に送りこまれ、やがて長尾家の家督を継いで国内の統一を果たす。父や兄が直面していた国内の混乱はなんとか収まり、新たな時代を迎えたのである。景虎はここで上洛を決行するが、将軍は不在だったので、天皇に謁見して綸旨を拝領し、大徳寺住持の徹岫宗九《てつしゅうそうきゅう》から法号をもらって越後に帰還した。こうした景虎の行動について、井上氏は次のように評価する。「将軍不在の京都で莫大な費用をかけて獲得したものが、「宗心」という法名と、後奈良天皇という貧しい権威者が出した「空手形」にすぎないということで、景虎の古さ、権威にたいする弱さを非難することはできない。守護代の身で、一族・譜代・外様をおさえ、国主権を掌握するには、他人のもたない権威と、国人の盛り上がる力を外に向けさせ、戦陣の間にこれを統制してゆくための名分が必要である。景虎はいまそれをたしかに手に入れたのであった」（一五六―一五七頁）。謙信（長尾景虎）には古い権威に弱いというイメージがつきまとうが、井上氏は伝統的な権威を重んずることの積極的意義を示し、景虎の行動を評価している。

このあとの展開は一般によく知られている。景虎は北条氏に圧迫された関東管領上杉憲政《のりまさ》を保護して、北条氏と戦うため関東に出兵し、一方で武田氏によって城を追われた北信濃の武将たちを抱えこんで、信濃に出陣して武田信玄と対陣を繰り返した。永禄四年（一五六一）に景虎は北条氏の居城である小田原城を攻囲し、上杉氏の名跡を継いで上杉政虎と名乗り、越後に帰ったあと、すぐに信濃に出陣して武田信玄と川中島で戦った。世に名高い決戦だが、井上氏は謙信の後裔にあたる米沢の上杉家が、この合戦についてほとんど語っていないことに注目する（江戸幕府の命で『本朝通鑑』が編纂された時に上杉家が提出した書物には、この時の戦いのことが記されていない）。そして戦いのあとで発給された政虎の感状を読み解きながら、武田信玄の出した文書（所領の給与などを約束）に比べて具体性がなく、「情緒的ではあるが、内容は空虚である」（二三〇頁）と、冷徹な評価を下している。一般には有名な戦いであるが、政虎にとって満足できる結果をもたらしたわけではなく、そのため米沢の上杉家でもこの戦いをもてはやさなかったのではないかと分析しているのである。

このあと謙信（永禄四年に改名し当時は上杉輝虎と名乗る）は北条と武田という二つの敵を相手にしながら出陣を繰り返す。北条氏康と武田信玄は連携しながら対応し、謙信は苦労を重ねた。「謙信は三国峠や田口・関山の豪雪を踏んで、関東—越後—信州の間を行きつもどりつせねばならなかった。彼が入関すれば、氏康は鋭鋒を避けて、謙信の兵站線を延長させ、人馬を疲れさせた。そしてひとたび猿ヶ京を越えて去れば、上杉方の諸将を寝返らせ、または属城を攻めたてた。果てしなきドロン・ゲームのくり返しを、謙信は怒り、いらだちながら、根気よくやっているようであった」（二三二頁）。当時の謙信の状況を、井上氏はこのようにとらえているが、「怒り、いらだちながら、根気よく」というところは、謙信の個性をうまく表現しているようにも思える。

謙信は苦境に立っていたが、武田信玄が駿河に攻め入ったことで情勢は急展開する。信玄の所行に怒った北条氏康が、和睦をしたいと申し出てきたのである。こうして上杉と北条の和睦が成立するが、両者が関東のどの地域を管轄するかをめぐって悶着が起き、結果的に同盟は解消されることになる。謙信は上野《こうずけ》だけでなく武蔵の諸城も手に入れようとしたが、このことについての井上氏の評価は手厳しい。「上野沼田城をかろうじて持ちこたえていた謙信にすれば、北条との講和では上野半国で手を打っても損はないはずであった。厩橋《まやばし》城が返されれば望外の喜びとすべきである。それが、北条が実力でとった武蔵まで手に入れようとするから、弱みにつけこまれたと北条方が不信感をもつようになるのである」（二五五頁）。

能登の七尾城に登ったときに示した感慨から、「戦陣の間に、なお風流を愛するもののふのプロフィルを示していると言える」（二七二頁）とし、畠山義隆《よしたか》の末亡人とその幼児の将来に対する配慮を示していることから「決して武骨いってんばりの田舎大名ではなかった」と述べる（二七三頁）。このように謙信の人となりを評価する箇所もあるが、その政治的行動については総じて批判的で、歯に衣着せぬ表現もよくみられる。著名な人の伝記というのは、その人物を顕彰する内容になってしまう傾向もあるが、本書はそうしたものではなく、当時の史料に基づきながら、あくまでも冷静に主人公の行動を跡づけ、厳しい評価を下していて、それがかえって本書の魅力になっているともいえるだろう。

叙述の流れに沿って内容を紹介し、注目できる点をとりあげてみたが、全体を通読して感じる本書の最大の特徴は、文章表現の巧みさ、描写の面白さにあるといっていいだろう。書かれた内容もさることながら、達意の文体によって読者を心地よい世界に引き込んでいく、そういう力を持っているように思えるのである。

「永禄十二年夏のことである。関東街道を北へ進む中間《ちゅうげん》をまじえた三十名ばかりの一行があった。団長格の人物は年のころ五十ばかり、ずいぶんと丈夫そうな僧侶で、また酒好きのようであった」（二四九頁）。「征馬西に進む」の章の冒頭はこのように始まるが、これはどうみても小説の手法である。また最晩年に謙信が作成した配下の将士の名簿について書いた部分では、それぞれの家臣のことを思い出しながら、あたかも謙信自身になったような気分で筆を進めている。「吉江・直江・山吉・山岸等は譜代の重臣でよく謙信をもりたててくれた。（…）上野中務丞というのも世話をやかせた男であったが、関東ではよく働いてくれた。そう言えば北条安芸守一族も、二度まで武士の意地で背いたが、厩橋城守備の力量は高く買わねばならない」（二七四―二七五頁）。こんな感じで書き続けているのである。

ときたま現れる「たとえ」の面白さも注目に値する。家督を継いだ長尾景虎は、一門の長尾政景の反抗を押さえ、結果的に勝利を収めるが、このあたりのことについて、「窮鼠《きゅうそ》猫を咬《か》む」ということわざをもじりながら、こう表現する。「追いつめられた鼠は猫を咬むというが、関東進撃をもって大軍を上田庄に向け、政景を挙兵へと追いこんだ猫は、たとえ咬まれても鼠を捕殺するであろう」（一三六頁）。

こうした「たとえ話」の一種だろうが、特定の歴史的事象について述べる時に、ヨーロッパで起きた事件を持ち出してその特徴を示す、という箇所がけっこう多くある。長尾為景が上杉房能を討った一件については、「為景はいまや第一次世界大戦末期のロシアにおけるレーニンの役割を買って出た」（七四頁）と、その歴史的役割を語り、為景が六日市で敵対勢力を撃破した時の書状を紹介した場面では、「府中への戦闘報告は「ことごとく根切り」と、タンネンベルヒの会戦にも比すべき快勝ぶりを記録している」（九〇頁）と、ドイツ軍がロシア軍を殲滅した一九一四年の戦いを持ち出している。さらに景虎に敵対した上田からの放火予告については、「この放火計画がナチスの国会議事堂放火事件と同様にフレイム・アップであるかどうかは知るよしもない」（一三二頁）と、一九三三年のドイツの事件をとりあげ、武田信玄の駿河侵攻について述べた箇所では、「ところで武田信玄にねらわれた今川領国は、第二次世界大戦勃発当初のポーランドの姿そのままであった」（二四一頁）と、ドイツのポーランド侵攻（一九三九年）と重ね合わせている。本書が刊行された一九六六年は、まさに東西冷戦の真っただ中、世界史の展開のなかで自身と社会の展望を考える傾向が強い時期で、こうした事件もよく知られたことだったのだろうが、限られた地域の歴史を叙述する場合でも、ヨーロッパの事例を持ち出して、人間や社会の動向の一つとして一般化できることを示そうとしていたのかもしれない。そしてこうした気の利いた「たとえ話」があることで、読者もちょっとした気分転換ができる、という効用も狙っていたように思えるのである。

さまざまな仕掛けを入れながら、達意の文体で叙述されていて、読者はいやおうなく引き込まれてしまうが、歴史的事実の分析にあたっては疑問がないわけではなく、かなり強引ではないかと思われる部分もある。たとえば応永末期の越後の内乱の際に登場する人物について、上杉頼藤《よりふじ》は上杉頼方《よりかた》、長尾朝景《ともかげ》は長尾頼景《よりかげ》の前身で、長尾定景《さだかげ》は頼景の兄ではないかと設定しているが、いずれも根拠の薄い想定にすぎない（三五頁）。また上杉定昌《さだまさ》のあとを追って殉死した発智景儀《ほっちかげのり》の遺書にみえる「御陣はもう長くはないと思う」という一文を「上杉家の命運は長くはない」と解釈するのはさすがに無理があるだろう（六七頁）。また、本書が刊行されて半世紀あまりの間に、謙信にかかわる史料も多数公開されて、歴史的事実の解明は格段に進んでいるから、本書に書かれたことがらをそのまま信用して政治史を理解する、ということは慎まねばならない。

こうした限界もあるが、歴史の大きな流れをどうつかみ、具体的に現れる事象をどう評価するか、個々の人間の動きや、彼らが織りなすドラマをいかに表現するか、そうしたことを考えさせてくれるものとして、活力にあふれた本書は大きな価値を持ち、光彩を放っている。すでに絶版となって久しく、入手困難だった本書が、このたび講談社学術文庫の一冊として刊行されるのは喜ばしい限りで、多くの方々に愛読されることを切に願うところである。

（日本史、愛知大学教授）

本書の原本は、一九六六年に人物往来社から刊行されました。自治体名、地名などは現在と異なる場合があります。また、現在の研究成果に照らすと正確ではない記述もありますが、刊行当時の史料の公開状況や研究水準に鑑み、また著者が故人であることから、原則としてそのままとしました。

井上鋭夫（いのうえ　としお）

1923-74年。東京大学文学部国史学科卒業。新潟大学教授、金沢大学教授を歴任。専門は日本中世史。主な著書に『本願寺』，『謙信と信玄』，『信長と秀吉』，『一向一揆の研究』，『山の民・川の民』などがある。

講談社学術文庫

定価はカバーに表示してあります。

上杉謙信《うえすぎけんしん》

井上鋭夫《いのうえとしお》

2020年8月6日　第1刷発行

発行者　渡瀬昌彦

発行所　株式会社講談社

東京都文京区音羽2-12-21 〒112-8001

電話　編集（03）5395-3512

販売（03）5395-4415

業務（03）5395-3615

装　幀　蟹江征治

印　刷　豊国印刷株式会社

製　本　株式会社国宝社

本文データ制作　講談社デジタル製作

ISBN978-4-06-520644-7

「講談社学術文庫」の刊行に当たって

これは、学術をポケットに入れることをモットーとして生まれた文庫である。学術は少年の心を養い、成年の心を満たす。その学術がポケットにはいる形で、万人のものになることは、生涯教育をうたう現代の理想である。

こうした考え方は、学術を巨大な城のように見る世間の常識に反するかもしれない。また、一部の人たちからは、学術の権威をおとすものと非難されるかもしれない。しかし、それはいずれも学術の新しい在り方を解しないものといわざるをえない。

学術は、まず魔術への挑戦から始まった。やがて、いわゆる常識をつぎつぎに改めていった。学術の権威は、幾百年、幾千年にわたる、苦しい戦いの成果である。こうしてきずきあげられた城が、一見して近づきがたいものにうつるのは、そのためである。しかし、学術の権威を、その形の上だけで判断してはならない。その生成のあとをかえりみれば、その根は常に人々の生活の中にあった。学術が大きな力たりうるのはそのためであって、生活をはなれた学術は、どこにもない。

開かれた社会といわれる現代にとって、これはまったく自明である。生活と学術との間に、もし距離があるとすれば、何をおいてもこれを埋めねばならない。もしこの距離が形の上の迷信からきているとすれば、その迷信をうち破らねばならぬ。

学術文庫は、内外の迷信を打破し、学術のために新しい天地をひらく意図をもって生まれた。文庫という小さい形と、学術という壮大な城とが、完全に両立するためには、なおいくらかの時を必要とするであろう。しかし、学術をポケットにした社会が、人間の生活にとってより豊かな社会であることは、たしかである。そうした社会の実現のために、文庫の世界に新しいジャンルを加えることができれば幸いである。

一九七六年六月　　　　野間省一

C・グラック／姜尚中／T・モーリス＝スズキ／比屋根照夫／岩﨑奈緒子／T・フジタニ／H・ハルトゥーニアン著
日本の歴史25　日本はどこへ行くのか

近代日本の虚構と欺瞞を周縁部から問い直す。単一民族史観による他者排斥、アイヌ・沖縄、朝鮮半島の人人を巻き込んだ「帝国」日本の拡張。境界を超えた視点から「日本」のゆくえを論じる、シリーズ最終巻。

1925

関　晃著（解説・大津　透）
帰化人　古代の政治・経済・文化を語る

日本が新しい段階に足を踏み入れ、豊かな精神世界を展開することを可能にした大陸や半島の高度な技術・知識を伝えた帰化人とは？　古代東アジア研究の傑作として、今なお変わらぬ輝きを放ち続ける古典的名著。

1953

川合　康著（解説・兵藤裕己）
源平合戦の虚像を剝ぐ　治承・寿永内乱史研究

屍を乗り越え進む坂東武者と文弱の平家公達。我々がイメージする源平の角逐は真実だったのか？「平家物語」にもとづく通説を覆し、源平合戦の実像や中世民衆の動向、鎌倉幕府の成立過程を、鮮やかに解明する。

1988

藤堂明保・竹田　晃・影山輝國訳注
倭国伝　中国正史に描かれた日本　全訳注

古来、日本は中国からどう見られてきたか。漢委奴国王金印受賜から遣唐使、蒙古襲来、勘合貿易、倭寇、秀吉の朝鮮出兵まで。中国歴代正史に描かれた千五百年余の日本の姿を完訳する、中国から見た日本通史。

2010

内藤　昌編著
城の日本史

記紀に登場する「キ」や「サシ」に城＝「都市」の淵源を遡り、中世〜近世の発達を解説。名城譜として全国二九の城の歴史的変遷、城郭の構成法、各要素の意匠と役割を、三百点以上の図版を交えて多角的に解説。

2064

石井　進著（解説・五味文彦）
中世武士団

平安末期から戦国期の終焉にかけて激動の時代を担った社会集団。「土」にねざした彼らの生活と意識、変容の過程、荘園や城下町の様子を、歴史書、文学作品、考古資料を駆使して活写する中世史研究の白眉。

2069

日本の歴史・地理

君が代の歴史
山田孝雄著（解説・鈴木健一）

古今和歌集にあったよみ人しらずの「あの歌」は、いかにして国歌になったのか、種々の史料から和歌としてのなりたちと楽曲としての沿革の両面でたどる。「最後の国学者」が戦後十年を経て遺した真摯な追跡。

2540

潜伏キリシタン　江戸時代の禁教政策と民衆
大橋幸泰著

近世では一部のキリシタンは模範的な百姓として許容され、本当の悲劇は、近代の解放後に起こった。近世の宗教弾圧を検証し、「隠れ切支丹」の虚像を覆す。大浦天主堂の「信徒発見の奇跡」は何を物語るのか。

2546

元号通覧
森　鷗外著（解説・猪瀬直樹）

一三〇〇年分の元号が一望できる！　文豪森鷗外、最晩年の考証の精華『元号考』を改題文庫化。「大化」から「大正」に至る元号の典拠や不採用の候補、改元の理由まで、その奥深さを存分に堪能できる一冊。

2554

本能寺の変
藤田達生著

なぜ明智光秀は信長を殺したか。信長は何と戦い、何に負けたのか。戦国時代とは、室町幕府とは、日本の中世・近世とは何か。史料を丹念に読み解くことで、日本史上最大の政変の深層を探り、核心を衝く！

2556

満鉄全史　「国策会社」の全貌
加藤聖文著

一企業でありながら「陽に鉄道経営の仮面を装い、陰に百般の施設を実行する」実質的な国家機関として大陸に君臨した南満洲鉄道株式会社の誕生から消滅まで。年表、首脳陣人事一覧、会社組織一覧付き。

2572

戦国時代
永原慶二著（解説・本郷和人）

大名はいかに戦ったか。民衆はいかに生き抜いたか。そして日本はいかに変容したか。戦後日本史学の巨人が戦国時代の全体像を描き出した決定的論考。戦乱の実像と時代の動因を、明晰かつ生き生きと描く名著！

2573